학교에 입학한 여덟 살 아이들의 진짜 속마음
초등 1학년의 사생활

학교에 입학한 여덟 살
아이들의 진짜 속마음

초등 1학년의 사생활

김지나 지음

한울림

초대장

1학년 교실에 부모님들을 초대합니다

아이의 초등학교 입학을 앞둔 부모는 누구보다 마음이 복잡합니다. 어떤 담임 선생님을 만날지, 학교생활엔 잘 적응할 수 있을지, 친구들은 잘 사귈 수 있을지, 혹시 '왕따'라도 당하지는 않을지 아이의 순조로운 학교 적응을 기대하는 만큼 걱정도 크기 때문이지요.

교사 생활의 절반 가까이 1학년 담임을 맡아온 저는 그 기대와 걱정을 늘 접해왔습니다. 저 또한 초등학생 자녀를 둔 학부모로서 그 마음이 충분히 이해가 됩니다. 특히 부모님들과 상담하다 보면 걱정할만한 일이라고 생각되는 꼭 필요한 고민도 있습니다. 하지만 부모님들이 지나치게 염려하는 경우도 많습니다. 그래서 기회가 있다면 부모님들에게 1학년 교실의 풍경을 직접 보여드리고 싶은 마음이 굴뚝같았습니다.

아이들이 교실 안에서 보여주는 역동은 집에서 보이는 모습과는 사뭇 다릅니다. 부모님들이 몰랐던 새로운 모습을 발견할 수 있습니다. 아이들의 특성과 교실 상황, 그리고 아이들의 진짜 속마음을 알고 나면, 아이가 왜 학교에 가기 싫다고 떼를 쓰는지, 왜 자꾸 배가 아프다고 하는지, 왜 툭하면 친구들과 싸우는지, 왜 학교에서의 일을 물어도 대답을 안 하는지 이해하는 데 도움이 될 것입니다.

  초등학교 1학년 아이들은 아직 어려서 자기들의 마음을 제대로 표현하지도 못하고, 어떨 때는 자기 마음도 잘 모릅니다. 자신의 그런 마음을 몰라주는 부모님들 때문에 때로는 아이들도 속상하고 힘이 듭니다. 이 책은 바로 그런 여덟 살 아이들의 마음에서 시작되었습니다. 그리고 내 아이가 왜 이러는지 몰라 속상해하는 부모님들에게 도움이 되고 싶은 마음이 저를 여기까지 데리고 왔습니다.

  그래서 이 책은 되도록 1학년 담임으로서 내가 아이들을 바라보고, 느끼고, 알아갔던 시선을 그대로 유지하는 방식으로 서술하였습니다. 또한 책 속에 등장하는 아이들은 그동안 만났던 1학년 아이들의 다양한 캐릭터를 묶어 한 학급으로 재구성한 것임을 밝혀둡니다. 책을 읽는 분들이 '꼭 우리 아이 같다.', '어렸을 때 내 모습 같다.'고 느끼는 아이를 한두 명쯤은 만날 수 있으리라 기대합니다.

  아이들 가까이에서 함께하는 교사로서 이 책이 아이들과 부모의 마음을 잇는 교감의 장이 될 수 있다면 그것으로 충분합니다. 욕심을 조금 더 낸다면, 1년이라는 시간 속에서 성장하는 아이들의 모습을 부모들과 함께 지켜볼 수 있다면 그보다 기쁜 일은 없을 것 같습니다.

1학년 담임 김지나

차례

초대장 1학년 교실에 부모님들을 초대합니다
오리엔테이션 입학 전, 이것만은 꼭 챙겨주세요
입학식 두근두근, 설렘과 두려움으로

1학기 초 "나 학교 끊을래요!"   31

혹독한 화장실 신고식	33
등굣길 울음 시위	48
학교의 유명인사 '빡빡이'	60
"칠판 앞에 나가면 떨려요"	75
"야, 조용히 해!"	88
화장실 폭력(?) 사건에 휘말리다	100
"나 학교 끊을래요!"	113

학부모 상담실   아이의 학교 적응, 어떻게 도와주어야 할까요?   128

1학기 말 "친구들이 자꾸 놀려요"   131

우리 반에 공주가 나타났다!	133
"애들이 자꾸 놀려요"	145
훌라후프 쟁탈전	158
친구들이 슬슬 피하다	168
혹시 '왕따' 아닌가요?	181
친구를 부르는 마법의 힘, 공감능력	194

가정 통신문   여름방학 알차게 보내는 법   208

2학기 초 "시험 문제를 읽을 수가 없어요"   211

숨 한 번 쉬고, 침 한 번 꼴깍   213
소문난 신동, 학교에 오다   224
'싫어요 대장'   236
"시험 문제를 읽을 수가 없어요"   248
장애 여동생의 수호천사   258
"친구들이 혼나면 내 마음도 떨려요"   270

학부모 상담실 우리 아이만 그런가요?
어떻게 가르쳐야 할까요?   284

2학기 말 서로 돕고 함께하는 즐거움   287

"선생님, 아파서 못하겠어요"   289
"유치원 때는 상을 일곱 번이나 받았는데…"   301
'세상에 이런 보배 같은 아이가 있다니'   314
자기표 백 점 VS 엄마표 백 점   328
빨간 봉투 속 카드의 감동   342

가정 통신문 겨울방학 알차게 보내는 법   358

종업식 1년이라는 시간이 가져다준 변화와 성장   360

못다 한 이야기 아이들은 잊었고, 나는 기억하는 그때 그 모습   364

오리엔테이션

입학 전, 이것만은 꼭 챙겨주세요

초등학교는 아이가 처음으로 맞는 사회입니다. 물론 그 전에 어린이집이나 유치원에서 단체 생활을 경험하지만 취학 전 교육 시설은 대부분 아이를 보육하는 것이 목적이기 때문에 학교에서 생활하는 것과는 확연하게 다릅니다.

초등학교에 입학하면 아이들은 훨씬 더 체계적으로 생활해야 하며, 규율도 잘 지켜야 합니다. 삼십여 명의 아이들과 한 반에서 정해진 교과과정에 맞춰 공부해야 하고, 40분 수업에 집중해야 합니다. 초등 이전의 교육이 아이의 '발달'에 맞춰져 있다면 입학 후에는 본격적인 학습 활동이 시작됩니다. 그래서 '학업 성취도 평가'라는 이름으로 시험도 치릅니다. 학습에 대한 평가가 시작된다는 의미입니다.

그러다 보니 초등학교에 막 입학한 아이들은 저마다 크고 작은 어려움을 겪습니다. 유치원에서와 달리 이제부터는 기본적인 학교생활부터 교우 관계와 학습까지 모든 것을 스스로 챙기고 책임져야 하니까요. 그래서 아이들은 부담감과 긴장감으로 스트레스를 받습니다. 사교성이 좋아 낯선 환경에 곧잘 적응하는 아이도 입학 초기에는 약간의 어려움을 겪습니다. 아직은 자기중심적으로 세상을 바라보는 나이라서 좌충우돌할 수밖에 없지요. 그렇다고 너무 걱정할 필요는 없습니다. 아이들은 여러 가지 경험을 하면서 성장하니까요.

만약 아이가 학교 가기를 두려워한다면 입학할 학교를 미리 둘러보면서 학교에서 일어날 여러 가지 재미있는 일을 이야기해주세요. '학교는 즐거운 곳이다'라는 인식을 심어주면 두려움을 극복하는 데 도움이 될 것입니다. 지나치게 걱정하고 감싸고돌면 오히려 아이의 학교 적응을 더 어렵게 할 수도 있습니다.

흔히 초등학교 입학에서 대학 입시까지의 시기를 마라톤에 비유합니다. 초등학교 입학은 마라톤을 시작하는 출발점인 셈이지요. 그래서 아이가 학교라는 긴 여행에서 첫 발을 어떻게 내딛느냐가 중요합니다. 거기에 따라 이 마라톤이 즐거울 수도, 마지못해 끌려가는 것이 될 수도 있습니다.

오리엔테이션에서는 자녀의 초등학교 입학을 앞둔 부모님들이 챙겨두면 좋을 여러 가지 정보를 담았습니다. 초등 1학년의 학사 일정, 학교생활 정보와 학부모 활동, 입학 전에 미리 익혀야 할 생활 습관, 입학 전에 미리 가르치면 좋은 학습 내용 등을 한 눈에 볼 수 있게 정리했습니다. 초등학교 입학으로 첫 사회생활을 시작하는 아이를 응원하고 싶은 부모님들께 작으나마 도움이 되었으면 합니다.

알아두면 유익한 초등 1학년 학사 일정

3월

- **입학식** 오전 11시에 시작해 1~2시간 정도 진행됩니다. 교실에서 출석을 확인한 후 학습 준비물과 지켜야 할 공지 사항을 안내합니다.
- **학급 회장단 선거** 하고 싶다고 손 든 아이가 회장을 맡는 편입니다. 학교에 따라 1학년은 학급 회장을 아예 선출하지 않기도 합니다.
- **학부모 총회** 전체 학년 학부모에게 교육 과정과 학사 일정 등 학교 운영 전반에 관해 소개하는 자리입니다. 또 1년간 학교 운영에 참여할 학부모 대표를 선출하는 자리이기도 합니다. 이날 반 대표 엄마도 뽑고, 녹색 어머니회 등 학부모 단체도 조직합니다.

4월

- **학부모 상담** 가정 통신문으로 상담 기간이 미리 안내되며, 구체적인 상담 날짜와 시간은 선생님과 상의해 정합니다.
- **과학의 달 경진 대회** 아이들이 입학 후 처음 맞는 학교 공식 대회로 초등 1학년은 주로 '과학 상상화 그리기 대회'에 참여합니다.

5월

- **학부모 공개 수업** 선생님의 수업 방식이나 내 아이의 수업 태도를 직접 볼 수 있는 좋은 기회입니다.
- **가정의 달 행사** 어린이날에는 학교에 따라 소운동회를 진행합니다.
- **현장학습** 교과 과정에 관련된 곳에 가서 보고 배우는 활동입니다.

6월

- 학업 성취도 평가   1학년의 경우 전 과목이 아닌 국어와 수학만 봅니다.

7월~8월

- 여름방학 | 개학식   7월 20일 전후로 대략 35~40일 정도 방학 기간을 갖습니다.

9월

- 2학기 학급 회장단 선거   친구를 많이 사귀어두면 유리합니다.
- 운동회   전교생이 참여하는 대운동회가 열립니다.

10월

- 2학기 학부모 상담   1학기와 같은 방법으로 진행됩니다.
- 현장학습   가을에는 주로 농촌 체험 활동을 합니다.

11월

- 각종 교내 대회 _ 1학년은 주로 독서 퀴즈 대회, 컴퓨터 활용 능력 경진 대회, 독후 감상화 그리기 대회 등에 참여합니다. 집에서 만든 결과물을 제출하는 방법으로 진행하는 대회도 많으니 가정 통신문을 꼼꼼히 살펴보세요.
- 학업 성취도 평가 _ 1학기와 마찬가지 방식으로 치릅니다.

12월

- 학예회   전 학년이 모여 주로 예체능 특기를 발표합니다.
- 겨울방학   12월 말 즈음 대략 30~35일 정도 방학 기간을 갖습니다.

미리 챙겨야 할 학교생활 정보

◦ 입학 전에 '필수 예방접종 확인서'를 제출하세요

초등학교 입학 전에 아이가 받아야 할 필수 예방접종 4종이 있습니다. DTaP 5차, 폴리오 4차, MMR 2차, 일본뇌염 사백신 4차(혹은 생백신 2차)입니다. 인터넷 사이트 '예방접종 도우미(http://nip.cdc.go.kr)'에 접종 내역이 등록되어 있으면 상관없지만 기록이 누락되어 있으면 '필수 예방접종 확인서'를 제출하라고 학교에서 연락이 옵니다. 이때는 의료 기관에 연락하여 전산 등록을 요청해야 합니다. 만약 예방접종을 다 못 했다면 가까운 보건소에 가서 접종을 완료하세요. 그리고 '예방접종 도우미' 사이트에 등록되었는지 확인한 다음 '필수 예방접종 확인서'를 인쇄해서 학교에 제출하세요. 전산 등록이 어렵다면 접종 받은 의료 기관에서 '확인서'를 발급 받아 학교에 제출해야 합니다.

◦ 입학 전에 '초등 돌봄 교실'에 신청하세요

방과 후에 초등학교 내에 마련된 별도 교실에서 저소득층과 맞벌이 가정의 자녀를 돌봐주는 제도입니다. 오후 5시 또는 밤 10시까지 운영하기 때문에 맞벌이 부부에게 인기가 많습니다. 신청하려면 비상 연락망, 응급처치 동의서, 학생 관리 카드, 맞벌이 재직 증명서, 저소득 가정 해당 증빙서류 등이 필요합니다. 보통 학기 전에 신청하는데, 예비 초등학생은 입학 전에 미리 신청해야 합니다. 신청 기간이나 방법이 학교마다 다르므로 적어도 입학하기 석 달 전에 아이가 다니게 될 학교에 문의하여 기회를 놓치지 않도록 해야 합니다.

◦ **스쿨 뱅킹(School Banking)을 신청하세요**

급식비, 특기 적성 교육 활동비, 현장학습비 등 각종 납부금을 부모(또는 자녀)의 예금 계좌에서 학교 계좌로 자동이체 되도록 하는 제도입니다. 자동 납부 신청서를 작성하여 지정된 은행에 제출하면 됩니다.

◦ **'방과 후 학교' 신청 기간도 입학 전에 확인하세요**

'방과 후 학교'는 입학 전에 수강하고 싶은 강좌와 신청 기간, 신청 방법을 미리 알아두면 좋습니다. 학교마다 달라서 어떤 학교는 인터넷으로, 어떤 학교는 직접 방문해서 신청해야 합니다. 입학 전에 수강 신청을 받는 학교도 있습니다. 그러므로 입학 전에 학교에 직접 문의하는 게 좋습니다.

◦ **입학 후 '학부모 서비스'와 학교 홈페이지를 활용하세요**

'학부모 서비스'는 학교를 방문하지 않고도 인터넷으로 학교 관련 정보는 물론 성적, 출석 현황 등 아이의 학교생활 전반을 볼 수 있는 온라인 서비스입니다. 이 서비스를 이용하려면 인터넷 사이트 '학부모 서비스'(www.neis.go.kr)에 들어가 개인 인증서를 등록하거나 전용 인증서 발급을 신청한 다음 학부모인지의 여부를 확인받아야 합니다. 학교 홈페이지도 학부모임을 확인받아야 이용할 수 있습니다. 학사 일정은 물론 그날그날 알림장 내용, 가정 통신문, 급식 식단표, 교내 대회 안내 등 다양한 정보를 쉽게 확인할 수 있습니다. 요즘은 스쿨맘, 아이엠스쿨 등 다양한 스마트폰 앱을 통해 학교 정보를 제공하기도 합니다.

입학 전, 미리 익혀야 할 생활 습관 8가지

학교 적응에 필요한 생활 습관 체크 리스트

1. 등교 시간에 맞게 기상 시간과 취침 시간이 정해져 있나요? ☐
2. 40분 동안 아이가 한자리에 앉아있을 수 있나요? ☐
3. 아이가 낯선 화장실에 혼자 다녀올 수 있나요? ☐
4. 1시간 안에 밥을 다 먹을 수 있나요? ☐
5. 인사 습관이 몸에 배여 있나요? ☐
6. 교과서, 준비물, 숙제 등 소지품을 스스로 챙길 수 있나요? ☐
7. 혼자 옷을 입고 벗을 수 있나요? ☐
8. 낯선 환경에 적응하는 데 필요한 기초 체력이 튼튼한가요? ☐

1. 규칙적인 기상 시간, 취침 시간 연습하기

아무리 늦어도 입학하기 최소 한 달 전부터는 아침 일찍 일어나는 습관을 들여야 합니다. 10분에서 20분씩 기상 시간을 앞당기고, 잠자리에 드는 시간은 10시를 넘기지 말아야 합니다. 아이가 유치원에 다녀온 뒤 낮잠 자는 습관이 있다면 그것도 고쳐야 합니다.

2. 40분 동안 한자리에 앉아있기

초등학교에 가면 40분간 수업을 하고 10분간 쉬는 시간으로 하루의 일과가 이루어집니다. 따라서 미리 한자리에 앉아있는 연습을 해야 합니다. 처음에는 10분으로 시작해 5분씩 차츰 시간을 늘리세요.

3. 화장실 혼자 가기, 낯선 화장실도 이용해보기

아이 혼자 용변 보고 뒤처리를 하게 하세요. 집이 아닌 낯선 화장실에서 볼일 보는 연습도 해야합니다. 입학 전후로 학교 화장실에 데려가서 아이에게 이용법을 알려주고 미리 체험해보게 하는 것도 좋습니다.

4. 1시간 안에 밥 먹기

초등학교에서는 가능하면 음식을 남김없이 먹도록 지도합니다. 아이에게 집에서 먹어보지 않은 음식이 학교 급식으로 나오더라도 가급적 다 먹어야 한다고 알려주세요. 대신 알레르기 등 개인적으로 못 먹는 음식이 있다면 담임교사에게 귀띔해주세요. 학교에서도 미리 조사를 하고 급식 지도에 반영합니다. 밥 먹는 시간이 오래 걸리는 아이라면 1시간 안에 먹는 연습을 하는 것도 필요합니다.

5. 인사 습관 몸에 익히기

말과 태도는 습관입니다. 평소 어른 앞에서 예의바르게 말하고 행동하도록 가르쳐주세요. "안녕하세요?", "감사합니다."와 같은 인사만 잘 해도 교사와 친구들에게 좋은 인상을 줄 수 있습니다.

6 소지품 스스로 챙기기

　가방 싸는 게 쉬워 보여도 일정 기간은 스스로 소지품 챙기는 연습을 시켜야 합니다. 먼저 알림장에 책과 학용품 몇 가지를 적은 다음 아이에게 소리 내어 읽게 하세요. 뭘 챙겨야 하는지 묻고 아이가 직접 챙겨보게 하세요. 부모는 살펴보고 미흡한 부분만 챙겨주세요.

7. 스스로 옷 입고 벗기

　스스로 옷 입는 습관이 되어 있지 않은 아이들은 학교 화장실에서 혹은 바깥 놀이 전후에 혼자 옷을 입고 벗기를 힘들어합니다. 단추 풀고 잠그기, 지퍼 올리기, 옷 걸기와 개기 등을 미리 훈련시켜주세요.

8. 기초 체력 키우기

　입학하기 6개월 전 즈음부터 한 가지 운동을 정해 꾸준히 하게 하세요. 체력이 좋아야 학교라는 낯선 환경에도 잘 적응합니다. '줄넘기'는 1학년 교과 과정에 있을 뿐 아니라 순발력, 민첩성, 유연성을 키울 수 있어 좋습니다.

학교 안 '학부모 활동'

공식적인 활동

- **학교 운영 위원회** 학사 일정, 학교 헌장 및 학칙의 제정과 개정, 교육 과정, 학교 예산 편성과 결산 등을 심의·결정하는 기구입니다. 학부모 대표, 교원 대표, 교장, 지역사회 인사 등이 참여합니다. 학부모 대표는 3월 중순에 열리는 학부모 총회에서 선거로 선출합니다. 일 년에 약 5~6회 정도 회의가 열립니다.
- **급식 모니터링** 학교 급식에 관한 주요 사안을 점검합니다. 아침에 영양사와 함께 그날 들어오는 식자재를 검수하는 활동부터 조리 종사원의 복장과 개인위생, 조리실의 위생 상태, 조리 과정 등을 점검합니다. 관심 있게 참여하는 분들이 많으므로 일 년에 1~2회 정도 활동에 참여하면 됩니다.

비공식적인 활동

- **학부모회** 학급 학부모회, 학년 학부모회, 전체 학부모회가 있습니다. 학년 학부모회나 전체 학부모회는 보통 학급 학부모회 임원들이 겸직하는 경우가 많습니다. 주로 학교 행사를 지원하며, 자체 활동으로 바자회 같은 행사를 진행하기도 합니다. 대략 일 년에 약 5~6회 정도 참여한다고 보면 됩니다.
- **녹색 어머니회** 등하교 시간에 아이들이 안전하게 통학하도록 지도하는 학부모 봉사 활동 단체입니다. 학급마다 배정된 인원이 있어 순번을 정해놓고 활동합니다. 일 년에 약 3~4회 정도 참여합니다.
- **도서관 사서 도우미 어머니회** 학교 도서관에서 책 대출과 반납, 도서관 청소, 책 정리 등의 활동을 합니다. 아이들에게 책 읽어주는 모임을 이끌거나 독서 관련 행사에 참여하기도 합니다. 1학년 아이들의 수업이 끝나는 12시 무렵부터 활동하며 일 년에 약 3~4회 정도 참여하면 됩니다.

입학 전, 미리 가르치면 좋은 학습 내용

학교 적응을 위한 학습 체크 리스트

국어
1. 받침 없는 글자를 읽고 쓸 수 있는가? ☐
2. 칠판에 적힌 글자를 보고 베껴 쓰기가 가능한가? ☐
3. 평소 책 읽는 습관이 되어 있는가? ☐

수학
1. 1~100까지의 수를 읽고 쓸 수 있는가? ☐
2. 긴 문장으로 된 수학 문제를 읽고 이해하는가? ☐
3. 1학년 수학 교과서를 들춰 보았는가? ☐

국어

1. 받침 없는 글자를 쓸 수 있는가?

최소한 자기 이름이나 엄마, 아빠, 나무, 나비 같이 쉬운 낱말 정도를 쓸 수 있으면 됩니다. '받침 없는 글자 읽고 쓰기', '홑받침(목, 손 등) 글자 읽기'를 할 수 있으면 수업에 적응하기가 한결 더 수월합니다.

2. 칠판에 적힌 글자를 보고 베껴 쓰기가 가능한가?

　학교에 들어가면 알림장을 사용하기 때문에 선생님이 칠판에 쓴 내용을 알림장에 베껴 쓸 수 있어야 합니다. 잘 알아볼 수 있게 글씨를 또박또박 쓰는 연습을 하는 게 좋습니다.

3 평소 책 읽는 습관이 되어 있는가?

　초등 1학년 국어는 책을 읽고 내용을 이해하는 것 못지않게 책 내용을 요약해서 말하고 느낀 점을 자유롭게 표현하는 것이 중요합니다. 이런 능력을 키우는 데는 평소 책을 많이 읽고 독후감을 쓰는 것만큼 좋은 방법이 없습니다. 무엇보다 '읽기 능력'은 언어, 사고 능력과 직결되기 때문에 전 교과에 영향을 미칩니다. 지금부터라도 독서 습관을 탄탄히 다져놓아야 합니다.

'읽기 능력'이 쑥쑥! 초등 1학년 독서록 지도법

초등학교에서는 일기 쓰기 다음으로 많이 내주는 숙제가 독서록 쓰기입니다. 이 기회를 잘 활용하면 아이에게 책 읽는 습관을 길러주는 동시에 '읽기 능력', '어휘력', '상상력' 나아가 '창의성'까지 키워줄 수 있습니다. 초등 1학년의 경우 독서록을 길게 쓰는 것보다는 자신의 생각이나 살아있는 느낌을 표현하는 게 더 중요합니다.

1단계　그림 반, 글 반으로 독서록을 쓰게 하세요

보통 학교에서는 일주일에 몇 개씩 독서록 쓰기를 숙제로 내줍니다. 그럴

땐 그림을 그려 넣을 수 있는 독서록 공책을 준비해주세요. 책에서 읽은 장면이나 등장인물을 그려도 좋고, 책의 표지를 색다르게 꾸며도 좋습니다. 아이가 원하는 그림을 그리게 한 다음 책을 읽고 난 후의 느낌을 간략하게 쓰게 하세요. 아이가 부담을 훨씬 덜 느낍니다.

2단계 독서록 쓰는 형식을 바꿔주세요

대부분의 아이들은 책 읽기는 잘 하는데 독서록을 쓰라고 하면 힘들어합니다. 이럴 땐 주인공에게 편지 쓰기와 같은 방법으로 독서록을 쓸 수 있게 형식을 바꿔주세요.

3단계 아이의 상상력을 자극해주세요

책 읽기도 좋아하고, 독서록도 잘 쓰는 아이라면 상상력을 마음껏 발휘하게 해주세요. '네가 만약 주인공이라면 어땠을까?' 혹은 '네가 기자가 되어 책의 등장인물을 인터뷰한다면 어떤 대답을 듣게 될까?'라는 질문을 던져 아이가 상상한 것을 써보게 하세요.

수학

1. **1~100까지의 수를 읽고 쓸 수 있는가?**

   1학년 일 년 동안 아이들은 수학 시간에 1부터 100까지의 수와 수의 순서를 배우게 됩니다. 따라서 1에서 100까지의 수를 읽고 쓸 줄 알면 입학 초기 수업에 적응하는 데는 아무 문제가 없습니다.

2. **긴 문장으로 된 수학 문제를 읽고 이해하는가?**

초등 1학년 수학 교과는 생활 속 이야기나 동화로 수학적 개념을 발견하고 원리를 이해하도록 구성되어 있습니다. 예를 들면 '사막 여우 8마리 중에서 5마리가 동굴로 들어갔습니다. 동굴 밖에 남아있는 사막 여우는 몇 마리인지 알아보시오.'와 같은 식으로 문제가 제시됩니다. 수학 문제 하나를 풀더라도 문장을 잘 읽고 이해할 수 있어야 합니다. 따라서 당장 문제를 많이 풀게 하기보다는 평소에 책을 많이 읽게 하여 문장 이해하는 힘을 길러주는 것이 바람직합니다.

3. **1학년 수학 교과서를 들춰 보았는가?**

입학 전에 한 번쯤 아이와 함께 수학 교과서를 들춰보는 것이 좋습니다. 교과서에 나오는 그림들을 살펴보면서 어떤 느낌이 드는지, 가장 재미있는 그림은 무엇인지, 무엇을 배울 수 있을 것 같은지 함께 이야기를 나눠보세요.

예체능

체육 시간에는 주로 줄넘기나 훌라후프 등 기초적인 운동을 배웁니다. 입학 전에 미리 익혀두면 아이가 자신 있게 할 수 있고, 체력도 좋아집니다. 또, 미술과 음악은 평소 집에서 즐겁게 놀이하듯 하면 아이들이 쉽게 수업을 따라갈 수 있습니다.

초등학교의 다양한 인증제

독서 인증제
학교에서 선정한 필수·권장 도서를 읽고 책을 읽었음을 인증 받는 제도입니다. 독후감 쓰기, 독서 골든벨, 독서 퀴즈, 독서 감상화 그리기 등 다양한 대회에 참가하여 인증을 받습니다.

한자 인증제
1년에 두 번 정도 실시합니다. 1학년~6학년 학생에게 전 학년 공통 한자와 학년 별 한자를 출제하는데, 시험에 통과하면 인증서를 수여합니다.

줄넘기 급수제
줄넘기, 훌라후프, 철봉 등 여러 가지 체력 급수제가 있는데, 그 중 가장 많이 실시하는 것이 줄넘기 급수제입니다.

정보 인증제
컴퓨터의 기초적인 기능을 익히도록 하기 위해 실시합니다. 한글과 영문 타자를 얼마나 빨리 입력하는가, 정해진 시간 안에 정보를 얼마나 정확하게 검색하는가, 문서를 얼마나 능숙하게 편집하는가 등을 봅니다.

생활 평가 & 학습 평가

◦ 학교 생활기록부

아이의 모든 학교생활을 기록한 것으로 2003년부터 교육 행정 정보 시스템인 '나이스 (NEIS)'에 담임교사가 직접 기록합니다. 기본 인적 사항, 학적 사항(입학·전학 기록), 출결 상황, 수상 경력, 자격증 및 인증 취득 상황, 창의적 체험 활동, 교과 학습 발달 상황, 행동 특성 및 종합 의견 등이 기록됩니다. 이외에 전염병 예방접종 유무, 건강 검사 실시 현황 등 건강 기록부 내용도 모두 기재됩니다.

◦ 생활통지표

아이의 교과 학습 발달 상황부터 출결 상황, 수상 경력, 봉사 활동 실적, 아이의 행동 특성과 담임의 종합 의견 등이 기재되어 있습니다. '교과 학습 발달 상황'은 담임교사가 각 교과를 영역 별로 '매우 잘함', '잘함', '보통', '노력 요함'으로 평가하고 이를 종합하여 서술형으로 기재합니다. 예를 들면 '다양한 독서로 상식이 풍부하고, 수학적 사고력으로 주어진 문제를 다양한 방법으로 해결하며, 지적 탐구심이 강하고, 주어진 과제를 해결하기 위해 최선을 다하는 자세가 아주 바람직함.'과 같이 기재합니다.

◦ 단원 평가와 수행평가

1학년은 총괄 평가(중간고사나 기말고사)를 치르지 않습니다. 한 단원이나 일정 범위가 끝났을 때 단원 평가를 치르기도 합니다. 요즘은 교사 별 평가를 하는 학교도 많습니다. 수행평가는 담임교사가 과목 별로 수업을 진행하면서 실시합니다. 실기 시험, 실험·실습, 관찰, 연구 보고서, 포트폴리오 등 다양한 방법이 있습니다.

자주 하는 질문

Q1. 입학 후 얼마 동안 아이를 데려다주는 게 좋은가요?

A. 2주 정도면 충분합니다. 한 주는 같이 갔다 오고, 한 주는 중간까지 같이 가고 오는 식으로 해서 아이가 차츰 자신감을 갖게 하는 것이 좋습니다. 간혹 교실까지 아이를 데려다주곤 하는데, 가능하면 교문 앞부터는 아이 혼자 가게 하는 것이 좋습니다.

Q2. 결석과 지각이 어느 정도 허용되나요?

A. 최대한 지각이나 결석은 하지 않는 게 좋습니다. 가족 여행을 갈 경우 미리 체험 학습 계획서를 제출해 학교 측의 승낙을 얻어야 하고, 나중에 보고서를 제출해야 합니다. 체험 학습이 가능한 기간은 보통 1년에 7일 정도 되지만 시도 별로 규정이 다르기 때문에 미리 확인해 둘 필요가 있습니다. 질병 결석은 별도의 기간이 정해져 있지 않지만 수업일수의 1/3(약 70일)을 넘을 경우 유급됩니다.

Q3. 입학 초기에는 수업이 어떤 방식으로 이루어지나요?

A. 보통 3월은 적응 기간이기 때문에 주로 4교시 수업을 마치면 급식을 먹고 집으로 갑니다. 적응 기간 이후에는 주 2~3회 5교시 수업을 실

시합니다. 2017년부터는 초등 1학년 수업이 일주일에 1시간씩 늘어날 예정이므로 주 3회 정도 5교시를 실시할 것 같습니다.

Q4. 학부모 활동에 꼭 참여해야 할까요?

A. 학교는 계획대로 움직이는 시스템입니다. 따라서 학교의 1년 교육 일정, 행사 일정, 시험 일정이나 학사 용어만 잘 알아도 무엇을 해야 하고, 어떤 것을 준비하고, 어떻게 대비해야 할지 대략 파악이 됩니다. 학부모 활동에 참여하면 이런 사항들을 쉽게 알 수 있습니다. 또 다른 부모들과 관계망을 형성하여 필요할 때 도움을 얻을 수 있다는 장점도 있습니다.

Q5. 담임교사와의 상담은 언제든 가능한가요?

A. 학교에 학부모 상담 날짜가 따로 정해져 있다면 그날 방문하는 것이 가장 자연스럽습니다. 하지만 다른 때라도 상담이 필요하다면 언제든 가능합니다. 다만 최소한 2~3일 전에는 전화나 문자 메시지로 약속을 정한 뒤 정확히 시간에 맞춰 방문하세요. 예고 없이 불쑥 학교로 찾아가는 것은 예의에 어긋납니다.

입학식
두근두근, 설렘과 두려움으로

입학식 날. 내가 맡은 1학년 2반 학급 팻말 앞으로 아이들이 삼삼오오 모여들기 시작했다. 어떤 아이는 부모의 손에 이끌려, 어떤 아이는 저 멀리서 부모와 인사를 나눈 후 혼자 씩씩하게 걸어왔다.

"여기가 1학년 2반 맞아요?"

한 아이가 당당한 목소리로 묻더니 주위를 휘휘 둘러보고는 마치 다 큰 신사인 척하며 한 마디 더 했다.

"친구들이 아직 많이 안 왔네. 빨리 안 오면 늦을 텐데······."

아이는 엄청 긴장되는 마음을 이렇게 표현했다. 서먹한 첫 만남에서 기죽지 않고 당당한 모습을 보이려고 나름 애쓰고 있었다. 이 당돌한 꼬마 신사가 귀여워서 잠시 녀석의 얼굴에 시선을 두고 있는데, 이번에는 복도 저쪽에서 울음소리가 들려왔다.

"이잉~ 싫어."

"봐. 저기 친구들처럼 너도 얼른 가서 줄을 서야지."

엄마는 어쩔 줄 몰라 하며 아이의 등을 떠밀고 있었다. 아이는 혼자 갈 엄두가 나지 않는지 두 발을 땅에 꼭 붙이고 버텼다. 이럴 때는 주의를 환기시켜 주는 것이 최고였다.

"와~, 예쁜 머리핀이네. 나비도 달려 있고."

아이가 울음을 멈추고 자기 머리 위의 핀을 만졌다. 두렵고 긴장되는 마음이 살짝 다른 곳으로 옮겨간 것이다. 그 틈을 타서 나는 아이와 눈을 마주보고 속으로 속삭였다.

'알아. 지금 무섭고 떨리지? 처음엔 다 그래. 다른 친구들도 마찬가지일 거야.'

여덟 살 아이와의 대화는 말로 하는 것보다 이렇게 마음속으로 나누는 것이 더 효과적일 때가 있다. 특히 감정이 격해져 있는 아이에게는 안정된 감정으로 다가가 잠시 기다려주는 것이 상책이다. 그러면 어느새 내 감정이 아이에게도 전해진다.

교실 앞에 아이들이 길게 늘어선 줄이 보였다. 앞으로 1년 동안 나와 함께 할 아이들이었다. 긴장하면서도 호기심이 가득한 얼굴들을 보니 나도 가슴이 설렜다. 동시에 이 녀석들과 함께 겪어야 할 수많은 우여곡절을 생각하니 살짝 두렵기도 했다.

나는 교직 생활의 절반 가까운 세월을 1학년 담임으로 지냈다. 처음 몇 해는 아이들과 눈높이를 맞추지 못해 실수도 하고 고생도 많았다.

처음 1학년 담임을 맡았을 때 나는 운동화 끈을 풀어헤치고 돌아다니는 아이를 보면 걱정이 되어 이렇게 말했다.

"하진아, 운동화 끈 묶어야지. 안 그러면 넘어진다고 몇 번을 말해줬는데 그걸 자꾸 잊으면 어떡하니."

1학년 담임을 서너 번 더 지내고 나서 나는 그때 내가 얼마나 어리석었는지를 뼈저리게 깨달았다. 여덟 살 아이 중에 운동화 끈 매는 법을 아는 아이는 그리 많지 않다. 아이들은 깜빡 잊고 운동화 끈을 묶지 않은 게 아니라 아예 묶을 줄을 몰랐던 것이다.

그렇게 조금씩 경험이 쌓이면서 초등학교 1학년 아이들의 마음이 생생하게 느껴지기 시작했다. 아마도 그건 내가 엄마가 되고 아이를 키우면서 고민에 부딪히고 그 답을 찾기 위해 노력해온 과정과 함께 맞물린 일이었던 것 같다.

교실 안은 초등학교에 갓 입학한 아이들이 뿜어내는 설렘으로 가득했다. 준비가 되었다면 이제 나와 함께 우리 반 교실 문을 열고 스물네 명의 아이들을 가슴으로 만나러 가보자. 드르륵~!

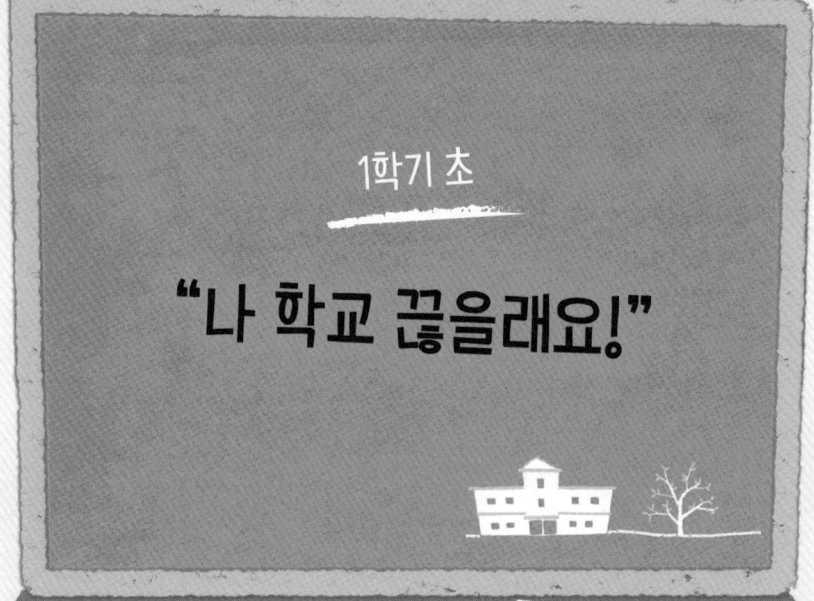

혹독한 화장실 신고식

세상에 태어나 여덟 번째 맞이하는 봄. 아이들은 초등학교에 입학하여 첫 사회생활을 시작한다. 학교에 가서 가장 먼저 배우는 것은 수업 시간과 쉬는 시간이 따로 정해져 있는 학교의 규칙. 그러다 보니 아이들에게 가장 힘든 문제로 대두되는 건 바로 화장실 가기다.

입학식을 치루고 등교한 첫 날, 나 역시 아침부터 목청껏 학교에서는 화장실에 어떻게 가야 하는지를 아이들에게 설명했다.

"수업 시간에 정말 참기 힘들면 선생님께 말하고 다녀올 수도 있어요. 하지만 화장실은 원래 쉬는 시간에 가는 거예요. 알았죠? 처음엔 이 규칙이 익숙하지 않아서 잘 안 될 수도 있으니까 지금부터 선생님하고 연습할 거예요. 자, 선생님이 방금 뭐라고 했어요? … 그래, 화장실은 쉬는 시간에 가는 거예요!"

하지만 아무리 설명을 해주어도 학교라는 낯선 공간에 처음 발을 들여놓은 1학년 아이들은 저마다의 방식으로 화장실 신고식을 치르기 마련이었다.

'화장실의 난감한 두 줄' 사건

이날, 민성이는 창가에 앉아 눈을 동그랗게 뜨고 내가 설명하는 화장실 가는 법을 열심히 듣고 있었다. 그렇지 않아도 슬슬 화장실 신호가 오고 있었다.

드디어 쉬는 시간. 화장실에 다녀오려고 하는데 갑자기 옆자리에 앉은 짝꿍 보나가 민성이에게 이름이 뭐냐고 물었다.

"응, 나는 김민성이야. 너는?"

"나는 보나……."

말을 마치기도 전에 보나의 관심은 온통 앞자리에 앉은 여자아이가 머리에 꽂은 리본 핀에 집중됐다. 방금 전 민성이에게 이름을 물어봤던 일은 까맣게 잊은 표정이었다. 심지어 보나는 리본 핀을 만지려고 손을 뻗기까지 했다.

"야! 하지 마!!"

교실에서 들려오는 이상한 소리에 내가 돌아봤을 때 리본 핀을 단 여자아이는 울상이었고, 보나는 그 아이와 민성이를 번갈아 보고 있었으며, 민성이는 옆에 서서 얼굴이 벌게진 채 어쩔 줄 몰라 하고 있었다. 언뜻 보면 민성이가 리본 핀을 단 여자아이에게 짓궂은 장난을 친 것처럼 보이는 상황이었다. 나로서는 민성이와 울상이 된 여자아이 둘을 불러내어 자초지종을 물어볼 수밖에 없었다. 정작 사건의 당사자인 보나는 쏙 뺀 채로.

어쨌든 영문도 모른 채 선생님께 불려 나온 민성이는 당황한 나머지 화장실에 가야 한다는 걸 까맣게 잊어버리고 말았다.

이어진 수업 시간. 민성이는 화장실이 급해지기 시작했다. 하지만 선생님이 화장실은 쉬는 시간에 가는 거라고 말씀하셨으니 참는 수밖에 없었다. 이렇게 오줌을 오래 참아보기는 처음인 것 같았다.

수업 끝나는 종이 울리자마자 민성이는 재빠르게 움직였다. 복도로 나와서 대충 아이들이 가는 방향으로 따라가 보니 저만치 화장실 팻말이 보였다. 그런데 이게 웬일인가! 화장실 안은 이미 아이들로 가득 차 있었다. 이번에도 볼일을 보지 못한다면 큰일이었다.

민성이는 일단 줄을 서서 차례가 오기를 기다렸다. 그런데 엎친 데 덮친 격으로 민성이가 서 있는 줄 옆으로 슬그머니 줄이 하나 더 생기더니 그 줄의 아이들이 먼저 변기를 차지하기 시작했다. 심지어 눈치 빠른 아이들은 재빨리 그 줄에 가서 붙기까지 했다. 쉬는 시간은 얼마 남지 않았는데 민성이는 이럴 땐 어떻게 해야 할지, 자신도 그 줄에 가서 붙어야 하는지 아무런 판단이 서지 않았다. 그때였다.

"야, 원래 이쪽 줄이 먼저거든!"

민성이 앞에 서 있던 아이가 구세주와 같은 발언을 했다.

"우리도 급해. 그러니까 한 줄에서 한 명씩 번갈아가며 하자."

훌륭한 제안이었다. 만약 그 '구세주 아이'가 자기 줄이 먼저 볼일을 봐야 한다고 말했다면 다른 줄의 아이들이 반발했을 텐데, 한 줄에 한 명씩은 제법 공평한 제안이었다. '화장실의 난감한 두 줄'은 이제 서로 양보하며 한 명씩 번갈아 일을 보는 '협조적인 두 줄'이 되었다. 덕분에 민성이는 쉬는 시간 안에 무사히 볼일을 마치고 교실로 돌아왔다.

 여기서 잠깐,

화장실 '볼일'을 위한 다양한 눈치작전

학교에서는 40분 수업이 끝나고 주어지는 쉬는 시간 10분 동안 화장실 '볼일'을 해결해야 한다. 자연히 학교 화장실은 늘 만원일 수밖에 없고 아이들은 '볼일'을 해결하기 위해 저마다 다양한 눈치작전을 펼친다.

먼저 가는 게 최고! - 총알형

수업 시간에 미리 마음의 준비를 하고 있다가 종이 울리자마자 총알같이 화장실로 달려간다. 다른 아이들이 몰려오기 전에 빨리 '볼일'을 해결하는 게 상책이라는 걸 아는 눈치 빠른 아이들이다.

화장실 볼일은 나 편한 시간에 - 틈새 시간 공략형

학교 화장실이 한가한 수업 시간을 주로 이용한다. 배짱이 두둑한 아이들은 당당하게 손들고 "선생님, 화장실 다녀오겠습니다."라고 말하고 다녀온다. 규칙에 상관없이 행동하는 아이들은 마려우면 아무 때나 선생님한테 말도 없이 스르르 다녀온다.

내가 먼저 볼일 보는 데 불만 있어? - 권력형

또래보다 발달이 빠르고 힘이 센 아이들은 새치기를 하거나 아예 새로운 줄을 만들어 그 줄이 원래 줄인 듯 행세한다. 그래도 주변의 아이들은 아무 말도 하지 못한다. 워낙 드센 녀석들이기 때문이다. 민성이가 겪은 '화장실의 난감한 두 줄' 사건의 원인 제공자가 이 유형이다.

이어진 음악 시간. 친구들은 신나는 반주에 맞추어 노래를 부르고 있었지만 시끌벅적하게 화장실 신고식을 치르고 온 민성이의 귀에는 하나도 들어오지 않았다. 앞으로 화장실을 갈 때마다 이런 일을 겪을 생각을 하니 막막했고, 슬슬 배까지 '싸아~' 하게 아프기 시작했다.

태어나서 여덟 번째 맞이하는 봄. 민성이는 처음으로 아무런 준비 없이 혼자 들판에 서 있는 기분을 느꼈다. 창밖의 따뜻한 봄 햇살이 교실의 책상 위로 쏟아지고 있었지만 민성이의 마음은 황량한 겨울 들판처럼 막막하기만 했다.

엄마가 챙겨 넣어준 색연필의 운명

초등학교에 갓 입학한 아이들에게 책가방을 챙기는 일은 아주 중요한 과업 중의 하나이다. 그날 공부할 교과서와 공책, 그리고 준비물을 가져오는 것은 학교 적응에 가장 기본이 되기 때문이다. 그래서 나는 입학 초에 일부러 간단한 준비물을 알림장에 써주고 아이들이 스스로 챙겨오도록 하는 숙제를 내주기도 한다.

수업이 시작되자마자 나는 전날 미리 숙제로 내준 색연필 준비물을 꺼내라고 말했다. 중요한 기본기를 다지는 시간인 만큼 일부러 제법 삼엄한 분위기를 만든 뒤에 준비물 검사를 시작했다.

"색연필 가져온 사람 손 들어볼까?"

색연필을 가져온 아이들은 저마다 얼굴에 자랑스러운 표정을 한껏 지으며 손을 들었다. 혹시라도 내가 못 볼까 봐 엉덩이까지 들썩이며 손을 흔드는 아이부터 가져온 색연필을 아예 두 손으로 들고 흔들어 보이는 아이, 짝꿍에게 병풍처럼 펼쳐지는 128색 색연필을 자랑하는 아이, 그 색연필을 입을 쩌~억 벌리고 구경하느라 손드는 것도 잊어먹은 아이까지. 조금 전의 삼엄한 분위기는 온데간데없고 교실 안은 난장판이 되고 말았다.

"그만! 이제 손 내려도 좋아요. 이번에는 색연필 안 가져온 사람 손 들어보세요."

손든 아이는 모두 여덟 명이었다. 나는 눈으로 재빠르게 그 아이들의 책상 위를 살펴봤다. 예상했던 대로 색연필을 뻔히 올려 두고도 손든 녀석이 셋이나 있었다.

"선생님이 지금은 색연필 안 가져온 사람만 손들라고 말했어요. 현수, 승호, 민정이는 손 내리고, 남은 사람들은 지금 책가방 안이나 책상 서랍 안에 색연필이 있는지 다시 한 번 살펴보세요."

역시 한 명이 멋쩍은 표정으로 책가방에서 색연필을 꺼내며 손을 내렸다. 이제 최종적으로 색연필을 가져오지 않은 아이는 모두 네 명. 그 중에는 민성이도 끼어있었다.

나는 그 아이들을 앞으로 불렀다. 준비물을 가져오지 않은 것을 야단치기 위해서가 아니었다. 고학년이라면 모를까 1학년은 대부분 깜박 잊었거나 애초부터 '색연필 가져오기'라는 숙제가 머릿속에 입력되지 않아서 이런 실수를 하는 경우가 많았다. 중요한 것은 다음에 또 이런 일이 반복해서 일어나지 않도록 하는 것이었다.

"학교에 준비물을 챙겨오는 것은 아주 중요한 일이야. 그리고 준비물이 없으면 너희들도 수업 시간 내내 마음이 불편할 거야. 그러니 다음부터는 꼭 준비물을 챙겨와야 한다. 자, 선생님하고 약속~."

그런데 내 이야기를 듣는 내내 민성이는 표정이 어두웠다. 그러더니 내 말이 끝나자마자 거의 울 것 같은 얼굴로 말했다.

"선생님, 저는요…… 엄마가 색연필을 넣어주지 않았어요."

순간 맥이 탁 풀렸다. 민성이가 우리 학급의 금지 단어인 '엄마가'를 입에 올렸기 때문이다.

'엄마가'를 금지 단어로 한 이유

교실에서 아이들이 '엄마가'를 자주 입에 올리는 상황을 보면 알 수 있다.

숙제 검사할 때

받아쓰기를 세 번 써오기로 한 다음 날. 숙제를 검사하는데 가람이가 두 번 밖에 써오지 않았다. 이유를 묻자 가람이는 당당한 표정으로 말했다.
"엄마가 세 번은 너무 많다고 두 번만 쓰랬어요."
이런 상황에서 '엄마가'는 아이가 책임을 회피할 수 있게 해주는 강력한 무기가 된다.

준비물을 안 챙겨 왔을 때

교실에서 '엄마가'라는 단어가 가장 빈번하게 출몰하는 상황이다.
"엄마가 깜박 잊고 안 챙겨주셨어요."
"우리 엄마가 바쁘다고 오늘 사준댔어요."
"엄마가 준비물을 잘못 넣었어요."

수업 시간에 공부할 때

올바른 젓가락 사용법을 배우는 시간. 젓가락을 11자가 되게 나란히 잡고, 집게손가락과 가운뎃손가락을 이용해야 한다고 설명하자, 한 아이가 젓가락 두 개를 X자 모양으로 잡는 게 맞다고 주장하기 시작했다.
"여기 교과서 그림을 봐. 이렇게 잡는 거라고 되어 있잖아."
"아니에요! 우리 엄마가 젓가락은 이렇게 잡는 거라고 했단 말이에요!!"

1학년 1학기 초에는 민성이처럼 학교 책가방과 준비물 챙기기를 엄마의 일이라고 생각하는 아이들이 많다. 아무래도 유치원에서의 습관이 남아있기 때문이다. 나는 아이들에게 '초등학생은 유치원생과는 다르다. 이제는 책가방과 준비물을 스스로 챙길 줄 알아야 한다. 엄마가 챙겨주시는 것은 부끄러운 일이다.'라고 늘 강조했다. 그리고 스스로 해야 할 일을 엄마한테 떠넘기는 '엄마가'라는 말은 금지 단어임을 아이들에게 소리 높여 말했다.

　　물론 전날 '색연필 가져오기' 숙제를 낼 때도 나는 아이들에게 같은 말을 반복해서 했다. 다행히 이날은 '엄마가'를 입에 담는 아이가 없어서 내심 기특하게 생각하던 참이었다. 또 그 말을 하는 아이들이 조금씩 줄고 있던 터라 마음도 흐뭇했었다. 그런데 민성이가 금지 단어인 '엄마가'를 입에 올리고 만 것이다.

　　민성이는 내가 여러 번 강조한 말을 잊어버릴 만큼 생활 태도가 불성실한 아이가 아니었다. 선생님의 말을 허술하게 듣고 흘리는 아이도 아니었다. 그런데 민성이는 왜 그 말을 입에 올린 것일까? 그 의문이 풀리는 데는 그리 오랜 시간이 걸리지 않았다.

　　입학하고 한 달이 지났을 때 민성이 어머니로부터 전화가 왔다.

　　"선생님, 민성이가 학교 갈 때마다 배가 아프다는 말을 자주 해요. 또 제가 챙겨준 준비물도 학교에서 쓰지 않는 모양이에요. 지난번에도 색연필을 새 걸로 사서 보냈는데 하나도 안 쓰고 그냥 가져왔더라고요."

이야기를 들어보니, 화장실 사건 이후 민성이는 학교에서 배가 아픈 적이 많았다고 했다. 어떤 때는 아침에도 배가 아팠지만 그래도 학교는 가야할 것 같아서 꾹 참았다. 엄마는 그런 민성이가 안쓰러워서 학교에 다녀오면 좋아하는 간식도 만들어주고, 최대한 편안하게 해주려고 노력했다. 또 민성이의 책가방도 늘 살펴주며 다음 날 배울 교과서와 준비물을 빠뜨리는 일이 없도록 신경을 써주었다. 하지만 학교에 다녀오는 민성이의 낯빛은 점점 더 어두워졌다. 그래서 민성이 아빠도 요즘은 아이의 눈치를 살핀다고 했다.

이런 저런 일로 민성이 어머니의 목소리에는 걱정이 가득했다.

실제로 '색연필 가져오기' 숙제를 검사하는 데 긴 시간을 소비하고 나서 수업을 시작했던 날, 쉬는 시간에 민성이가 갑자기 내게 다가왔다. 그것도 손에 색연필을 들고서.

"선생님, 이게 가방 속에 있었어요. 엄마가 넣어주셨나 봐요."

"……."

엄마가 아이 대신 책가방을 챙겨주면 이런 불상사가 생긴다. 엄마는 준비물을 책가방에 넣어주기만 하면 아이가 알아서 꺼내 쓸 거라고 생각하지만, 그렇지 않다. 물론 민성이도 분명 책가방 속을 찾아보았을 것이다. 하지만 운 나쁘게도 색연필이 민성이 눈에 보이지 않았다. 자신이 직접 챙겨 넣지 않았으니 색연필이 반드시 있을 거라는 확신이 없어서 어쩌면 대충 찾아보게 되었을지도 모른다. 그렇게 엄마가 아들을 위해 잘 챙겨준 색연필은 정작 자신이 필요한 시간에 제대로 쓰이지도 못하고, 하루 종일 민성이 책가방 속에 처박혀있는 운명이 되고 만 것이다!

"이젠 스스로 할 줄 알아요"

어머니의 전화를 받기 전에도 나는 민성이의 학교생활을 여러 모로 살펴보고 있었다. 민성이가 '엄마가'라는 금지 단어를 입에 올린 일이 계기가 된 것도 있었지만, 무엇보다 학교에서 늘 많이 긴장한 얼굴이었기 때문이다.

그도 그럴 것이 민성이는 책가방과 준비물 챙기기뿐 아니라 화장실 가기, 우유 급식 시간에 우유갑 열기, 급식 시간에 젓가락질하기, 아침에 등교해서 외투의 단추를 열고 잠그기, 바지의 지퍼 올리기 등 혼자 해야 하는 일들을 하기 어려워했다. 물론 입학 초에는 이런 아이들이 한 반에 열 명 정도 있었다. 하지만 학교에 적응하는 과정에서 스스로 하는 훈련을 하게 되고 조금씩 나아지기 마련인데, 민성이는 제자리걸음을 하고 있었다.

그날 나는 민성이 어머니와의 대화로 민성이가 집에서 어떤 아이인지 이해하게 되었다. 그리고 민성이 입장에서 초등학교 입학이 어떤 변화를 가져왔는지 생각해보았다.

민성이는 막내인 데다가 초등 3학년인 형이 있어서 집에서 나이보다 어리게 대우를 받았다. 외출하기 전에는 항상 엄마가 미리 화장실에 다녀오도록 챙겨주었고, 밖에 나가서도 화장실에 가고 싶으면 언제든 형이 함께 가주었다. 스스로 화장실의 위치를 알아볼 필요도 없었고, 가끔 지퍼가 뻑뻑한 바지를 입어도 엄마를 부르면 달려와 문제를 해결해주었다.

유치원에서도 상황은 비슷했다. 유치원의 화장실은 교실 바로 옆에 있어서 가고 싶으면 언제든지 갈 수 있었다. 또 옷매무새를 만지는 일이나 단추가 잘 안 잠기는 경우 선생님이 친절하게 도와주셨다.

하지만 초등학교는 달랐다. 자기 스스로 해결해야 하는 일이 많았다. 담임 선생님이 계시지만 한 교실에 적어도 스물네 명 남짓의 아이들이 있다 보니 민성이에게 오롯이 관심을 주며 자잘한 신경을 써주시지 못했다.

특히 화장실은 초등학교에 갓 입학한 아이들에게 처음으로 스스로 해결해야 하는 많은 문제를 안겨주는 장소였다. 초등 1학년의 학교 적응은 '화장실을 능숙하게 혼자 갈 줄 아는 능력'으로부터 시작된다고 할 정도였다. 화장실 문제를 스스로 해결할 수 있는 아이라면 학교에서 일어나는 다른 소소한 일쯤은 얼마든지 적응할 수 있었다. 스스로 책가방 싸기, 스스로 준비물 챙기기도 마찬가지였다.

하지만 민성이는 초등학교에 입학할 때까지 혼자 할 수 있는 일이 많지 않았다. 그러다 보니 처음 간 학교 화장실에서 '난감한 두 줄'이

만들어졌을 때 멍하니 바라볼 수밖에 없었다. 볼일이 급한데도 다른 아이들에게 이쪽 줄이 먼저라고 말하지도 못했고, 눈치 빠른 아이들처럼 재빠르게 다른 줄로 옮겨 설 생각도 하지 못했다. 책가방과 준비물 챙기기도 스스로 하지 못하다 보니 억울한 일이 많았다. 민성이는 학교에서 지내는 시간이 힘들 수밖에 없었다.

초등 1학년이 화장실에서 겪는 난감한 문제들

- 큰일을 봤는데 휴지가 없다.
- 새로 산 바지의 지퍼가 뻑뻑해서 잘 올라가지 않는다.
- 친구가 자꾸 화장실 칸에 같이 들어가서 볼일을 보자고 한다.
- 한참 줄을 선 끝에 간신히 차례가 왔는데 화장실 칸에 들어가 보니 앞의 아이가 봐놓은 볼일이 그대로 놓여있다.
- 바지를 잘못 내려서 오줌이 옷에 묻는다.
- 변기가 고장 나서 물이 잘 내려지지 않는다.
- 늘 좌변기를 쓰다가 처음 학교 재래식 변기에서 볼일을 보려니 중심을 잡고 앉기가 힘들다.

어려운 일이나 난처한 상황에 처했을 때 누군가에게 의지하지 않고 스스로 해결할 줄 아는 능력을 '자기주도성'이라고 한다. 하지만 많은 부모가 의외로 이 말의 진짜 의미를 잘 모른다.

"무슨 말씀이세요, 선생님. 저는 민성이에게 무슨 일이든지 스스로 알아서 해야 한다고 늘 이야기하는 걸요."

하지만 부모가 놓치고 있는 중요한 사실이 있다. '자기주도성'이라는 말을 아이가 귀로 듣고, 머리로 이해하는 것과 그 태도를 몸에 익히는 것은 하늘과 땅만큼 차이가 크다는 사실이다.

자기주도가 되려면 먼저 아이가 혼자 무엇인가를 해야 하는 상황을 경험해야 한다. 물론 처음에는 아이가 당황하거나 긴장하고 때로는 겁을 먹을 수도 있다. 하지만 해결 방법을 찾아보고, 실행하고, 시행착오를 거치면서 아이는 조금씩 스스로 할 줄 아는 기술을 완성해 나간다. 또 그 과정에서 느끼는 실망, 좌절감 같은 감정들을 아이 스스로 견디면서 어려운 상황을 이겨내 봐야만 그 다음 단계에 있는 '자기주도성'을 몸에 지니게 된다.

혼자 어떤 일을 해내고 성취감을 맛본 아이들은 다른 일도 자신감을 갖고 시도해보려고 한다. 그런 시도와 성취감들이 차곡차곡 쌓이다 보면 자신도 모르는 사이에 자기주도적인 태도와 성실함이 몸에 배는 것이다.

나는 민성이 부모님이 아이가 좌절하거나 힘들어하면 너무 안타까워서 가만히 지켜보지 못한다는 생각이 들었다. 아마도 아이가 힘들어할 때 바로 도와주는 것이 좋은 부모의 역할이라고 생각하셨을 것이다. 하지만 여기에 함정이 있다. 바로 그 마음이 민성이가 스스로 할 줄 아는 아이로 성장하는 걸 방해한다는 사실이다. 즉 자신이

처한 어려운 상황을 스스로 판단하고 헤쳐 나갈 기회를 민성이에게 주지 않은 것이다. 나는 민성이 어머니께 그날 가방 속에만 처박혀 있었던 색연필의 운명과 부모님이 간과하고 있다고 생각되는 점에 대해 말씀드렸다. 다행히 민성이 어머님도 조금씩 상황을 이해하기 시작했다.

1학기가 끝나갈 무렵, 학교에서 지내는 민성이의 태도는 달라졌다. 화장실에 '난감한 두 줄'이 만들어지면 나에게 달려와 씩씩대며 일렀고, 아침에 배가 아프다고 하는 일도 거의 사라졌다. 준비물과 책가방 챙기기도 번갯불에 콩 구워 먹는 속도로 후다닥 해치워버렸다. 가끔은 치고받고 싸우는 일도 있었다. 스스로 할 줄 아는 게 많아지면서 민성이는 점점 넘치는 에너지를 주체하지 못하는 아이로 변신(?)하고 있었다.

나는 친구와 싸운 민성이를 야단치면서도 한편으로는 씨~익 웃음이 나는 것을 참느라 애를 먹곤 했다. 이 아이가 친구와 자주 싸운다는 것은 더 이상 교실에서 예전처럼 긴장하지 않고 당당하고 자신 있게 생활하고 있다는 증거였기 때문이다.

등굣길 울음 시위

입학식을 마치고 이제 막 1학년이 된 아이들이 등교하기 시작하면 아침마다 어김없이 목격되는 장면이 있다. 태어나 처음 학교라는 낯선 곳에서 부모님과 떨어져 혼자 공부하게 된 여덟 살 아이들의 눈물겨운 전쟁이 시작되는 것이다.

입학식 다음 날 아침부터 역시나 교실 복도에서 울며불며 엄마의 다리를 붙들고 늘어지는 아이와 그 옆에 서서 안절부절못하는 엄마가 눈에 들어왔다. 얼른 이름표를 보니 '김도빈', 우리 반 아이였다.

"도빈아, 어제 선생님 만났던 것 기억하지? 여기가 우리 반 교실이야. 엄마는 이제 그만 가시라고 하고 선생님하고 같이 들어갈까?"

"싫어요~. 엄마, 가지 마아앙~!"

수년간 1학년 담임을 하면서 쌓은 경험에 의하면 이럴 땐 아무리 달래봤자 아이가 말을 듣지 않았다. 현실을 받아들이기까지 아이에게도 어느 정도 버티기를 할 시간이 필요했다. 그보다는 아이의 기질을 파악하는 게 우선이었다. 세게 고집을 부리며 버틸 아이인지, 불안한 마음 때문에 긴장해서 그러는 것인지에 따라 대처 방법이 달라야 했다. 슬쩍 살펴보니 도빈이는 전자에 더 가까울 것 같았다. 나는 일단 도빈이의 흥미를 끌어보기로 했다.

"있잖아, 도빈아, 오늘 우리 교실에서 정말 재미있는 것 할 건데, 그게 뭔지 도빈이한테만 선생님이 먼저 알려줄까?"

하지만 도빈이는 쉽게 넘어오지 않았다. 다음 날도, 그 다음 날도, 또 며칠이 지나도 도빈이의 등굣길 울음 시위는 계속됐다. 시위 장소도 매일 달라졌다. 어떤 날은 교문 밖에서 울어대고, 어떤 날은 아파트 현관을 나서면서부터 운다고 했다. 울음소리도 어찌나 큰지, 매일 아침 녀석이 어느 지점에서 울음 시위를 벌이고 있는지를 우리 반 아이들이 나에게 알려줄 정도였다.

"선생님, 오늘은 도빈이가 교문 앞 사거리에서 울고 있어요."

"뭐라고?"

그날도 도빈이는 나를 보자마자 마치 저승사자라도 본 듯 더 큰소리로 울며 엄마의 치마폭 뒤로 숨었다. 계속되는 등굣길 울음 시위에 나는 아이의 손목을 잡고 어머니께 내가 알아서 할 테니 그냥 집으로 가시라고 했다. 도빈이 어머니도 지쳤는지 그날만큼은 뒤도 돌아보지 않고 자리를 떠나셨다.

엄마의 매몰찬 태도에 기가 한풀 꺾였는지 도빈이는 순순히 내 손에 이끌려 교실로 들어왔다. 그러더니 아이들이 소꿉놀이하고 있는 것을 보자마자 책가방을 내팽개치고 냉큼 무리에 끼어들었다. 매일 아침 울고불고 실랑이를 하다가도 도빈이는 일단 교실에만 들어오면 언제 그랬냐 싶게 바로 적응했다. 아니, 교실 상황에 몰입했다. 그것도 매우 빠른 속도로! 옥에 티라면 조금 전 등굣길 울음 시위의 눈물 자국이 볼에 남아있다는 정도였다.

학교에 가기 싫은 이유

도빈이처럼 소란스럽진 않더라도 대부분의 1학년 아이들은 크고 작은 그들만의 등굣길 시위로 긴장된 마음을 표현한다. 아이의 기질과 부모의 유형에 따라 등굣길 시위가 내 눈과 귀에 들어오지 않는 경우도 있는데 주로 여자아이들이 여기 해당한다. 집에서 시위를 시작하여 교문에 도착하기 전에 실랑이가 끝나는 아이들도 있고, 하루 이틀 지나면서 슬그머니 잦아드는 아이들도 있다.

이런 차이는 학교에 적응을 잘하는 아이, 못 하는 아이와는 상관이 없다. 학교에 가야 하는 아침, 갑자기 닥쳐오는 막연한 불안감과 긴장감이 불러오는 현상이기 때문이다.

그래도 대부분의 등굣길 시위는 입학하고 한두 주가 지나면 조금씩 사그라지기 마련이었다. 입학한 지 한 달이 되면서 우리 반 교실 앞 풍경도 제자리를 찾아가기 시작했다.

그렇게 한 고비를 넘기고 편안해진 출근길, 저 멀리 복도에 말없이 서 있는 한 여자아이와 엄마가 눈에 들어왔다. 떠나갈 듯한 울음소리가 없어서 누군가 하고 다가가 보니 뜻밖에도 은수였다. 은수는 소리 없이 눈물을 뚝뚝 흘리고 있었다. 엄마는 어쩔 줄 몰라 하며 조용히 아이를 달래고 있었다. 한 번도 은수의 등굣길 시위를 본 적이 없었지만 나는 마음의 준비를 단단히 하고 은수에게 다가갔다.

"왜 울고 있어? 선생님하고 같이 손잡고 교실에 들어갈까?"

물론 이 한마디 말로 상황이 끝날 것이라고는 생각하지 않았다. 그런데 웬걸? 은수가 순순히 교실로 들어가겠다고 고개를 끄덕이면서 내가 내민 손을 잡았다. 기특한 마음에 자리까지 데려다주기는 했지만, 나는 이유가 궁금해서 어머니에게 자초지종을 물었다.

"혹시 은수가 어디 아프다고 하던가요?"

"아뇨. 그냥 아침부터 아무 말도 없이 울기만 하네요."

은수 어머니는 어깨를 으쓱하더니 출근 시간이 늦었다며 급히 자리를 떴다.

입학 초기에 아이가 교실에 들어가지 못하고 밖에서 울면 부모도 마음이 아프기 마련이었다. 아이를 두고 그냥 가시라고 해도 대부분은 징징대는 아이를 붙잡고 애면글면하며 이별 장면을 짧게라도 연출하는데, 은수 어머니는 좀 달라 보였다.

그건 은수도 마찬가지였다. 교실로 들어온 뒤로 엄마의 존재는 이미 관심 밖인 듯했다. 보통의 아이들이 '엄마가 갔나?' 하며 흘긋흘긋 밖을 바라보는 모습과는 딴판이었다. 예상 밖으로 싱겁게 끝나버린 은수의 등굣길 울음 시위가 마냥 좋은 일만은 아닌 것 같았다.

"집도, 학교도 모두 낯설어요"

다행히 은수는 더 이상 교실 앞 복도에서 울음 시위를 하지 않았다. 하지만 학교생활 내내 표정이 어두웠다. 많이 긴장한 표정일 때도 있었고, 불만스러운 표정일 때도 있었다. 가끔은 머리가 아프다며 책상에 엎드려있기도 했다. 눈에 보이는 울음 시위는 사라졌지만 은수의 마음속에서는 힘든 싸움이 계속되고 있는 듯했다.

그런 은수가 마음에 걸려서 나는 틈틈이 다가가서 말도 걸어주고, 학교생활을 하는데 힘든 점은 없는지 물어보곤 했다. 은수도 은연중에 내가 마음을 쓰고 있다는 것을 아는 눈치였다.

그렇게 1학기 중반에 접어들면서 은수는 나와 어느 정도 친분이 쌓였다고 생각했는지 내게 자신의 이야기를 털어놓았다.

"선생님, 저 입학하기 전에는 시골에서 살았어요."
"시골? 어디?"
"할머니 집요. 엄마 아빠는 회사에 다니고, 전 시골에 있었어요."

요즘은 은수처럼 할머니 할아버지 손에서 자란 아이들이 많다. 맞벌이하는 아이의 부모는 멀리 떨어진 곳에 살고 계시는 부모님 댁에 아이를 맡겨두고 일주일에 한 번 아이를 보러 간다. 하지만 아이가 초등학교에 입학할 시기가 되면 부모는 슬슬 학습에 신경이 쓰이기 마련이다. 그래서 할머니 할아버지 손에 자란 아이가 초등학교 입학을 앞두고 부모님과 함께 살게 되는 경우가 많다.

문제는 이런 상황에서 아이가 느끼는 심리적 부담이다. 어느 날 갑자기 자신을 키워준 할머니 할아버지와 헤어져 살게 되었을 때 아이의 마음이 어땠을까? 아이 입장에서는 이 모든 게 좋으면서도 낯설다. 엄마 아빠와 사는 게 익숙하지 않으니 이제부터 새로운 가정환경과 생활 방식에 적응해야 한다.

얼마 전까지는 집에 가면 늘 할머니 할아버지가 계셨지만, 지금은 엄마 아빠가 회사에 가고 없다. 할머니 할아버지는 뭐든 대신 나서서 해주셨지만 엄마 아빠는 이제 초등학생이 되었으니 제 할 일은 스스로 해야 한다고 말한다. 학교는 더 만만치 않다. 낯선 교실, 처음 보는 선생님과 친구들, 해야 할 것도 많고 하지 말아야 할 것도 많은 학교 규칙……. 아이는 어디에도 마음 둘 곳이 없다.

은수의 등굣길 울음 시위는 그런 상황에서 비롯된 것 같았다. 집도, 학교도 모두 낯설기만 하니 얼마나 마음이 불안했을까. 그날 복도에서 본 울음은 또 다른 낯선 공간에 들어가기 전 불안감이 극도에 달한 감정의 표현이었을 것이다. 또, 엄마와의 애착이 강하게 형성된 단계도 아니라서 은수는 엄마에게 매달리지도 않았던 것이다.

낯선 환경에서는 누구나 긴장, 불안, 두려움 등의 감정을 느낀다. 그래서 어른들도 새로운 환경에 적응하려면 한동안 힘든 시간을 보내게 된다. 그러니 여덟 살 아이들은 오죽하겠는가. 게다가 은수는 급격한 환경 변화로 인한 스트레스를 이중으로 겪고 있었다. 그 심리적 부담 때문에 학교생활에 적응하는 데 더 힘이 드는 것 같았다.

그래도 내가 지켜본 은수는 다소 소극적이기는 해도 일단 자신에게 맡겨진 일에는 진지하게 임하는 성실한 아이였다. 낯선 학교생활에 대한 두려움을 이겨낼 수 있도록 누군가가 자신감을 심어주고 칭찬과 격려를 아끼지 않는다면 힘을 얻을 것 같았다. 나는 은수의 학교 적응을 돕기 위한 계획을 짜기 시작했다.

아이들의 놀라운 잠재력

"은수야. 좀 하기 어려운 심부름이 있는데, 은수가 도와줄래?"

서로 하겠다고 "저요, 저요!"를 외치며 손드는 무수한 경쟁자를 제치고 내가 이름을 호명하자 은수는 살짝 수줍은 표정을 지었다.

나는 은수를 교사 연구실로 데리고 갔다. 복사기와 코팅기 같은 사무기기가 있어 교사들이 여러 가지 학습 자료를 만들 때나 회의할 때 종종 사용하는 장소였다.

"선생님이 친구들이 공부할 학습지를 복사할 건데, 옆에서 기다리고 있다가 복사가 다 끝나면 교실로 가져와 줄래? 선생님은 다른 친구들이 장난치고 싸울까 봐 교실에 먼저 가 있어야 할 것 같아."

잠시 뒤, 은수는 복사한 학습지를 들고 교실로 왔다. 얼굴이 상기되어 있는 것을 보니 온힘을 다해 달려온 모양이었다. 선생님이 심부름을 시키면 그 기회를 이용하여 온갖 일을 벌이는 다른 아이들과 달리 은수는 오로지 임무를 무사히 마치는 데만 그 시간을 사용한 게 분명했다.

똑같은 심부름, 다른 모습들

선생님이 심부름을 시키면 샛길로 빠져 놀다오는 유형, 엉뚱한 곳에 잘못 전달하는 유형 등 아이들이 심부름에 대처하는 자세는 무척 다양하다.
만약 은수에게 시킨 심부름을 다른 아이에게 시켰을 경우 예상할 수 있는 엉뚱한 모습들을 살펴보자.

"너 거기 가 봤어?" - 정보 공유형

"야, 이거 내가 연구실에 있는 복사기에서 가져온 거야."
"연구실? 복사기? 그거 어디 있는 건데?"

심부름한 아이는 친구를 연구실로 안내하며 자신이 알게 된 새로운 정보를 자랑한다. 가는 내내 그곳에 무엇이 있고, 자신이 무엇을 봤는지에 대한 이야기를 끊임없이 늘어놓는 것도 잊지 않는다.

"너희들은 알 거 없어" - 정보 독점형

"야, 너 손에 든 거 뭐야?"

심부름한 아이가 학습지를 머리 위에 이고 엄청 힘들다는 표정으로 온 교실을 휘젓고 다니면 아이들의 시선이 집중되기 마련이다. 그러면 심부름한 녀석은 아주 거만한 표정으로 보란 듯이 학습지를 내 책상 위에 탁~ 내려놓으며 이렇게 말한다.

"너희들은 알 거 없어."

"뭐가 적혀 있나 볼까?" - 호기심형

심부름을 간 녀석이 함흥차사더니 한참이 지나 저쪽에서 느릿느릿 걸어오는 게 보인다. 들고오라고 했던 학습지를 자기가 먼저 읽느라 정신이 없다. 마치 아버지가 신문을 보듯 뭔가 생각하는 심각한 표정으로 내용을 샅샅이 살펴보면서 아주 천천히 걸어오고 있다.

심부름을 시키면 은수는 언제나 빠른 시간 안에 얼굴이 발갛게 상기된 채로 임무를 무사히 마치고 돌아왔다. 말수가 적고 늘 표정이 어두웠지만 그런 겉모습과 달리 은수의 내면에는 많은 잠재력이 있는 듯했다.

내가 부여한 특별한 심부름이 은수의 잠재력을 밖으로 끌어내는 계기가 된 듯했다. 1학기가 끝나갈 무렵, 은수는 학교생활에 제법 자신감을 얻은 듯했다. 표정도 밝아지고 학교에서 지내는 모습도 차츰 좋아졌다. 물론 교실에서 항상 조용하게 지내기 때문에 눈에는 잘 띄지 않았지만 학교에 적응하는 데는 무리가 없을 것 같았다.

1학년의 막바지에 이른 초겨울. 은수에게 동생이 생겼다는 소식이 들렸다. 엄마 아빠와 함께 산 지 1년도 채 안 됐는데 벌써 동생이 생겼다니 은수의 마음이 어떨지 은근히 신경이 쓰였다.
"은수야, 동생이 생기니까 기분이 어때?"
"그냥 그래요. 동생은 아기니까 예쁘죠."
은수는 동생에 대한 감정이 담담한 것 같았다. 그래도 왠지 마음이 쓰여서 나는 은수를 신경 써서 살펴보게 되었다. 그러던 어느 날, 나는 믿기지 않는 장면을 목격하게 되었다.
아이들이 조를 이루어 그림을 그리는 모둠 활동 시간. 장난칠 거리를 찾고 있던 현수가 보름이의 그림 그리기를 도와주고 있는 은수를 발견하고는 그 옆으로 다가가 빙글거리며 한마디 던졌다.
"너 왜 보름이 그림 도와주냐? 보름이가 네 남자 친구구나!"
그 말에 보름이는 얼굴이 새빨개져서는 그대로 얼음이 됐다. 하지만 은수는 달랐다. 기막히다는 듯 현수를 한번 째려보더니 이내 아무 일 없었던 것처럼 하던 일을 계속했다. 다른 여자아이라면 펄쩍 뛰거나 엉엉 울었을 텐데, 그 당당함이라니! 하지만 현수도 만만치 않았다. 전교에서 알아주는 말썽꾸러기답게 2차 공격을 했다.

"우와~, 너희 둘이 사귀는 것 맞구나! 얼레리 꼴레리~."

그때였다.

"이게 정말!!"

은수가 필통을 집어 들고 현수 등짝을 세게 때렸다. 꽤나 아팠는지 현수는 등을 어루만지면서 잠시 은수를 노려보다가 슬그머니 자리를 떴다. 맙소사! 은수가 천하의 현수를 물리친 것이다.

나는 은수의 저력에 깜짝 놀랐다. 입학 초기만 해도 은수는 자기 물건도 잘 챙기지 못하던 아이였다. 할머니 할아버지 손에 자라 사랑을 듬뿍 받은 대신 그 나이에 배워야 할 책임감과 자기주도성을 배우지 못한 것 같았다.

하지만 겨울방학이 다가올 무렵, 내가 본 은수는 제 할 일을 능숙하게 스스로 알아서 하고 있었다. 엄마가 직장에 다니랴, 동생 낳으랴 잘 챙겨주지 못했을 텐데, 은수는 혼자 그 모든 것을 감당하며 스스로의 힘으로 터득해낸 것이었다.

이제 은수는 교실 앞에서 눈물을 뚝뚝 흘리던 꼬마가 아니었다. 어느새 키도 훌쩍 자라 있었고, 표정은 야무져졌고, 무엇보다 정서적으로 안정감 있어 보였다. 봄의 은수가 마치 어린나무와 같았다면 겨울을 맞이하는 은수는 뿌리를 깊게 내려 비바람에도 끄떡하지 않는 큰 나무 같았다. 나는 은수를 보면서 다시 한 번 아이들의 잠재력에 경이로움을 느꼈다.

아이들은 모두 이 세상에 뿌리를 내리고 양분을 빨아들이며 성장할 잠재력을 가지고 태어나는 것 같다. 다만 각자의 기질과 환경에 따라 성장하는 속도가 제각각 다를 뿐이다. 중요한 것은 아이들 모두 스스로의 힘으로 양분을 흡수하며 커 나가길 원한다는 사실이다. 조금 불안해하고 힘들어하는 모습을 보이더라도 믿어주고, 칭찬해주고, 격려해주면 아이들은 스스로의 힘으로 세상을 향해 나아갈 것이다.

싱그럽게 자라 잎을 팔랑거리는 은수 나무를 보며, 나는 그 나무가 하늘을 향해 튼튼한 가지를 뻗고 건강하게 자라날 거라는 믿음을 갖게 되었다.

학교의 유명인사 '빡빡이'

'어? 이 녀석이 또 없어졌네.'

수업 시간에 현수가 보이지 않았다. 언제부터 녀석이 없어졌는지 감도 잡히지 않았다. 그리기 활동을 하는 시간이라 옷에 물감을 묻힌 아이, 물통을 쏟아 도화지가 젖은 아이, 물감을 섞어 분홍색을 만들어달라는 아이들로 정신없다가 문득 주위를 둘러보니 녀석이 사라지고 없었던 것이다.

"얘들아, 현수 어디 갔니?

"몰라요."

"아까 점심시간에 놀이터에서 놀던데."

"그럼 수업 시작되고 나서 교실에서 현수 본 사람은 있니?"

"……."

"애들아, 그림 그리고 있어. 선생님은 현수 좀 찾아보고 올게."

나는 교실 문을 나서자마자 녀석이 마지막으로 목격됐다는 놀이터로 향했다. 아무도 없었다. 하긴 오후 수업이 시작된 썰렁한 놀이터에서 혼자 놀고 있을 녀석이 아니었다. 분명 어디선가 재미있는 볼거리에 빠져 있는 것이 분명했다. 그렇다면 각종 게임기와 먹을거리가 즐비한 학교 앞 문방구? 하지만 그곳에도 없었다. 학교를 한 바퀴 다 돌아봤는데도 현수는 보이지 않았다. '점심시간부터라면 거의 반 시간 가까이나 지났는데 도대체 어디로 간 거야?' 문득 교실을 너무 오래 비웠다는 생각이 들었다. 거기도 지금쯤 난장판이 되었을 텐데…….

교실에 돌아오자마자 전화벨이 울렸다. 5학년 선생님이었다.

"선생님, 그 반에 '빡빡이' 있죠?"

빡빡이! 그건 우리 학교에서 불리는 현수의 별명이었다.

"네. 혹시 현수가 거기 있어요?"

자초지종을 들어보니, 그 반에서 샌드위치 만들기 수업을 하고 있었는데, 현수가 뒷문에서 구경을 하다가 급기야는 교실로 들어가 자기도 먹겠다고 떼를 썼단다. 이름이 뭐냐, 몇 학년이냐고 물어도 대답이 없고, 교실로 가라도 해도 막무가내라서 난감해하다가 빡빡 깎은 머리를 보고 혹시나 하고 전화한 것이었다.

"선생님, 현수를 혼자 보내시면 절대 안 돼요."

오는 길에 다른 길로 샐까 봐 나는 직접 현수를 데리러 갔다. 물론 안 가겠다고 바닥에 드러눕는 약간의 실랑이가 있었지만 다행히 현수를 무사히 교실로 데려올 수 있었다.

잠시도 가만히 있지 못하는 아이

현수가 '빡빡이'로 통하게 된 데에는 사연이 있었다. 입학한 지 얼마 안 된 3월, 방과 후 교실에서 만들기 수업을 하던 현수는 호기심에 가위로 자신의 앞머리를 잘라보았다. 우수수 떨어지는 머리카락이 신기했고, 그걸 본 옆 짝도 재미있어 했다. 그렇게 둘이 함께 낄낄대며 계속 자르다 보니 어느새 앞머리가 하나도 남지 않게 되었고, 결국 머리 전체를 빡빡 밀게 된 것이다.

또, 현수는 무척 산만한 아이였다. 조금이라도 호기심을 끄는 것이 있으면 수업 시간이라는 것도 잊고 거기에 몰두했다. 수업 시간이건 쉬는 시간이건 틈만 나면 사라지는 일도 다반사였다. 놀라서 온 학교를 뒤져 찾으면 어떤 때는 학교 앞 뜰에서 나무 막대기 하나를 들고 칼싸움하고 있기도 했고, 어떤 때는 다른 반이 체육 수업 하는 걸 멍하니 구경하며 서 있기도 했다. 1학년 꼬마 아이가 머리를 빡빡 민것만으로도 눈길이 가는데 학교 여기저기를 돌아다니며 말썽까지 피우다 보니 어느새 현수는 우리 학교에서 '빡빡이' 하면 모르는 사람이 없을 정도로 유명 인사가 되어 있었다.

사실 입학한 지 얼마 안 된 1학년 아이들이 하루 종일 교실에 앉아서 수업을 받기란 쉽지 않다. 책상 아래에 발을 가지런히 넣고 의자에 엉덩이와 등을 붙이고 앉아 선생님 말씀을 집중해서 듣고, 책도 읽고, 글씨도 쓰려면 정말 많은 인내심을 발휘해야 한다.

더구나 여덟 살은 신체 에너지가 왕성하여 한참 뛰어놀 나이다. 입학 초기라서 수업 시간 40분 내내 앉아있는 게 익숙하지도 않다. 그러니 가만히 앉아있어야만 하는 수업이 얼마나 힘들겠는가. 초등 1학년은 아직 집중력도 부족하고 스트레스를 견디는 능력도 미숙하다. 그러다 보니 어떤 아이들은 다소 어처구니없는 방법을 동원하여 그 힘든 상황에 대처하기도 한다.

여기서 잠깐,

초등 1학년 수업 시간에 이런 아이 꼭 있다

나 집에 갈래 - 컴백 홈형

입학 초기, 등굣길에서 쓰던 방법인데, 아이들은 학교에 있는 게 힘들거나 수업 시간이 지겨울 때도 이 방법을 동원한다. 하지만 대부분 내가 아무렇지도 않게 일과를 진행하면 언제 그랬냐 싶게 잘 지낸다. 마치 운동하러 체육관에 가기까지가 힘들지 일단 들어가 운동을 시작하면 나름 할만해지는 마음과 비슷한 것이다.

학교는 호기심 천국 - 나 홀로 학교 탐험형

특히 호기심 많은 아이들이 이 방법을 쓴다. 아이들에게 학교는 새롭고 낯선 공간이라서 틈만 나면 교실을 빠져나와 혼자 학교 탐험을 다닌다. 그러다 선배 형들에게 걸려 혼나기도 하고, 교장 선생님이나 학교 지킴이 아저씨의 손에 이끌려 짧은 탐험을 끝내고 교실로 돌아오기도 한다.

갑자기 배가 아파요 - 병원 경유형

입학 초기에 학교가 낯설어서 또는 시험 보는 날 너무 긴장해서 이 방법을 쓰는 아이들이 있다. 부모 입장에서는 무조건 학교에 보낼 수도 없는 노릇이라 일단 병원부터 데리고 간다. 그러면 아이 입장에서는 학교에 늦게 가거나 하루 빠질 수 있는 기회를 얻게 되어 이후에도 종종 이 방법을 활용하게 된다. 그래서 학교생활에 가장 더디게 적응하는 결과를 가져오기도 한다.

그래도 입학한 지 한두 달이 지나면 대부분은 서서히 적응하기 마련인데 현수는 도무지 나아질 기미가 보이지 않았다. 수업 시간에 잘 앉아있으면 스티커를 주기도 했고, 교실 맨 앞자리에 앉혀서 감시를 강화해보기도 했지만 현수가 교실을 빠져나가는 일은 언제나 눈 깜짝할 사이에 일어났다. 내가 방심한 틈을 노리는 데는 천부적인 능력을 타고난 것 같았다.

"선생님, 쟤랑 짝하기 싫어요"

"아니에요! 애국가 2절은 '무궁화 삼천리'예요!!"

"그건 후렴구고, 애국가 2절 가사는 '남산 위에 저 소나무'로 시작하는 부분부터야."

"아니에요! 우리 할머니가 2절은 '무궁화 삼천리'라고 했어요!!"

사건은 애국가를 가르치다가 발생했다. 현수는 평소에도 수업 시간에 자기 하고 싶은 말을 다하는 아이였다. 그래서 처음에는 녀석의 엉뚱한 주장을 못 들은 척 그냥 넘어가려고 했다. 하지만 현수는 자기주장을 끝까지 굽히지 않았고, 갈수록 목소리가 점점 커지고 숨소리가 거칠어지더니 급기야 거의 울 것 같은 얼굴로 나에게 대들기 시작했다.

주먹까지 불끈 쥔 녀석의 태도가 어찌나 단호한지 순간 '내가 틀렸나?' 하고 다시 생각해볼 정도였다. 애국가 2절을 처음 배우는 다른 아이들은 고개를 갸우뚱하면서 나와 현수를 번갈아 쳐다보고 있었다. 그중 몇 명은 '선생님이 정말 틀리신 것 아니야?' 하는 의심의 눈초리였다. 한숨이 나왔지만 나는 뒤로 한발 물러서기로 했다.

"그래. 그건 현수 할머니께 다시 물어보자."

애국가 2절 가사를 제대로 안 가르쳤다고 누가 나를 탓해도 어쩔 수가 없었다. 그간의 경험으로 봤을 때 이럴 땐 현수를 아무리 설득하려고 애써봤자 말다툼만 길어질 게 분명했다.

비록 행동이 산만하고 집중을 못 하지만 현수는 이해력과 지능이 아주 높은 아이였다. 또, 다른 사람들로부터 인정받고 싶은 욕구도 강했다. 그래서 자신이 정확하게 알고 있다고 생각하는 지식에 대해서는 상대가 선생님이라고 해도 절대 자기주장을 굽히지 않았다. 그러니 발표 시간에 누가 틀린 답이라도 말하면 현수는 결코 가만히 있지 않았다.

'ㅎ'으로 시작하는 낱말 찾기에서 '현충일'이란 단어가 나왔을 때였다.

"저 현충일 알아요. 아빠랑 참배하러 가봤어요. 참배하러 갔을 때 아빠가 설명을 해주셨는데……."

평소처럼 현수가 대뜸 하고 싶은 말을 쏟아내자 그 얘기를 듣고 있던 승호가 고개를 갸웃하며 말했다.

"참배? 그게 뭐야? 참외랑 비슷한 건가?"

"와하하하~."

그때 아이들의 웃음소리를 뚫을 만큼 큰 소리로 현수가 말했다.

"참외가 아니라 참배라고, 참배! 이 바보야. 넌 참배도 모르나?"

"엉엉~. 선생님~, 현수가 나 보고 바보래요."

다른 아이들은 현수의 행동이 짜증스러울 수밖에 없었다. 수업 시간에 아무 때나 말하고 끼어드는 것도 마뜩찮은데 자꾸만 틀렸다고 지적하고 놀려대는 아이를 누가 좋아하겠는가.

무엇보다 현수는 학교 탐험이 심드렁해지면 새로운 흥밋거리를 찾다가 짝꿍이 싫어하는 행동을 한다거나 다른 아이들에게 짓궂게 장난치면서 노는 데 몰두했다. 다른 아이들이 화가 나서 팔짝팔짝 뛰면서 소리 지르는 걸 보면 무척 재미있는 모양이었다. 그럴 때 보면 자기가 한 행동 때문에 다른 아이들이 괴로워하거나 힘들어하는 게 현수의 눈에는 전혀 보이지 않는 것 같았다.

현수의 친구 관계에 문제가 생기기 시작했다.

"민정아. 왜 울어?"

쉬는 시간에 혼자 책상에 엎드려 훌쩍이고 있던 민정이가 내 물음에 빨개진 눈으로 대답했다.

"현수랑 짝하기 싫어요. 흑흑. 뭐든지 자기 마음대로 해요."

그동안에도 현수 때문에 짝을 바꿔달라는 아이와 학부모의 민원이 심심찮게 들어왔었다. 어쩔 수 없이 교실의 자리를 바꾼 날이면 나는 현수의 새 짝꿍이 된 아이의 부모가 전화할까 봐 마음을 졸여야 했다.

아이들이 자신을 멀리하자 현수도 마음에 오기가 생기는지 더 심술궂은 장난으로 아이들과 맞섰다. 사소한 일에 갑자기 화를 내고 싸우기도 했다.

현수의 산만한 행동은 점점 심해졌다. 덤벙거리다 다른 아이들의 물건을 망가뜨리기 일쑤였고, 교실 여기저기를 뛰어다니다가 부딪쳐 다치는 일도 많았다. 심지어 충동적으로 행동하다가 종종 위험한 상황에 놓이기도 했다.

한 번은 등굣길에 찻길을 그냥 뛰어 건너는 바람에 마주오던 자동차가 놀라 멈춰 서서 간신히 충돌을 면한 적도 있었다. 이 장면을 지켜본 교통 지도 선생님은 얼굴이 사색이 되어 현수를 교실로 데려오셨다. 또, 한 번은 비 오는 날 우산도 없이 진흙탕 속에서 뒹구는 현수를 체육 선생님이 데리고 온 적도 있었다. 그때마다 어른들은 놀란 가슴을 쓸어내렸지만 현수는 늘 재미있는 기회를 놓쳐 안타깝다는 표정이었다.

상황이 이렇다 보니 담임인 나로서는 무엇보다 아이의 안전이 걱정이었다. 여러 가지 경로를 통해 알아본 결과 나는 현수가 단순히 또래보다 주의력이 부족한 게 아니라고 판단하게 되었다. 아무래도 현수는 주의력 결핍 과잉 행동 장애일 가능성이 높아 보였다.

여기서 잠깐,

주의력 결핍 과잉 행동 장애(ADHD) 이해하기

우리 뇌에 정보를 전달하는 신경전달물질이 부족하거나 이상이 생겨, 뭔가에 집중해야 할 때 생각이 조절이 되지 않아 뒤죽박죽 뒤섞이고 행동도 마음대로 조절되지 않는 장애를 말한다.

현수의 경우에는 대표적인 세 가지 증상, 즉 한 가지 일에 오래 집중하지 못하고, 한시도 가만히 있지 않고, 충동적인 행동을 다 보였다. 다음은 주의력 결핍 과잉 행동 장애 아이들이 학교에서 보이는 행동들이다.

- 물건을 자주 잃어버린다.
- 딴 생각을 하느라 다른 사람이 하는 얘기를 못 알아듣는다.
- 옆에서 나는 작은 소리에 금방 관심을 빼앗긴다.
- 어떤 생각이 떠오르면 참지 못하고 쉴 새 없이 말한다.
- 아무 일에나 중간에 끼어들고 방해한다.
- 상대방의 이야기를 끝까지 듣지 못한다.
- 가만히 있다가 갑자기 화를 폭발한다.

'진정한 공평함'이란?

현수처럼 기질적으로 행동이 산만하고 집중력에 문제가 있는 아이들은 학교 적응과 친구 관계는 물론 학습에도 어려움을 겪기 마련이었다. 아무리 노력해도 한 가지 일에 집중해서 차근차근 하는 게 어렵다 보니 힘들어도 참고 하는 인내심, 잘 몰라도 끝까지 포기하지 않는 과제 집착력, 수업 시간에 배운 내용을 자신의 것으로 만드는 학습 능력을 키우기가 어려웠다. 실제로 현수는 머리가 좋고 이해력도 높았지만 받아쓰기 시험을 보면 어떤 때는 100점을 받고, 어떤 때는 20점을 받는 등 점수가 들쑥날쑥했다.

또 집중력에 문제가 있는 아이들은 학습이나 생활 규칙과 같은 '해야 하는 일'에는 집중을 잘하지 못하고, 컴퓨터 게임처럼 '좋아하는 일'에는 쉽게 몰두하는 경향이 있다. 뇌의 구조적인 문제가 있어 머릿속으로는 '해야 하는 일'을 하겠다고 생각하지만 실제 행동은 '좋아하는 일'에만 몰두하는 것이다.

　그러다 보니 현수는 학교에 오면 칭찬 들을 일보다는 혼나는 일이 더 많았다. 아이들과 친하게 지내려고 다가가지만 행동은 수업을 방해하고, 순서도 잘 지키지 않고, 친구들이 노는 데 끼어들어 방해하는 일이 많았다. 자연히 친구들에게 싫은 소리를 들을 수밖에 없었고, 현수도 화가 나서 친구들과 맞서곤 했다. 그럴수록 아이들이 현수를 점점 더 멀리하게 되는 악순환이 거듭되었다.

　현수에게 지금 가장 필요한 것은 적절한 치료의 도움이었다. 나는 현수 부모님께 연락하여 조심스럽게 현수가 겪고 있는 어려움을 말씀드리고 치료를 권했다. 하지만 부모님의 생각은 달랐다.

　"선생님, 저희도 그것 때문에 병원에 간 적이 있었어요. 현수 다섯 살 때요. 근데 병원에서 아무 이상이 없대요."

　다섯 살이면 3년이나 지난 일이니 다시 한 번 검사 받기를 권했지만 소용이 없었다. 안타깝지만 교사로서는 어쩔 도리가 없었다.

　그렇다고 현수를 이대로 둘 수는 없는 노릇이었다. 현수와 같은 아이들은 그냥 내버려두면 금방 집중력을 잃어버리기 때문에 잘해낼 수 있다고 격려해주고, 집중할 수 있게 도와주는 것이 필요했다.

　문제는 현수와 한 교실에서 지내는 다른 아이들이었다. 현수가 일부러 그러는 것이 아니라고 해도 언제까지 참으라고만 할 수는 없는 노릇이었다. 고민 끝에 나는 한 가지 전략을 마련했다.

다음 날, 우리 반 교실에서 현수의 짝꿍 자리는 탐나는 자리가 되었다. 현수의 짝을 하는 아이는 매일 칭찬 스티커를 한 장씩 더 받게 된 것이다.

칭찬 스티커는 여덟 살 아이들에게 하기 힘든 일도 기꺼이 하게 만드는 마법과도 같은 힘을 발휘한다. 나는 비록 완벽하진 않지만 칭찬 스티커가 아이들에게 현수의 짝꿍 자리를 견뎌낼 수 있는 힘을 실어주고, 친구를 이해하고 배려하는 마음을 기르는 밑거름이 되기를 바랐다.

현수에게는 칭찬 스티커 외에도 특별 스티커를 더 주기로 했다. 수업 시간에 교실 밖으로 나가지 않는 것만으로도 한 장, 짝꿍을 한 번도 괴롭히지 않은 날에 한 장, 다른 친구가 떨어뜨린 지우개 대신 주워주기처럼 남을 배려하는 행동을 하면 한 장, 아침 활동 시간에 자리에 앉아 책 읽고 있으면 한 장 등등. 그리고 스티커를 일정 개수 모으면 상품도 주기로 했다.

그런데 이 전략을 실행한 지 일주일 만에 문제가 생겼다. 무엇보다 일부 아이들의 반발이 만만치 않았다.

"선생님, 현수는 규칙을 많이 어기는데 왜 우리보다 스티커를 더 많이 받아요?"

"맞아요. 저번에는 제이를 때렸는데도 솔직하게 말하지 않고 스티커 받는 것을 봤어요."

아이들 입장에서는 이보다 불공평한 일이 없었다. 자신들은 일기를 써오거나, 숙제를 잘하거나, 급식을 남기지 않고 다 먹어야만 받을 수 있는 스티커를 현수는 하루에도 서너 장씩 받았던 것이다.

하지만 나는 이 상황이야말로 아이들에게 공평함의 진정한 의미를 가르칠 수 있는 교육의 기회라는 생각이 들었다.

'진정한 공평함'이란?

무엇이든 모두 똑같이 하는 것만이 '공평함'은 아니다. 초등 1학년 아이들의 일상에서도 언뜻 불공평해 보이지만 사실은 진정한 공평함이 이루어지는 사례들이 많다.

- 교실에서 눈이 나쁜 아이를 앞자리에 앉게 해주는 것
- 아빠와 팔씨름할 때 나에게는 아빠의 팔뚝을 잡게 해주는 것
- 짐을 나를 때 형은 무거운 짐을, 나는 조금 가벼운 짐을 드는 것
- 할머니가 명절에 남은 떡을 싸주실 때 식구가 많은 큰아버지 댁에 더 많이 주시는 것
- 다리를 다쳐서 깁스한 친구에게 체육 시간 달리기를 면제해주는 것

'진정한 공평함'을 실천하기 위해서는 다른 사람의 입장을 이해하는 배려의 마음이 함께해야 한다. 현수에게만 주어지는 불공평한 스티커의 의미를 이해하게 된다면 아이들이 '진정한 공평함'의 의미를 저절로 배우게 될 것 같았다.

"현수야, 교무실에 가서 분필 좀 가져다줄래?"

"네."

나서기 좋아하는 현수가 신나게 교실 밖으로 달려 나간 뒤, 나는 준비한 이야기를 꺼냈다.

"얘들아, 선생님이 현수만 스티커를 많이 줘서 속상했지?"

"……."

"그런데 말이야, 사실 현수는 우리의 도움이 필요한 친구야. 왜냐하면 수업을 방해하고 친구를 괴롭히는 행동을 현수가 일부러 하는 게 아니기 때문이야. 현수는 자꾸만 생각과 다르게 행동하게 되는 힘든 일을 겪고 있거든. 그런데도 매일 혼만 나서 현수도 많이 속상할 거야."

아이들 사이에 작은 술렁임이 일었다. 뭔지는 잘 모르겠지만 현수가 일부러 자신들을 힘들게 한 것이 아니라는 의미만은 분명히 전달된 듯했다.

"그래서 선생님은 현수가 지난번에 앞으로 잘하겠다고 했던 약속을 지킬 수 있도록 도와주고 싶었어. 너희들도 선생님과 함께 현수를 도와주지 않을래? 현수가 받는 특별 스티커를 너희가 조금 이해해주면 그게 현수를 도와주는 거야. 이건 다른 사람을 이해하는 '배려'의 마음을 너희들이 현수에게 나누어주는 거란다."

내 얘기를 듣는 아이들의 표정은 사뭇 진지했다.

이 일이 있고 우리 반에 과연 평화가 찾아왔을까? 현수의 주의력 문제가 근본적으로 해결되지 않았기 때문에 다른 아이들은 여전한 사고뭉치 현수와 티격태격하며 남은 1학년을 보내야 했고, 나 또한 현수와 함께 그 어느 해보다도 힘든 1년을 보냈다.

 하지만 다른 사람의 입장을 이해하고 배려하기 위해 함께 노력했던 경험은 소중했다. 이 경험이 현수에게도, 나머지 우리 반 아이들에게도 앞으로 살아가게 될 날들의 또 다른 힘든 장에서 조금이라도 보탬이 될 수 있기를 진심으로 바랄 뿐이다.

"칠판 앞에 나가면 떨려요"

수업을 시작하려고 교과서를 펼치는데 아이들끼리 소곤대는 소리가 들려왔다.

"뭐? 숙제 해올 게 있었다고?"

"응. 기억은 안 나는데 뭔가 있었던 것 같아."

"아냐! 없었어. 봐! 알림장에도 없잖아."

듣고 보니 나도 숙제를 내준 게 있었는지 기억이 흐릿했다. 그래서 교과서를 다시 살펴보려는 찰나, 한 아이가 자신 있게 말했다.

"선생님이 교과서 43쪽에 있는 표를 보고 부모님과 함께 해보라고 하셨잖아."

아차! 지난 수업에 시간이 부족해서 못다 한 부분을 숙제로 내줬던 게 기억났다. 그래놓고는 까맣게 잊어버렸으니……. 나도 알림장이나 주간 학습에 그 숙제를 안내하지 않았고, 가뜩이나 뭐든 금방 잊어버리는 1학년 아이들이 혼자 그 숙제를 기억하고 해왔을 리가 만무했다. 단 한 명의 아이만 제외하고는. 바로 우리 반의 모범 답안, 수민이었다.

모범 답안 같은 아이

수민이는 여러 가지 면에서 모범 답안 같은 아이였다. 수업 시간에는 늘 바른 자세로 앉아있었고, 주어진 과제를 항상 성실하게 수행했다. 과제물의 질 또한 또래 아이들보다 높은 편이었다. 그렇다고 자기가 잘한다고 친구들 사이에서 으스대는 일도 없었다. 오히려 다른 친구들을 배려하고 이해해주는 모습이 더 많았다. 색연필을 안 가져온 짝꿍에게는 자기 것을 같이 쓰자고 먼저 이야기했고, 수학 문제를 못 푸는 짝꿍은 가만히 지켜보다가 문제 푸는 힌트를 조용히 알려주곤 했다.

'모범 답안 같은 아이'라는 말이 꼭 공부 1등을 의미하는 것은 아니다. 오히려 수민이의 성적은 우리 반에서 중간 정도였다. 그런데도 내가 수민이를 모범 답안 같은 아이라고 지목하는 데는 또 다른 이유가 있었다.

현장학습을 갔던 날의 일이었다. 점심을 먹고 오후 활동을 시작하려고 아이들을 불러모으는데 그만 사건이 터지고 말았다. 말썽꾸러기 현수가 넘어져 앞니 하나가 빠져버린 것이다.

"선생님, 빠진 이를 식염수나 우유에 넣어서 40분 내로 병원에 가래요."

동료 선생님이 재빠르게 119에 전화해서 응급 처치 방법을 알려주었다. 하지만 우유를 어디서 구해야 할지 막막했다. 급한 마음에 아이들이 모여 있는 곳으로 달려가 우유를 가져온 아이가 있는지 물어보았다.

"선생님, 여기 우유요!"

돌아보니 수민이었다. 자신은 우유를 가져오지 않았지만 내 말을 듣고 친구들에게 물어봐서 재빨리 제이의 우유를 가져다준 것이었다. 나는 고맙다는 말을 남기고 현수와 함께 가장 가까운 치과로 달려갔다. 다행히 시간이 지나면서 현수의 이는 자리를 잘 잡았다.

그 일을 계기로 돌아보니 수민이의 행동은 늘 비슷한 데가 있었다. 색종이를 오려 붙여 꾸미기 활동을 하는 시간. 필요한 색깔의 색종이를 다 써버린 아이들이 난감해하자 그때도 수민이는 생기 있는 표정으로 도움이 되는 정보를 알려주었다.

"교실 뒤에 있는 또또 상자에 가서 찾아봐. 지난번에 선생님이 색종이 남은 조각들을 또또 상자에 모아두었다가 나중에 필요할 때 쓰자고 하셨잖아."

수민이는 내가 하는 말을 놓치지 않고 잘 기억하고 있다가 적절한 순간에 잘 활용하는 아이였다. 그런 순간에 수민이 표정이 반짝반짝 빛났다. 그 반짝임은 친구들 앞에서 으쓱할 수 있게 되어서 기쁜 표정이 아니었다. 자신이 도움이 되었다는 것에 대한 뿌듯함이었다.

하지만 학교생활에서 늘 모범 답안 같은 모습을 보이는 수민이도 잘하지 못하는 것이 하나 있었다.

발표가 뭐길래?

"제 그림은……."
"야, 잘 안 들려. 크게 말해."

입학 초기, 아이들이 처음 앞에 나와서 발표하는 시간. 스물네 명 아이들의 얼굴에는 여러 가지 감정이 스쳤다. 앞에 나와서 발표하는 시간은 초등 1학년 아이들에게 가슴 떨리는 이벤트였다. 학교에서 지내는 동안 학급 친구 모두의 시선이 자신에게 집중되는 몇 안 되는 순간이기 때문이었다. 여러 사람 앞에서 이야기를 하자니 얼마나 떨리고 긴장되겠는가.

발표 시간에 대처하는 다양한 작전

앞에 나와서 발표해야 하는 시간, 이 긴장된 순간에 아이들은 각자의 기질에 따라 다양한 방법으로 대처한다.

유머로 승부하기

발표하는 것보다 우스꽝스러운 몸짓이나 목소리로 친구들을 웃기는 데 더 관심이 많은 아이들이다. 적당히 하지 못하고 지나친 경향이 있어 나에게 강력한 제지를 당하고 끝내는 경우가 많다.

반장처럼 행동하기

평소 반장처럼 행동해보고 싶었던 아이들은 앞에 나와 발표하는 시간을 절호의 기회로 삼는다. 자신의 이야기를 안 듣고 조금이라도 떠드는 아이가 있으면 곧바로 조용히 하라고 지적한다.

꼼지락꼼지락

앞에 나와 몸을 배배 꼬면서 가만히 서 있는 아이들이다. 실수하거나 말이 꼬이면 그대로 얼어버린다. 그렇다고 울거나 속상해하지 않고 꼼지락꼼지락 하면서 시간만 때운다. 보다 지친 내가 들어가라고 말할 때까지.

속사포로 말하기

발표를 빨리 해치워버리려는 속셈으로 후다닥 앞으로 나와서 혼잣말 수준으로 말을 마치고 난 다음 금세 제자리로 들어간다. 긴장된 순간을 견디기 어렵거나 잘해보려는 마음이 부족한 아이들이 이 작전을 쓴다.

모기 소리로 말하기

정말 알아들을 수 없을 만큼 작은 목소리로 말한다. 과제물에 얼굴을 거의 파묻은 채 웅얼거리며 발표하기 때문에 무슨 말을 하는지도 알 수 없고, 어떤 표정을 짓고 있는지 살피기도 어렵다.

기분 나빠 말 안 해

듣는 친구들이 조금이라도 자기 기분을 상하게 하면 바로 입을 다물어 버린다. 크게 기분 상할 일이 아닌데 씩씩거리며 말도 안 하고 버틴다. 들어가라고 해도 친구들을 노려보며 움직이지 않아 나를 난감하게 만든다.

"앞에 나오면 떨려서 처음엔 목소리가 잘 안 나올 수도 있어요. 친구가 잘할 수 있게 응원하는 마음으로 좀 더 기다려주자."

"제 그림은 가족과 함께……."

학교에서 늘 소극적인 태도를 보이는 은수는 다른 아이들이 자신을 쳐다보는 것 자체가 부담스러운지 발표하는 게 쉽지 않은 모양이었다. 몇 번의 시도에도 발표가 잘 되지 않자 은수는 거의 울 듯한 표정으로 자리에 돌아가 앉았다.

다음은 수민이 차례였다.

"저는…… 며칠 전에…… 동생이랑……."

내심 모범적인 발표를 기대했는데 수민이는 더 이상 말을 잇지 못했다. 결국 수민이는 떨리는 목소리로 띄엄띄엄 몇 마디 하다가 할 말을 다 마치지 못하고 자리로 돌아갔다.

나는 발표 시간에 유독 소극적인 태도를 보이는 수민이가 안타깝기도 하고, 은근히 신경 쓰이기도 했다.

입학한 지 두 달쯤 지났을 때 수민이 어머니로부터 전화가 왔다.

"선생님, 저 수민이 엄만데요, 요즘 우리 수민이가 학교생활을 어떻게 하고 있는지 궁금해서 전화를 했어요."

"학교생활은 별 문제 없는데, 집에서 보시기에 수민이가 달라진 점이 있으세요?"

"꼭 그런 건 아닌데요, 아이가 늘 힘이 하나도 없는 표정이고, 무슨 말을 해도 대답도 잘 안 하고 그러네요. 혹시 학교에서 무슨 일이 있었나 싶어서요."

수민이는 평소에도 늘 조금은 진중한 표정을 짓고 있었다. 좋아하는 친구를 만나거나 재미있는 일이 생길 때도 까르르 웃어대는 또래 아이들과는 달리 입가에 빙그레 미소가 떠오르는 정도였다.

"어머니도 아시겠지만, 수민이는 평소에도 표정 변화가 많은 편은 아니에요. 그래서 힘없는 표정은 그래 보일 수 있겠다 싶은데, 엄마의 말에 대답을 안 하는 것은 좀 이상하네요."

"제가 요즘 직장을 다니기 시작했거든요. 그러다 보니 아이가 영향을 받지 않을까 이래저래 신경이 많이 쓰이더라고요."

그제야 상황이 조금 이해되었다. 아직 어린 아이를 두고 일을 시작한 엄마의 마음이 얼마나 불안하겠는가. 혹시 엄마가 챙겨주지 못하는 것 때문에 아이가 마음의 상처라도 입지는 않을까 싶어 평소보다 수민이의 표정을 더 민감하게 살피고, 학교생활에 대해서도 이것저것 더 많이 물어보셨을 것이다.

다음 날 나는 수민이를 불러서 이야기를 나눠보았다. 예상했던 대로 특별히 다른 점은 보이지 않았다. 다만 또래 아이들보다 책임감이 강하고 긴장 수준이 높은 아이라서 잘해야 한다는 부담을 조금 크게 느낄 뿐이었다.

1학기가 끝나갈 때쯤, 나를 놀라게 하는 사건이 일어났다.
주말에 가족들과 함께 지내며 있었던 일을 그림으로 그려 발표하는 시간이었다.
"저는 주말에… 부모님과… 물놀이를 하러 갔는데…….";
"괜찮아, 수민아. 자, 심호흡 한 번 하고! 큰 소리로 말끝을 흐리지 말고 다시 말해볼까?"
내가 알려준 대로 심호흡을 한 번 하고, 마음을 가다듬는 수민이를 바라보면서 나는 내심 큰 기대는 하지 않고 있었다. 그런데 나의 이런 예상을 수민이가 완전히 뒤엎어버렸다.
"이 그림은 주말에 부모님과 물놀이를 하는 모습입니다. 음… 여기 튜브를 타고 있는 것이 저이고…, 옆에서 수영을 하고 있는 사람은 아빠입니다."

비록 떨리는 목소리였지만 수민이는 제법 큰 목소리로 씩씩하게 발표를 마쳤다. 수민이의 당당한 모습에 아이들도 얼떨결에 박수를 치고 있었다. 나 역시 수민이에게 또 한 번 감탄할 수밖에 없었다. 대체 어디서 저런 저력이 나오는 걸까? 순간 머릿속에 떠오르는 장면이 있었다.

"정말 열심히 노력했어요"

보통 발표를 잘하지 못하는 아이들은 다른 친구들이 발표할 때 듣지 않고 자신이 발표할 내용을 연습하거나, 아니면 지레 겁을 먹고 자포자기하는 경우가 많았다. 하지만 수민이는 수업 시간에 늘 집중하는 아이였다. 비록 자신이 발표를 잘하지는 못하지만 대신 다른 친구들이 발표할 때 집중해서 지켜보면서 어떻게 해야 잘하는 것인지를 살펴보고 배운 것이다. 내 차례가 아니면 옆 짝과 장난치며 떠드는 아이들과는 달랐다.

사실 스물네 명의 아이들이 한 명씩 나와서 발표를 하자면 정말 긴 시간이 걸린다. 그 시간 동안 가만히 앉아서 다른 친구들의 발표를 지켜보는 것만 해도 꽤 긴 인내력을 요한다. 나는 수민이가 여러 가지 학교생활에서 모범 답안 같은 태도를 보일 수 있었던 가장 큰 핵심이 주의력이 아닐까 하는 생각이 들었다.

하지만 주의력이 좋은 아이라고 해서 모두 수민이처럼 행동할 수 있는 것은 아니었다. 나는 수민이 부모님이 집에서 어떻게 아이를 가르치셨는지가 궁금해졌다. 마침 좋은 기회가 있었다. 공개수업이 다가오고 있었다.

학부모 공개수업이 있던 날, 학부모들과 상담하는 자리를 가졌다. 아이를 처음 초등학교에 입학시킨 부모들은 아이의 학교생활에 대해 물어보고 싶은 것도 많고, 걱정되는 것도 많기 마련이었다.
"일기장에 맞춤법이 틀린 글씨를 고쳐줘야 할까요?"
"저는 바로바로 고쳐줘요. 그래야 맞춤법을 배우죠."
"우리 애는 일기장을 절대 못 보게 해서 고쳐주고 싶어도 못해요."
"어머, 벌써요? 그 집은 빠른 편이네요. 우리 아이는 '엄마, 일기 뭐 써?' 하고 만날 묻는데."
아이를 학교에 입학시키면 일기쓰기 지도가 부모의 숙제가 되다 보니 '일기쓰기 지도법'은 학부모 상담 때마다 매번 등장하는 주제였다.

일기장에 틀린 맞춤법을 고쳐주어야 할까?

일기쓰기의 목적을 어디에 두느냐에 따라 그 답이 달라질 수 있다. 내 경우에는 아이들의 사고력을 향상시키기 위해서 일기를 쓰게 한다. 자신의 생각을 정리하고 글로 표현하는 능력을 길러야 사고력도 향상되는데, 1학년 아이가 그것을 실천할 수 있는 가장 좋은 방법이 일기쓰기다.

그런 이유로 나는 일기장의 틀린 맞춤법은 그냥 두는 것이 좋다고 생각한다. 틀린 글자를 고치면 아이는 마치 뭔가를 잘못해서 지적받은 느낌을 받게 되고, 자유롭게 자신의 생각을 펼치기가 어려워지기 때문이다.

이쯤에서 나는 학부모들에게 모범적인 일기 사례를 보여주면 좋을 것 같다고 생각했다. 순간 수민이의 일기가 떠올랐다. 특별한 이벤트나 소재 없이도 일상의 소소함에 자기 생각을 더하여 쓴 일기라서 좋은 예로 소개하기에 손색이 없었다.

2014년 7월 9일   날씨 : 맑음

오늘은 학교가 끝나고 도서관에 갔다. 별로 재미있는 책이 없어서 집에 오는데 새로 생긴 아이스크림 가게가 보였다. 전에는 햄버거 가게였는데 아이스크림 가게로 바뀌었나 보다. 그런데 거기서 파는 아이스크림이 정말 신기했다. 무지개 색 아이스크림도 있고, 구슬 모양 아이스크림도 있다. 나는 너무 먹고 싶어서 집에 와서 엄마를 졸랐다. 엄마가 마트 가는 길에 사주시겠다고 했다. 야호~! 아이스크림 맛은 완전 꿀맛이었다. 오늘은 무지개 색 아이스크림을 먹었는데, 다음엔 구슬 아이스크림을 꼭 먹어 봐야 겠다.

"선생님, 그거 우리 수민이 일기 같은데요?"

수민이 아버지가 일기장의 주인을 알아보고 먼저 말을 꺼내셨다. 그러자 여기저기서 다른 학부모들이 수민이 아버지에게 집에서 어떻게 교육을 하는지 비법을 공개해달라고 청했다. 의외로 수민이 아버지는 적극적으로 호응하셨다.

"저는 수민이가 숙제하는 시간을 정해놓고 항상 함께 책상에 앉습니다. 도와주려고 그러는 건 아니고요, 부모가 말해주지 않으면 아이가 먼저 알아서 숙제하는 걸 못하더라고요."

많은 학부모가 아이들이 스스로 하지 않는다고 걱정하지만, 사실 여덟 살은 아직 스스로 하기 어려운 나이다. 그래서 습관이 잡힐 때까지는 부모가 도와주는 게 좋다. 다만, 그 주체는 부모가 아닌 아이가 되어야 한다. 숙제 하기나 책가방 싸기 같은 일을 아이 스스로 하도록 해야 한다. 우선 아이가 혼자 어느 정도 할 수 있는지부터 살펴보고 난 뒤, 아이가 혼자서 하지 못하는 부분만 도와주어야 한다. 그러면서 차츰 쉬운 것부터 하나씩 아이 스스로 하도록 차근차근 넘겨주어야 한다.

수민이 아버지는 아이와 함께 보폭을 맞추어서 교육하는 방법을 잘 알고 계시는 듯했다. 수민이가 모범 답안 같이 학교생활을 할 수 있었던 원동력에는 아버지의 교육 방법이 큰 역할을 하고 있었다. 또, 결과보다는 학습하는 과정과 태도에 더 초점을 두어 교육한 것이 수민이가 지닌 학습에 대한 잠재력을 더 높여준 것 같았다.

수민이는 학급에서 성적이 그리 높은 편은 아니었지만 고학년이 될수록 점점 더 잘하게 될 것이라고 나는 확신한다. 오늘도 반짝이는 표정으로 수업에 집중하고 있을 수민이의 얼굴을 떠올리면서 나는 앞으로 자신의 가능성을 무궁무진하게 펼쳐나갈 수민이의 모습을 그려본다.

　우당탕 쿵쾅!
　교실로 향하는 내 발걸음이 빨라졌다. 예상대로 소리의 진원지는 우리 반. 문을 열자마자 아수라장이 된 교실이 눈에 들어왔다. 서너 명은 책상 위에 올라가서 쿵쿵 뛰고 있었고, 현수는 아예 사물함 위에 올라가서 춤을 추고 있었다. 교실 바닥에서 씨름하는 아이들도 있고, 좀 조용히 하라고 고함지르는 아이들도 있었다. 얌전한 몇몇 아이들은 손으로 귀를 막고 인상을 찌푸리고 있었다. 어찌나 소란한

지 일부러 큰 소리 나게 문을 열었는데도 알아차리는 아이들이 거의 없었다. 교탁에 있는 종을 쳤다.

"땡땡땡!"

그제야 대다수 아이들이 나를 쳐다보고 화들짝 놀랐다. 그러나 나머지 아이들이 진정하기 위해서는 시간이 좀 더 필요할 것 같았다. 눈치 빠른 아이들이 친구들을 툭툭 쳐주고, 선생님 오셨다고 외쳐준 덕분에 소란은 조금 잦아들었다. 하지만 대여섯 명의 아이들은 나를 흘끔 보고도 아랑곳없이 하던 놀이- 친구 올라타기, 의자 두드리기, 딱지치기 등 - 를 계속했다. 예전에는 선생님을 보면 긴장하거나 어려워하는 아이들이 대부분이었는데 요즘은 선생님을 봐도 전혀 아랑곳하지 않았다.

아이들이 학교생활에 잘 적응하도록 하기 위해서는 '눈치'를 가르쳐야 할 필요가 있었다.

"현수야, 사물함에서 내려와."

"민성아, 딱지 이리 가져와."

"무영아, 그만 해! 친구를 그렇게 깔고 앉으면 안 돼지."

나는 최대한 목소리에 무게를 실어 천천히 힘주어 말했다.

초등 1학년 아이들은 학교가 처음이라 뭐든지 하나부터 열까지 모두 가르쳐주어야 한다. 학교에서 하면 안 되는 행동을 잘 모르고 있는 경우도 많기 때문에 규칙을 정말 여러 번 설명해야 한다. 또, 간신히 가르쳐줘도 아이가 그 규칙을 지키고 싶은 마음을 갖지 않으면 아무 소용이 없다. 그런 경우에는 '규칙을 지키지 않으면 나쁜 일이 생긴다.'는 점을 반복적으로 경험하게 해주어야 조금씩 배울 수 있다.

이날 현수, 민성이, 무영이를 비롯한 몇 명의 아이들은 크게 혼이 나고서야 자신들이 뭘 잘못했는지 겨우 이해하였다.

우리 반에 스파이가 있다

한바탕 전쟁을 치른 다음 날, 학교에 급식 모니터를 하러 오신 민정이 어머니가 뜻밖의 얘기를 꺼냈다.

"선생님, 어제 현수, 민성이, 무영이가 많이 혼났다면서요?"

"네? 아, 좀 그럴 일이 있었어요. 민정이가 그래요?"

"아뇨. 우리 민정이는 학교에서 있었던 일은 잘 말 안 해요. 그냥 다른 아이한테 들었어요."

학교에서 누구누구가 선생님한테 혼났다고 학부모들 사이에 소문나는 것은 그리 달가운 일이 아니다. 아이들 교육에 좋지 않은 영향을 미칠 뿐더러 자칫 다른 학부모들이 특정 아이에 대해 선입견을 가질 수도 있기 때문이다.

며칠 후, 다른 학부모들이 와서 또 비슷한 얘기를 꺼냈다.

"우리 반에서는 현수가 제일 문제인 것 같아요. 선생님께도 제일 많이 혼난다면서요."

물론 아이들이 집에 가서 말했을 수도 있다. 하지만 이렇게 많은 학부모들이 교실에서 일어난 일들을 시시콜콜 아는 경우는 드물다. 더구나 여덟 살 아이들은 인지능력이 미숙해서 자신에게 일어난 일조차도 자기중심적으로 왜곡해서 기억하기 일쑤이다. 다른 친구가 한 말이나 행동을 세세하게 기억하기는 더 어렵다. 기억한다고 해도 여덟 살 아이의 언어능력으로는 그걸 말로 표현하고 정확하게 전달하는 게 쉽지 않다.

학부모 모두 "다른 아이에게 들었다."고 얘기하는 걸 봐서 우리 반 아이 중에 소식을 전하는 누군가가 있는 것은 분명했다. 보통의 여덟 살 아이보다 기억력이 좋은 아이, 그걸 말로 표현하고 전달할 수 있는 언어능력을 가진 아이, 대체 그런 아이가 누구일까?

다방면의 정보력을 활용하여 추리해보니 짐작이 가는 아이가 있었다. 처음엔 심증으로 시작했지만 차츰 시간이 지나면서 여러 가지 물증도 확보할 수 있었다. 우리 반 스파이는 바로 세나였다.

세나는 또래에 비해 영특한 아이였다. 특히 언어능력이 뛰어난 편인데, 어머니 말씀으로는 어릴 때 말을 빨리 시작했고, 한글을 따로 가르치지 않았는데도 혼자 깨우쳤다고 했다. 남다른 언어능력을 타고난 모양이었다.

또, 세나 어머니는 우리 반의 학부모 회장이었다. 초등학교 5학년인 세나의 언니를 키운 경험도 있어서 아이 학교생활에 대한 정보도 많이 알고, 실전 경험도 풍부했다. 자연히 처음 아이를 입학시킨 초보 학부모들은 잘 모르거나 궁금한 게 있을 때마다 세나 어머니에게 연락하여 이것저것 물어보고 도움을 청했다. 당연히 세나에게도 오늘은 교실에서 무슨 일이 있었는지 이것저것 묻게 되었을 것이다.

학부모 입장에서는 내 아이는 제대로 대답을 못 해 답답한데, 세나에게 물으면 모든 궁금증이 단숨에 풀려서 좋았을 것이다. 세나도 친구들의 엄마가 자신에게 이것저것 묻는 게 신이 나서 크고 작은 일들을 전했을 테니…….

세나는 이렇게 나에게는 스파이로, 학부모들 사이에서는 교실의 일을 전하는 정보 통신원으로 활약하고 있었던 것이다.

말 잘하는 아이가 빠지기 쉬운 함정

세나 어머니가 학부모 회의를 준비하기 위해 학교에 오신 날, 나는 기회를 놓치지 않고 세나 어머니께 상담을 요청하였다. 내가 짐작하고 있는 것처럼 세나가 학부모 사이에서 정보 통신원 역할을 하고 있는 게 사실인지를 확인하기 위해서였다.

"아, 그게…… 엄마들이 자꾸 전화를 하시거든요."

세나에게 이것저것 물어봐서라도 아이의 학교생활을 알아보고 도와주고 싶은 부모 마음은 충분히 이해할 수 있었다. 문제는 이런 상황이 지속되는 것이 세나에게 좋지 않은 영향을 줄 수 있다는 것이다.

세나는 아직 어린 아이다. 여덟 살 아이는 친구들의 엄마로부터 칭찬을 들으면 기분이 좋아지고 으쓱해지기 마련이다. 계속 칭찬받고 싶은 마음에 소식을 전하려고 학교에서 일어나는 모든 일에 더 세세하게 신경 쓰고 집중하게 된다. 하지만 그런 일에 집중력을 다 써버리면 세나는 정작 자신이 집중해야 할 학습이나 과제에는 소홀해질 수밖에 없다.

더구나 세나를 통해 자기가 학교에서 혼난 걸 엄마가 알게 되었을 때 다른 친구들의 마음은 어땠을까. 세나를 좋게 볼 수만은 없을 것이다. 당장은 아니지만 이런 일이 지속되면 세나의 친구 관계에도 영향을 미칠 수 있었다.

이런 나의 우려는 이미 현실로 드러나고 있었다.

"흥부 놀부 이야기에서 제비가 박씨를 물고 날아왔을 때 흥부의 마음은 어땠을까요?"

"저요! 흥부는 '금은보화가 생기겠구나.' 하고 좋아했을 거예요."

"흥부가 박씨만 보고 그걸 어떻게 알 수 있었을까?"

내가 다시 묻자 아이는 머리를 긁적거리며 갸우뚱했다.

"으이구~, 박씨만 보고 거기서 뭐가 나올지 어떻게 아냐? 나중에 키워서 박을 타봐야 알지!"

세나가 끼어들었다. 말은 맞다. 이렇게 똑똑한 아이가 있으면 교사 입장에서도 수업을 진행하기가 훨씬 더 쉽다. 하지만 세나를 신경 쓰고 있던 나로서는 녀석의 태도가 마음에 걸렸다.

세나는 친구들이 잘못된 답을 말하면 바로 끼어들어 면박을 주곤 했다. 그것도 모두 다 있는 수업 시간에. 면박을 당한 친구의 마음이 어떨지에 대한 이해나 배려가 전혀 없는 태도였다.

또, 세나는 다른 친구가 정답을 말하는지 아닌지에 신경을 쓰느라 정작 자신의 답을 찾는 데는 생각을 집중하지 못했다.

흔히 말하는 열린 질문에는 정해진 답이 없다. 머릿속으로 흥부의 입장이 되어도 보고 상상력도 발휘하면서 창의적인 답을 찾아내야 하기 때문이다. 아이들은 고개를 갸우뚱하며 생각에 빠지고 제 딴에 머리를 굴려보느라고 애를 쓴다. 바로 그 시간이 아이들의 학습이 이루어지는 중요한 순간이다.

그런데 세나는 그 시간을 엉뚱한 데 쓰고 있었다.

"세나야, 그럼 네 생각을 말해볼래?"

"네? 그러니까… 흥부는 박씨를 키워야겠다고 생각했어요."

"그냥 박씨를 버릴 수도 있지 않을까? 그걸 키우려면 물도 줘야 하고 귀찮잖아."

"……."

이런 순간이 오면 세나는 자신을 바라보는 반 아이들의 시선을 의식하느라 더 이상 생각하는 데 집중하지 못했다. 아이들이 집에 가서 '오늘 세나가 선생님 질문에 대답을 못 했어.'라고 말할까 봐 걱정도 되고, 부끄러운 마음도 드는지 얼굴이 벌겋게 달아오르고 급기야 금방 울음을 터뜨릴 것 같은 얼굴이 되었다. 나는 그런 세나가 안쓰러웠다.

"이건 아주 어려운 질문이었어. 꼭 답해야 하는 것은 아니야. 세나가 똑똑하니까 선생님이 어려운 질문을 한번 해본 거야."

세나가 자존심을 지킬 수 있도록 말을 해주었는데도 수업 시간 내내 세나는 좀처럼 마음을 가라앉히지 못했다.

공부는 자신에게 집중을 해야 하는 작업이다. 교실 안에서 일어나는 일이나 친구들의 말과 행동에 더 많은 관심을 기울이는 아이는 공부하는 데 자기가 가진 에너지를 100% 발휘하지 못한다. 세나는 말 잘하고 똑똑한 아이였지만 오히려 그 기질이 세나의 발목을 잡고 있었다.

그렇다고 세나가 공부를 못하는 것은 아니었다. 기본적으로 성적은 학급에서 중상위권이었다. 다만, 공부 잘하는 아이들의 대명사라고 할 수 있는 '올백'을 받거나 1등을 하지 못할 뿐이었다. 하지만 세나는 엄마의 기대를 알고 있기에 성적표를 받는 날엔 언제나 풀이 죽어 있었다.

나는 세나 어머니께 수업 시간에 보이는 세나의 태도에 대해 말씀드리고, 어린 세나에게 주위 엄마들이 자꾸 학교생활에 대해 물어보는 것이 좋지 않은 영향을 미칠 수 있다고 조언했다.

"그러니까 우리 세나가 수업 시간에 집중 안 하고 다른 곳에 정신을 팔고 있다는 말씀이신가요?"

"굳이 말씀드리자면 그런 셈이에요. 공부 외에 주변에서 일어나는 일에 더 관심이 많으니까요."

세나 어머니는 늘 딸의 성적이 불만이었다. 특별한 애정을 쏟아왔던 딸인데, 성적만큼은 세나 어머니의 기대에 못 미쳤던 것이다.

"언어능력이 우수한 아이들은 얼핏 보면 지능이 높은 아이로 보이기도 해요. 하지만 학습을 잘하려면 언어능력이나 기억력 외에도 많은 능력이 필요합니다. 지금 세나는 공부에 쓸 에너지를 다른 곳에 너무 많이 빼앗기고 있어요. 이건 세나의 잘못이 아니에요. 어른들이 세나를 도와주어야 할 문제입니다."

나는 세나에게 내가 생각하는 '올바른 교육'을 할 수 있는 기회가 올 때를 기다리며 세나의 학교생활을 좀 더 지켜보기로 했다.

어긋난 관계, 학교 적응에 발목이 잡히다

"야, 조용히 해!"

앙칼진 여자아이의 목소리가 복도까지 들렸다. 오늘은 웬일로 내가 없어도 교실이 조용하다 싶었다. 누군가가 내 역할을 대신하고 있는 것 같아 조용히 교실 뒷문을 열어보고 나는 깜짝 놀라고 말았다. 세상에! 세나가 칠판 앞에서 내 지휘봉을 잡고 교탁을 '탁탁' 치며 아이들을 무섭게 휘어잡고 있었다. 지금까지 한 번도 본적 없는 모습이었다. 세나도 나를 보고는 화들짝 놀라며 황급히 지휘봉을 교탁에 내려놓고 자기 자리로 들어가 앉았다.

처음 입학했을 때만 해도 세나는 낯선 환경에 대한 두려움이 많은 아이였다. 늘 눈빛을 반짝이며 내가 하는 모든 이야기, 친구들이 하는 모든 행동을 열심히 지켜보던 아이였다. 다행히 뛰어난 언어능력은 세나가 학교생활에 적응하는 데 도움이 되었다. 무엇보다 엄마가 학부모 회장이고, 친구들의 엄마까지 자신을 인정해주며 이것저것 학교생활에 대해 묻기 시작하자 나름대로 그 일에 자신감을 느꼈던 것 같았다. 그러면서 세나는 조금씩 교실에서 마치 자신이 반장인 것처럼 행동하기 시작했다.

1학년은 아직 어리기 때문에 우리 학교에서는 1학년 반장을 따로 뽑지 않았다. 하지만 세나는 5학년 언니가 있었기 때문에 반장이 무엇인지 알고 있었고, 교실에서 어떤 일을 하는지도 알고 있었다. 더구나 1학년 아이들은 아직 세나만큼 언어능력이 뛰어나지 않았다. 세나는 친구들을 살짝 무시하는 태도로 대하고 있었다. 친구들이 뭘 물어보면 "그것도 모르니!" 하고 구박하기도 했고, 친구가 실수라도 하면 "똑바로 좀 해!"라며 지적하기도 했다. 그러면서 어느 순간부터 세나는 내가 없을 때면 제2의 담임 선생님 역할을 하기 시작했다.

사실 선생님이 자리에 없을 때 아이들이 시끄럽게 떠들면 "야, 조용히 해!"를 외치는 아이들은 초등학교 교실에 많이 있다. 하지만 세나의 행동은 그것과는 차원이 달랐다. 세나는 자신이 마치 어른인 것처럼 행동하면서 다른 친구들에 대한 이해나 배려를 전혀 하지 않는 태도를 보였다.

"야, 조용히 해!"를 외치는 아이의 심리

친구들 위에 군림할 기회로

마치 자신이 반장이 된 것 같은 기분이 들고, 시끄럽게 떠드는 한심한 친구들의 무리에서 이만큼 떨어져 나옴으로써 자신이 마치 선생님과 동격의 신분으로 올라간 것 같은 기분을 만끽한다.

"네가 더 시끄러워!"

몸이 근질근질하고 떠들고 싶은데 마땅히 같이 떠들 사람이 없을 때 "야, 조용히 해!"를 마음껏 외치기도 한다. 이런 아이들은 그냥 허공에 대고 마구 외쳐대기 때문에 오히려 이 소리가 더 시끄럽다. 그래서 나는 참다못해 이렇게 말하곤 한다. "네가 더 시끄러워!"

면책권을 얻기 위한 속임수

가장 시끄럽게 떠들다가 선생님이 올 때쯤, 혹은 선생님이 교실 문을 여는 순간 "야, 조용히 해!"를 외치는 아이들이 있다. 미리 선수를 쳐서 지금까지 떠든 잘못을 면해보겠다는 계산이 깔려 있다.

심지어 세나는 선생님인 나를 대할 때도 어려워하는 기색이 없었다.

"선생님, 왜 조회 안 서요?"

"선생님, 오늘은 왜 알림장 안 써요?"

보통의 아이들이라면 "선생님, 오늘 조회 안 서요?"라고 묻는 게 일반적인데, 세나의 말에는 늘 '왜'가 더 들어가 있었다. 세나의 '왜'는 정말 궁금해서 묻는 말이 아니었다. 혹시 실수라도 잡아낼까 싶어 던지는 질문이었다.

나는 세나를 조용히 불렀다.

"세나야, 선생님은 세나가 선생님에게 말하는 말투를 조금 바꿔주면 좋겠어. 선생님이 미리 설명을 해줬는데도 세나는 늘 그걸 잊어버리고 '왜' 안 하냐, '왜' 안 보냐고 물었었지?"

"……."

"그럴 때는 '선생님, 오늘은 받아쓰기 시험 안 봐요?' 하고 물으면 돼. '왜 안 봐요?'라고 물으면 선생님 기분이 좋지 않아."

세나의 얼굴에 무안한 표정이 역력했다. 역시 영리한 아이였다. 세나는 바로 내 말의 의미를 이해했다.

또, 나는 교실에서 세나가 친구들에게 나쁜 평판을 받을지도 모르는 '제2의 담임 선생님' 역할을 더 이상 하지 못하도록 단단히 주의를 주었다. 내 말을 듣는 세나의 얼굴에는 서운함이 가득 묻어났다. 세나의 표정 때문에 마음이 좋지는 않지만 이것이 세나를 위해 내가 생각하는 '올바른 교육'이라는 판단에 마음을 다잡았다.

화장실 폭력(?) 사건에 휘말리다

"따르릉"

"네. 1학년 2반입니다."

"선생님, 안녕하세요? 저는 1반 승민이 엄마인데요, 우리 승민이가 그 반에 있는 무영이라는 아이한테 하도 많이 괴롭힘을 당해서 전화를 드렸어요."

"무영이가요?"

무영이는 중간 정도 덩치에 말수가 적은 남자아이였다. 또래에 비해 발달이 빠른 편이긴 했지만 지금까지 딱히 문제를 일으킨 적이 없었고, 수업 시간에도 늘 집중하는 아이였다. 또, 내 말을 이해하는 능력이나 주어진 과제를 해결하는 능력이 뛰어나서 다른 아이들보다 늘 한 발 앞선 반응을 보이는 아이였다. 그러니 나는 승민이 어머니의 말에 반신반의할 수밖에 없었다.

"네! 무영이가 원래 어린이집 다닐 때도 아이들을 때리고 괴롭히기로 유명했어요. 무영이가 우리 아이랑 같은 태권도 학원을 다니는데 지금도 자꾸 때리고 괴롭힌다는 거예요."

다음 날 나는 두 아이를 데려다놓고 사실을 확인했다. 그런데 무영이 녀석이 순순히 그렇다고 자백했다. 보통 1학년 아이들은 자기가 해놓고도 혼날 것 같은 상황에서는 무조건 안 했다고 발뺌하기가 십상인데, 이 녀석은 눈빛 하나 흔들리지 않고 그렇다고 말한 것이다. 괴롭히는 이유는 '그냥'이라고 했다.

친구를 괴롭히고 때린 이유를 '그냥'이라고 말하는 것은 여덟 살 아이들이 가장 많이 하는 변명이다. 저학년 아이들은 아직 발달이 미숙해서 친구를 때리거나 괴롭히는 행동이 다분히 반응적인 경우가 많기 때문이다.

그날 무영이는 태권도 학원이 끝나고 승민이와 함께 집으로 가다가 우연히 앞서 걸어가던 승민이의 등에 멘 가방을 보게 됐다. 순간 '그냥' 한 번 잡아당겨 보고 싶은 충동이 생겼고, 자기도 모르게 이미 친구의 가방을 당기고 있었다. 그러자 가방을 잡힌 승민이는 화가 나서 뒤에 오던 무영이를 향해 얼굴을 실룩거리며 뭔가를 말했다.

'어? 뭐야? 나한테 욕한 거야? 이 자식이~!'

그 다음엔 무영이의 주먹이 날아갔고, 어느새 두 아이가 서로 엉겨 붙어 싸움이 벌어진 것이다.

학교에서도 이런 일은 자주 일어났기 때문에 나는 무영이가 말하는 '그냥'을 여덟 살 아이가 할 수 있는 행동으로 이해할 수 있었다. 또, 순순히 때렸다고 자백하는 게 기특하기도 해서 사건을 여기서 매듭짓기로 했다.

"그럼 앞으로는 태권도 학원에 갈 때 승민이와 무영이는 같이 다니지 않는 게 좋겠다. 알았지?"

서로 치고받고 주먹다짐하는 아이들은 일단 따로 떼어놓아 문제 발생 횟수를 줄이는 것이 중요했다. 두 아이 모두 그러겠다고 약속했으니, 앞으로 둘이 따로 다니기면 하면 더 이상 문제가 생기지 않을 것 같았다.

'빤~히' 쳐다보는 눈빛의 의미

"따르릉"

얼마 뒤 다시 한 통의 전화가 걸려왔다. 이번에는 우리 반 보나의 할머니였다.

"선상님~. 우리 보나가요, 자꾸 학교 가기 싫다고 해서 왜 그러냐고 물어봤다가 제가 막 가슴이 뛰고 너무 화가 나서 전화를 드렸습니다."

보나는 엄마 아빠가 맞벌이를 하고 있어서 아이 양육의 대부분을 할머니가 맡고 계셨다.

"아이고~. 짝꿍이 글쎄, 수업 시간 내내 우리 보나 발을 밟고 있었다지 뭡니까? 선생님께 이르면 가만 안 두겠다고 해서 어린 것이 말도 못하고 혼자서 끙끙 앓았던 거지요. 세상에~."

보나의 짝꿍은 다름 아닌 무영이였다. 나는 보나 할머니께 내일 당장 짝꿍을 바꾸고, 다시는 그런 일이 없도록 잘 살피겠노라고 안심시켜 드린 뒤 전화를 끊었다. 이번에는 내 심장이 벌렁대기 시작했다. 무엇보다 교실에서 그런 일이 있었는데 아무것도 눈치채지 못한 내 자신에 대해 화가 났고, 그런 일을 당하고도 아무 말도 할 수 없었던 보나에게도 마음이 쓰였다.

가장 심각한 일은 역시 무영이였다. 무영이가 보인 행동은 3, 4학년 정도 되는 아이들이, 그것도 반에서 아주 짓궂은 아이들이 하는 나쁜 행동에 해당했다. 4학년이 그랬다고 해도 기함하고 크게 혼낼 일인데, 1학년밖에 안 된 아이가 그런 행동을 했다니 믿기지가 않았다.

하지만 이번에도 무영이는 순순히 자백했다. 자신이 보나의 발을 수업 시간에 밟고 있었노라고, 그리고 선생님께 이야기하지 말라고도 했노라고. 무영이는 지난번과 같이 눈빛 하나 흔들리지 않고 나를 '빤히' 쳐다보면서 담담하게 이야기했다. 이번에도 '그냥'이라고 했다. 지금 네가 한 행동이 얼마나 친구를 괴롭히는 행동인지 아느냐, 보나의 마음이 어땠겠느냐, 어제 보나 할머니가 얼마나 속상해하셨는지 아느냐고 한참을 언성 높여 이야기했는데도 무영이는 혼나고 있는 상황에서 시종일관 내 눈을 '빤~히' 쳐다보고 있었다.

나는 무영이의 태도에 화가 났다.

"무영아, 선생님은 지금 네가 잘못한 행동에 대해 일러주고 있어. 수업 시간에 보나의 발을 밟고 있었던 것은 잘못한 행동이야. 그렇지? 그럼 무영이는 지금 선생님께 미안한 마음이 드는 것이 맞아. 사람들은 미안한 상황에서 그렇게 상대방 눈을 똑바로 쳐다보지 못해."

그러자 무영이의 눈동자가 처음으로 움직였다. 그런데 시선을 어디에 둬야 할지 모르는 것 같았다. 나를 봤다가 내 뒤편의 창문을 봤다가 어찌할 바를 몰랐다.

"무영아, 그럴 때는 시선을 밑으로 하면 돼. 눈을 밑으로 내리고 선생님 말을 듣는 거야."

그제야 무영이의 시선이 자리를 잡았다. 더불어 무영이의 태도도 훨씬 다소곳해졌다.

아이들과 대화하다 보면 가끔 눈빛의 힘을 느낄 때가 있다. 그리고 어떤 상황에서는 눈빛으로 말하는 것이 백 마디 말보다 효과적이다.

열심히 쓰기 공부를 하고 있는 시간. 모두들 연필을 바삐 움직이고 있는데 저만치서 조금 다른 팔 동작의 움직임이 느껴졌다. 감각적으로 고개를 돌리자 책상 서랍에서 몰래 딱지를 꺼내어 만지작거리고 있는 녀석이 포착됐다. 나는 집중하고 있는 교실 공기의 흐름을 깨고 싶지 않아 조용히 눈으로 레이저를 쏘아 보냈다. 약 3초 뒤 레이저를 맞은 녀석이 고개를 들다가 나와 눈이 딱 마주쳤다.

나는 아주 살짝 고개를 좌우로 흔든 뒤(딱지는 안 돼!) 입술에 힘을 주고 미간을 찌푸리며 레이저를 쏘아 보냈다.(얼른 집어넣지 않으면 딱지 선생님이 뺏는다.) 녀석은 시선을 얼른 아래로 내리고(네, 알겠어요.) 아주 천천히 딱지를 다시 서랍에 넣었다.

무영이의 눈빛에도 일종의 메시지가 담겨 있다. 아마도 무영이는 우연한 기회에 이런 눈빛의 힘을 경험했거나 혹은 누군가 그런 눈빛으로 상대를 제압하는 것을 보고 은연중에 배웠을 수 있다.

초등학교가 아이들이 처음으로 시작하는 사회생활이라면, 초등학교 1학년 담임 선생님은 아이가 엄마 아빠 이후 사회에 나와 처음 대하는 어른인 셈이다. 그러다 보니 아이들은 집에서 엄마 아빠에게 하던 태도를 그대로 선생님에게도 보인다. 무영이가 야단맞을 때 나를 '빤히' 쳐다볼 수 있었던 건 아이에게 문제가 있다기보다는 집에서 부모님께 그렇게 행동했을 가능성이 컸다. 무영이의 부모님과 상담할 필요가 있었다. 아이의 상황을 제대로 알아야 알맞은 처방전을 만들 수 있기 때문이다.

나중에 안 사실이지만, 무영이 아버지는 매우 엄한 성격인 반면 어머니는 기질이 약해서 늘 쩔쩔매는 성격이었다. 무영이는 그런 엄마를 자기 마음대로 할 수 있는 만만한 상대로 여겼던 것 같다. 방과 후 프로그램으로 영어 교실을 신청하라는 엄마의 말을 무영이가 끝까지 듣지 않아서 결국 어머니가 한 발 뒤로 물러선 일도 있었다. 그런 일이 반복되면서 무영이는 자신이 잘못해놓고도 야단치는 엄마의 눈을 '빤~히' 쳐다보게 되었던 것이다. 그리고 학교에 입학해 선생님께 야단맞게 되었을 때도 집에서 했던 그대로 겁내거나 두려워하는 기색 하나 없이 선생님 눈을 똑바로 쳐다보았던 것이다.

나는 무영이가 조금씩 이해되기 시작했다. 그리고 명료해졌다. 내가 무영이에게 가르쳐야 하는 것이 무엇인지.

'무영아, 사람들과 그런 눈빛으로 대화하면 좋은 관계를 맺을 수 없단다.'

여덟 살 목격자들의 엇갈린 진술

나는 무영이에게 꽤 많은 공을 들였다. 그 뒤로 우리 학급에서 발생하는 문제의 3분의 1이 줄어들었다. 급식 시간에 줄을 설 때마다 "선생님~, 뒤에서 누가 자꾸 밀어요!" 하는 아이들의 비명 소리도 줄어들고(무영이는 줄을 서면 늘 앞의 아이를 자기 몸으로 밀기 때문에 민원이 끊이질 않았다.), 무영이가 우리 아이를 괴롭힌다는 학부모들의 항의 전화도 줄었으며, 자기 핸드폰을 만졌다고 우는 아이들도 줄었다.(게임을 하기 위해 친구들의 핸드폰을 만지는 것이 무영이의 또 다른 취미였다.)

그렇게 무영이가 어떤 아이였는지 나조차도 잊어버릴 즈음인 2학기 어느 날, 화장실에서 폭력(?)사건이 발생했다. 옆 반 남자아이가 화장실에서 누가 자기를 때렸다며 복도가 떠나가라 울고 있었다. 때린 아이가 자기 반이 아니라서 이름은 알 수 없지만 아무 이유 없이 머리를 맞았다며 아이는 서러운 눈물을 그치지 않았다. 이런 경우에는 사건 해결이 어려웠다. 감정이 격해진 피해자가 사건 정황을 하나도 기억하지 못해서 믿을 건 목격자들의 진술뿐인데, 여덟 살 목격자들의 증언은 늘 제각각이었다.

목격자1 : (목에 핏대를 세우며) 저, 누가 때렸는지 알아요. 파란 점퍼 입은 아이였어요.
목격자2 : 아니에요, (우는 아이를 가리키며) 쟤가 메롱 했어요.
목격자3 : (눈치를 보며) 저는요~ 화장실에서 손만 씻었어요.
목격자4 : (뒤늦게 화장실에 나타나 손을 번쩍 들면서) 어떤 애들이 때렸대요! 어? 그런데 쟤는 왜 울어요?
목격자5 : 아까 어떤 남자애들이 화장실 밖으로 뛰어나갔어요.
목격자6 : 1반 보람이가 때렸어요.
목격자7 : 나 봤어요. 무영이가 때렸는데…….

순간 목격자 7의 말이 내 귀에 확 들어왔다. '뭐? 무영이? 그래 무영이라면 이런 일을 충분히 벌일 녀석이지.' 나는 당장 무영이를 소환했다.

"무영이 너, 아까 화장실에 있었어?"

"네."

"그럼, 이 아이 머리도 네가 때렸어?"

"아니요. 난 얘가 울고 있어서 달래줬는데……."

나는 믿을 수 없다는 강한 의혹의 눈길을 보냈다. 마음 한 구석에서는 배신감이 마구 솟아올랐다. '아니, 내가 그동안 얼마나 공을 들였는데 이 녀석이 어떻게 이럴 수가 있지? 요즘엔 거의 안 하던 나쁜 행동을 하질 않나, 이렇게 거짓말까지……. 이제 예전의 그 눈빛도 나오겠네.' 마음속으로 이런 시나리오를 막 써내려가고 있는데, 갑자기 등 뒤에서 1반 담임 선생님의 목소리가 들렸다.

"선생님~, 우리 반 보람이가 때렸대요."

사건은 황당하게 종결되었다. 그 순간 가슴 속에서 기쁜 마음과 미안한 마음이 교차하는 게 느껴졌다. 무영이가 예전으로 돌아가지 않아서 기쁜 마음과 잠깐이긴 했지만 무영이를 오해했던 것에 대한 미안한 마음이었다.

"흠흠~. 그럼 무영이 넌 화장실에서 얘를 달래줬던 게 맞아?"

"네!"

"잘했어. 우는 친구를 달래주다니 정말 좋은 일을 한 거야."

겉으로는 아무렇지도 않은 척 말했지만 속으로 난 이렇게 말하고 있었다.

'무영아, 오해해서 미안해. 그리고 고마워~.'

고백한다. 나는 편파적인 심판이었다!

화장실 폭력(?)사건이 있고 난 뒤, 나는 무영이에 대해 좀 더 강한 믿음을 갖게 되었다. 그리고 지금까지는 무영이가 나쁜 행동을 하지 못하도록 하는 데 주력했다면, 앞으로는 긍정적인 행동을 많이 할 수 있도록 이끌어줘야겠다고 생각했다.

그런 마음으로 무영이를 살펴보니 예전에는 몰랐던 의외의 모습이 많이 보였다. 무영이는 어떤 일이 주어져도 다른 아이들보다 훨씬 빨리, 그리고 능숙하게 처리했다. 우유 급식이 끝난 뒤, 이리저리 마구 뒤섞여있는 빈 우유갑들을 정리하라고 시키면 정말 눈 깜짝할 사이에 말끔하게 정리하고는 씩~ 웃으며 들어갔다. 이런 일쯤은 식은 죽 먹기라는 듯이. 그런 무영이에게 뭔가 자신감을 갖게 해줄 수 있는 일이 없을까 고민하던 나에게 드디어 적당한 기회가 왔다. 바로 교내 정보 경진 대회였다.

초등학교에서는 불조심 대회나 독서 대회와 같은 교내 대회가 많이 열린다. 표어 만들기, 글짓기, 독후감 쓰기 등 응모할 수 있는 분야도 다양하다. 하지만 안타깝게도 1학년의 경우에는 아직 글쓰기가 어렵다는 이유로 참가할 수 있는 교내 대회가 대부분 그리기 부문으로 한정되었다. 게다가 그림 그리기 실력은 하루아침에 따라잡을 수 있는 게 아니다. 교사 입장에서는 반 아이들에게 골고루 참가 기회를 주고 싶어도 한계가 있을 수밖에 없다.

그런데 이번에 열리는 '교내 정보 경진 대회'는 달랐다. 학기마다 한 번씩, 일 년에 두 번 열리는 대회인데, 1학기 때까지만 해도 아직 어리다는 이유로 1학년이 배제되었다가 2학기에 들어 처음 응모 자격이 생긴 것이다. 저학년 부문은 '한글 타자 빨리 치기'. 무영이가 마음만 먹는다면 충분히 도전해볼 수 있는 대회였다.

각 학급에서는 예선을 치러 본선에 진출할 아이들을 2명씩 뽑아야 했다. 나는 아이들에게 학급 예선 날짜를 공지하고 며칠에 걸쳐 열심히 연습할 것을 독려했다.

드디어 학급 예선 날. 아이들은 한컴 타자 프로그램을 이용하여 3분 동안 글자를 쳐야 했다. 1학년 아이들은 컴퓨터 사용 능력에도 개인차가 커서 컴퓨터를 켜고 끄는 방법조차 모르는 아이가 있는가 하면, 다년간의 컴퓨터 게임으로 다져진 능숙한 타자 솜씨를 뽐내는 아이도 있었다. 무영이는 후자에 해당했다.

무영이는 집중해서 대회에 임하고 있었다. 그 모습을 보니 녀석이 처음으로 뭔가 긍정적인 일에 잘해보고 싶다는 마음을 먹은 것이 느껴졌다. 심판이지만 나도 모르게 마음속으로 무영이를 응원하고 있었다.

드디어 3분의 시간이 종료되었다. 영은이가 96타의 월등한 실력으로 1등을 차지했다. 나중에 일기장을 보고 안 사실이지만, 영은이는 이 대회를 위해 매일 집에서 정말 열심히 한글 타자 연습을 했던 것이다. 2등은 84타가 나온 은지, 그리고 무영이는 83타로 3등을 했다. '이런~, 겨우 한 타 차이라니…….' 막상막하의 결과에 아이들도 나를 바라봤다. 그래도 정해진 규칙대로 영은이와 은지가 학급 대표로 본선 대회에 나가는 것이 맞다는 걸 나는 잘 알고 있었다. 하지만 내 입에서는 나도 모르게 이런 말이 흘러나오고 있었다.

"은지와 무영이는 타자 수 차이가 하나라서 선생님이 실력을 구분하기가 힘드네. 두 사람만 한 번 더 시합해보는 것도 괜찮을 것 같은데 은지와 무영이 생각은 어때?"

내심 양심의 가책이 느껴졌지만 아이들을 교육한다는 건 때로 엄중한 기준 못지않게 개인을 위한 맞춤형 전략도 필요하다는 내 신념을 떠올리며 애써 불편한 마음을 다독였다. (이 책의 뒷부분에서 따로 이야기하겠지만 이건 은지를 위해서도 의미 있는 일이었다.)

그리하여 학급 대표 티켓 하나를 놓고 무영이와 은지가 재대결하게 되었다. 아이들도 모두 숨을 죽이고 지켜보았고, 대회에 임하는 두 아이의 눈빛도 뜨거웠다.

드디어 판정의 시간! 은지는 79타가 나왔고, 무영이는 94타였다. 결과가 이렇게 나왔으니 이제는 무영이를 교육해야 할 차례였다.

"무영아~, 네가 열심히 노력해서 학급 대표로 나가게 되서 선생님도 기뻐. 그런데 본선 대회는 지금보다 훨씬 더 어려울 거야. 오늘부터 집에서 꾸준히 타자 연습을 해서 우리 반 대표로서의 실력을 보여주었으면 좋겠어."

그로부터 일주일 뒤 본선 대회가 열렸고, 다음 날 본선 대회의 결과가 전해졌다. 무영이가 1학년 전체에서 1등이었다. 최우수상! 다른 상과 달리 최우수상은 전체 조회 때 대표로 나가 교장 선생님께 상을 받았다. 이건 분명 무영이에게 정말 좋은 경험과 추억이 될 거라는 생각에 나는 혼자서 쾌재를 부르며 기뻐했다.

수업이 끝나고 아이들이 집으로 돌아간 뒤였기에 망정이지 만약 아이들이 모두 있는 교실에서 결과를 알았더라면 어떻게 되었을까? 어쩌면 나의 편파 판정을 아이들에게 들켰을지도……. 나는 고백한다, 아이들에게 편파적인 심판이었다는 것을! 그렇지만 나는 이번 일로 또 한 번 확신이 생겼다. 교육은 엄격한 규칙을 적용하는 올림픽 대회와는 달리 때로는 이렇게 편파적인 기준과 잣대를 들이댈 수도 있어야 하는 일임을. 왜냐하면 우리 아이들은 모두 저마다 서로 다른 기질과 성격을 지닌 아주 특별한 존재들이니까.

"나 학교 끊을래요!"

교실 안 곳곳에서 '쓱싹쓱싹' 연필 소리가 들렸다. 아이들은 각자 자신이 해야 할 일을 하고 있었다. 3월 초만 해도 이건 뭐냐? 저건 어떻게 하냐? 이것 해달라 저것 해달라는 요구로 교실이 혼잡했는데, 이 귀여운 녀석들이 이제 학교에서는 뭘 어떻게 해야 하는지를 알아가고 있었다. 물론 아는 것과 실천하는 것은 별개 문제지만.

10분을 못 넘기고 슬슬 지겨워지기 시작한 몇 명의 악동들이 서로 눈짓을 힐끗힐끗 나눴다. 곧 뭔가 장난을 칠 기세였다. 나는 눈이 마주친 녀석에게 미간을 찡그리며 레이저 총을 발사했다. 악동들은 아쉽다는 표정으로 짧은 한숨을 쉬더니 하던 일로 시선을 옮겼다.
"자, 이제 선생님이 가져오라고 한 색연필을 꺼내보자!"
조용하던 분위기는 온데간데없이 사라지고 교실 안은 난장판이 되고 말았다.
"이거 우리 엄마가 어제 사줬다."
"선생님, 저 색연필 가져왔어요. 선생님, 저 좀 보세요."
"야, 내 색연필 만지지 마!"
"이거 우리 형이 쓰던 거 가져왔는데 괜찮아요?"
그런 아이들 사이에서 울상 짓고 있는 민정이가 보였다. 민정이는 우리 반에서 가장 키가 작은 아이였다. 체구도 또래보다 작은 편인데 어찌나 귀엽고 앙증맞은지 교실에 앉아있는 모습을 보면 누가 동생을 학교에 데리고 왔나 싶을 정도였다. 입학 초부터 책가방과 실내화 주머니를 들고 다니는 게 무겁다고 투덜대고 자기 물건을 챙기는 것을 힘들어하더니 이날도 준비물 가져오는 걸 깜빡 잊어버린 게 분명했다.
이럴 때는 왜 가져오지 않았느냐고 물어봐야 소용없다. 어떤 녀석은 지레 겁을 먹고 훌쩍훌쩍 우느라 아무 말도 못할 것이고, 어떤 녀석은 멍~ 하니 아무 말도 못할 것이고, 어떤 녀석은 그게 있었는데 없어졌다는 둥, 어제 분명히 가방에 넣었다는 둥 앞뒤 맞지 않는 이야기만 늘어놓을 것이 뻔했다. 그 이야기를 들어주노라면 수업 시간이 다 지나가고 만다. 그래서 다시는 이런 일이 없도록 단단히 주의를 주는 것으로 상황을 마무리했다.

"다시 말하지만 초등학생과 유치원생은 아주 달라. 초등학생은 책가방과 준비물을 스스로 챙길 줄 알아야 해."

그런데 혼이 나서 속이 많이 상했는지 민정이가 한동안 씩씩대더니 야무진 목소리로 한마디 던졌다.

"나 오늘 집에 가서 엄마한테 말하고 학교 끊을 거야!!"

순간 뭐라고 할 말이 없었다. 입학한 지가 꽤 지났는데 민정이는 아직도 학교를 피아노 학원이나 어린이집과 다를 것 없는 곳으로 여기고 있는 모양이었다.

키가 너무 작아서 힘든 아이

처음 입학한 1학년 아이들 중에는 지금 다니는 학교와 바로 직전까지 다녔던 어린이집이나 유치원은 엄연히 다르다는 것을 이해하지 못하는 아이가 종종 있다. 그들 입장에서는 당연한 일이다. 어차피 아침에 눈 뜨면 가방 메고 오는 곳인데 다를 게 뭐란 말인가. 떼를 써서 어린이집이나 학원을 끊어본 아이라면 민정이처럼 학교도 마음에 안 들면 안 다녀도 되는 곳으로 인식하기도 한다.

이와 정반대인 경우도 있다. 학교는 어린이집과는 전혀 다르다고 어른들이 입학 전에 잔뜩 겁을 줘서 보낸 아이들이다.

"학교 가서 그런 행동하면 선생님께 혼난다."

"학교에서는 화장실도 마음대로 못 가."

"학교 가면 엄청 어려운 공부를 많이 해야 해."

부모님이 한 말은 학교에 대해 아무것도 모르는 상태에 있는 아이에게 그대로 각인된다. 이런 아이들은 선생님 말씀을 잘 듣지 않으면 큰일 나는 것으로 인식하고, 그러다가 한 번 꾸중을 듣거나 본인이 잘해낼 것 같지 않다고 자신감을 잃으면 그때부터 학교에 가기 싫다고 떼를 쓰기도 한다. 그래서 입학 전 아이들에게는 학교에 대한 긍정적인 인상을 심어주는 것이 중요하다.

학교에 대한 인식이 서로 다르다 보니 가끔은 아이들 사이에 웃지 못할 말씨름이 벌어지기도 했다. 이날 민정이가 학교를 끊겠다고 으름장을 놓자 학교에 대해 사전 정보를 충분히 입수하고 입학한 한 아이가 불쑥 끼어들며 말했다.

"야, 학교는 마음대로 못 끊어. 어린이집이랑은 달라."

"왜 못 끊어? 학교 하나도 재미없어. 엄마한테 말할 거야."

민정이도 지지 않고 대들었다. 나머지 아이들은 두 아이의 말씨름을 보며 '정말 그런가?' 알쏭달쏭해 하는 표정이었다.

민정이가 학교를 끊겠다고 협박(?)한 사건 이후로 나는 민정이 입장에서 어린이집과 학교가 무엇이 다를지 생각해보게 되었다.

우선 민정이가 다니던 어린이집은 바닥이 마루로 되어 있어 마음껏 뒹굴며 뛰어놀 수도 있었고, 힘들면 소파나 침대에서 쉴 수도 있었다. 화장실 변기와 세면대도 민정이 키에 맞는 작은 크기로 되어있어서 어떤 때는 집보다 어린이집 화장실이 쓰기에 더 편했다.

하지만 학교에 입학하면서 민정이는 갑자기 달라진 주변 환경에 다소 주눅이 들었다. 어린이집과 달리 학교에는 책상과 의자가 교실 가득 차있어서 마음껏 뒹굴며 놀 수가 없었다. 또, 자기 책상과 의자가 정해져 있어서 꼭 그 자리에 앉아야만 했다.

화장실에 가본 민정이는 더 놀라 입이 딱 벌어졌다. 변기가 너무 커서 엉덩이가 빠져버릴 것만 같았다. 집에서 사용하는 보조 의자도 없었다. 옆 칸에 있는 입식 변기 또한 어른용이라 발을 아주 많이 벌리고 서야 해서 몸이 흔들리고 중심을 잡기가 어려웠다. 손을 씻는 세면기도 너무 높았다. 까치발을 해야 겨우 수도꼭지가 손에 잡혔고, 그런 자세로 손을 씻다 보면 옷소매가 모두 젖어버렸다. 축축한 옷을 보면서 민정이는 어린이집 화장실 벽에 걸려있던 예쁜 곰돌이 그림의 수건이 생각났다.

급식 시간도 어린이집과 많이 달랐다. 우선 어린이집에서 쓰던 어린이용 수저와 포크가 아닌 어른 수저와 젓가락이 나왔다. 아직 젓가락질이 많이 서툰 민정이로서는 여간 불편한 게 아니었다. 밥을 한 술 떠서 먹는데 숟가락이 너무 커서 입을 아주 크게 벌려야 했고, 미끌미끌한 깍두기를 젓가락으로 집는 일은 다섯 번 만에 겨우 성공했다. 급식 시간에 나온 주스 병뚜껑도 잘 열리지 않았다. 민정이가 주위를 둘러보니 담임 선생님은 이미 주스 병뚜껑을 열어달라는 아이들에게 둘러싸여 있었다. 아무래도 차례가 오려면 한참을 기다려야 할 것 같아 민정이는 할 수 없이 이빨로 뚜껑을 돌려가며 어렵게 혼자 힘으로 해결했다. 어린이집에는 도와주시는 선생님이 여러 명 계셨지만 학교에서는 담임 선생님이 딱 한 분이니 어쩔 수가 없었다.

그렇게 힘든 하루를 마치고 선생님과 인사를 나누는 시간. 어린이집 선생님은 "친구들~, 오늘도 잘 지냈나요? 우리 내일 다시 만나요. 안녕~."이라고 말씀하셨지만 학교 선생님은 이렇게 말했다.

"알림장 다 쓴 사람은 이제 책가방 정리하고 일어나세요. 아까 배운 대로 인사해볼까요? 차렷. 경례."

집으로 돌아가는 길. 민정이는 '나 정말 학교 끊고 다시 어린이집에 다니고 싶은데……'라고 속으로 생각했다.

이런 민정이의 마음은 아마도 대다수 대한민국 여덟 살들이 3월 입학 초에 겪는 마음이리라.

그리고 5월에 접어들면서 민정이를 절망에 빠뜨리는 사건이 일어났다.

학교를 통해 깨닫는 현실 세계

"자, 여러분, 곧 어린이날 기념 소운동회가 있어요. 그때 우리 반 대표로 뛸 계주 선수를 뽑을 거예요."

"계주가 뭐예요?"

"음…, 그러니까 계주는 말이야……."

나는 순간 등에서 진땀이 났다. 초등학교 1학년 아이들이 계주가 뭔지 모른다는 사실을 또 깜빡 잊고 있었다.

운동회 때마다 펼쳐지는 계주 경기의 출발은 늘 1학년부터다. 그 사실은 나에게 재앙과도 같았다. 아이들이 계주가 뭐냐고 묻는 순간, 나는 그간 계주 경기때마다 벌어졌던 1학년 아이들의 진기 명기 장면들이 떠올랐다.

1학년 계주의 진기 명기

계주 경기에서 첫 주자는 보통 1학년이 맡는데, 그 중요한 순간에 여덟 살 아이들은 웃지 못할 실수를 하곤 한다.

"아무것도 안 들려요"

학급 대표 선수로 뽑혀 연습할 때는 자신감이 충만하던 아이들도 막상 키 큰 형들과 함께 어마어마한 응원의 함성 소리가 울려 퍼지는 운동장에 서면 일순간 긴장해서 얼어버린다.

"땅~!"

출발 신호가 울리자마자 상대팀 선수는 출발했는데 이 녀석은 꿈쩍도 하지 않는다. 얼굴을 보니 혼이 나간 표정이다. 보다 못한 내가 달려가 아이의 손을 잡아끌어야 겨우 정신을 차리고 뛰기 시작한다.

"다리가 말을 안 들어요"

다행히 출발을 했더라도 아직 안심하기는 이르다. 평소엔 그런 일이 없던 아이들도 계주 경기할 때는 너무 긴장한 나머지 달리다가 넘어지기 일쑤이기 때문이다.

이럴 땐 응원하는 아이들의 엄청난 감정이 몰려온다. 아직 어린 1학년에게 이런 분위기는 감당하기 힘들다. 그냥 자리에서 울어버리는 녀석을 다독여 손을 잡고 이끄는 것도 내 몫이다.

"그냥 빠른 길로 가면 안 돼요?"

계주는 운동장을 한 바퀴 돌면서 뛰는 경기이다. 그런데 마음이 급한 녀석의 눈엔 그렇게 돌아가는 것이 불필요해 보였나 보다. 순간 선 안으로 들어오더니 곡선 트랙을 벗어나 직선으로 뛰기 시작한다. 그것도 아주 열심히 결승선을 향해. 그러면 나도 빠른 속도로 아이를 향해 달려간다.
"으악~! 그쪽이 아니야!"

"바통 때문이에요"

계주 경기에서 늘 말썽을 일으키는 골칫거리가 바통이다. 주자가 건네주는 바통을 받다가 떨어뜨리는 것 정도는 고학년도 자주 하는 실수이다. 출발선에 서서 초조한 마음으로 기다리다가 상대편 주자가 먼저 바통을 받고 치고 나가면 아이는 자기편 주자에게 빨리 오라며 손짓을 하고 소리를 지른다. 그리고 주자가 다가오는 순간 냅다 앞만 보고 뛰어 나간다. 그 아이를 향해 나도 냅다 소리를 지른다.
"잠깐만~! 바통 받아서 가야지~!"

지금은 학교 운동회가 여러 가지 형태로 다양하게 진화하는 추세이지만 그래도 여전히 운동회의 꽃은 청백 계주 경기다. 1학년부터 6학년까지 전교생이 청군과 백군으로 나뉘어 목이 터져라 응원을 하는 가운데 각 학급 대표 선수들이 바통을 이어받으며 달리는 경기로, 그 결과에 초미의 관심이 집중된다.

오랜 시간 '계주' 경기 방법에 대한 설명을 듣고 나서 아이들은 학급 대표 계주 선수를 뽑기 위해 운동장으로 나갔다. 반 친구들과 함께 달려 나가면서 민정이는 가슴이 콩닥콩닥 뛰었다.
'나도 달리기는 잘하는데, 계주 선수로 뽑힐 수 있을까?'
하지만 달리기 시합을 마치고 난 뒤 민정이는 자신의 실력이 같은 반 친구들보다 훨씬 뒤처지는 수준이라는 것을 알게 되었다. 조금 속이 상했지만 민정이는 울 정도의 일은 아니라고 생각하면서 그냥 참았다.
드디어 소운동회 날. 이런 날에 빠지지 않는 대표적인 경기 종목 중 하나인 줄다리기가 시작됐다. 1학년 반 대항전에 참가하기 위해 운동장 한가운데로 나가면서 민정이는 텔레비전에서 봤던 장면을 머릿속에 떠올렸다. 줄 맨 앞에 서서 온갖 인상을 쓰며 힘차게 줄을 당기던 사람들의 모습과 이겼다고 기뻐하며 환호를 지르던 장면이었다. 민정이는 자신도 꼭 그렇게 해보고 싶었다. 그런데 선생님이 힘이 센 아이들을 나오게 하더니 줄 맨 앞에 세웠다. 힘이 약한 아이들은 뒤쪽에서 줄을 잡아당기게 했다. 반에서 키가 가장 작은 민정이는 당연히 줄 맨 끝이었다. 이날 처음 민정이는 자신이 반에서 키가 가장 작다는 사실을 깊이 깨달았다.

민정이는 어렸을 때부터 말이 빨랐다. 체구는 작았지만 똑 부러진 발음으로 이런저런 말을 재잘대서 주위 어른들은 항상 민정이를 귀여워해주셨다. 엄마와 함께 외출할 때마다 '고 녀석 귀엽게 생겼네.', '아이가 아주 야무지네요.'라는 소리도 자주 들었다. 민정이는 그런 자신의 모습이 꽤 만족스러웠다. 부모님께도 사랑을 듬뿍 받고 자라서 자존감도 매우 높은 편이었다. 하지만 학교에 입학하면서 민정이는 작고 귀여운 자신의 신체적인 특징이 핸디캡이 될 수 있다는 사실을 처음으로 알게 되었다.

얼마 뒤, 민정이 어머니로부터 전화가 왔다.

"민정이가 학교에 다녀오더니 이상한 말을 해서 무슨 일이 있었나 하고 전화 드렸어요. 혹시 키가 작다고 반 친구들이 민정이를 놀리거나 하는 일이 있었나요?"

가만히 들어보니 민정이는 운동회가 끝난 뒤 자신이 알게 된 것을 엄마와 함께 이야기 나누고 싶어 했던 것 같았다.

"엄마, 난 키가 작아서 우리 반에서 달리기를 제일 못해요."

민정이의 갑작스런 말에 어머니는 가슴이 덜컹 내려앉았다고 했다. 그렇지 않아도 학교에 입학시키면서 키가 작아 아이들에게 놀림을 받으면 어쩌나 걱정을 많이 했었는데 드디어 올 것이 오고야 말

앉다는 생각이 들었던 것이다. 그래서 딸의 입에서 '키가 작아서' 소리만 나왔을 뿐인데도 화들짝 놀라서 민정이에게 이런저런 얘기를 해주셨다고 했다.

"아니야, 민정아. 키는 앞으로 얼마든지 클 수 있어. 지금은 작지만 진짜 키는 어른이 되어봐야 알 수 있거든."

나는 민정이 어머니께 반 친구들이 키가 작다고 놀리는 일이 내가 알기로는 없었으며, 만약 앞으로 그런 일이 생긴다면 내가 직접 나서서 단속하겠노라고 약속드리고 전화를 끊었다. 그리고 민정이가 엄마에게 하고 싶었던 말이 무엇이었을까 곰곰이 생각해보았다.

민정이는 학교에 다니면서 엄마가 바라보는 자신의 모습과 학교라는 세상에서 지내는 자신의 모습은 조금 다르다는 사실을 이제 막 알게 된 것 같았다. 그래서 엄마와 함께 그 일에 대해 이야기하고 싶었는데, '키가 작아서'라는 말 한마디에 당황하는 엄마의 반응을 보고 차마 마음속에 있는 말을 할 수 없었을 것이다. 게다가 다정한 민정이 엄마는 자기 전에 항상 민정이를 꼭 안아주며 이렇게 말하는 것을 잊지 않았다.

"민정아, 너는 아주 특별하단다. 세상에 우리 민정이 같은 딸은 없어. 엄마는 너를 정말 사랑해. 오늘 학교에서 짝꿍 재민이 때문에 힘들었지? 괜찮아. 엄마 눈에는 그 짝꿍보다 우리 민정이가 훨씬 더 특별하고 괜찮은 아이로 보이니까."

"네, 엄마."

착한 민정이는 엄마에게 이렇게 대답했지만 불이 꺼지고 엄마가 방에서 나가는 순간 짧은 한숨을 내쉬었을 것이다.

많은 아이들이 학교에 적응하는 과정에서 현실 세계는 부모처럼 자신에게 마냥 인정을 베풀어주지 않는다는 것을 깨닫게 된다. 그 차이가 클수록 아이는 자신에 대해 실망하게 되고, 가끔은 좌절도 하게 된다. 하지만 내가 오래 지켜본 바로 아이들은 세상을 견뎌내는 적응력이 대단하다. 그 사실이 처음에는 매우 절망스럽고 충격적이지만 아이들은 곧 그런 일이 나에게만 일어나는 것이 아니라는 것을 깨닫기 때문이다.

3월과 12월 사이에 일어난 놀라운 변화들

"조금 있다가 병설 유치원 동생들이 우리 교실을 찾아오기로 했어요. 초등학교에 입학하기 전에 교실은 어떤 곳인지 구경을 하고 싶다고 하네요. 너희들도 3월에 입학할 때 많이 떨리고 긴장됐었지?"

"난 별로 안 그랬는데……."

한 녀석이 잘난 척하며 불쑥 끼어들었다. 순간 헛웃음이 나왔지만 나는 꾹 참고 다음 말을 이어갔다.

"이제 곧 입학할 동생들에게 도움이 될 만한 말들을 생각해두었다가 말해주세요."

"네~!"

아이들은 생각지도 않은 손님들의 방문에 들뜬 표정이었다.

"아, 학교는 유치원이랑 정말 다른데……."

"맞아. 책가방도 무겁고 실내화 주머니도 들고 다녀야하잖아."

"그래도 운동장에서 축구할 수 있는 건 재미있잖아."

"숙제 하는 건 좀 힘들어. 책도 엄청 무겁고."

원래 선무당이 사람 잡는 법이다. 아직 학교생활을 1년도 채우지 못한 꼬마 선배님들이지만 아이들의 입에서는 유치원 동생들에게 해주고 싶은 조언들이 계속 쏟아져 나왔다. 그때 한 아이의 말이 내 귀에 와서 박혔다.

"학교는 절대로 끊을 수 없다는 걸 아마 유치원생들은 모를 거야."

누군가 하고 돌아보니 민정이다. 개구리 올챙이 적 생각 못한다더니, 이 녀석이 딱 그런 경우였다.

1학기 때 민정이 어머니의 전화를 받고 난 뒤, 나는 혹시나 하는 마음으로 민정이를 지켜보게 되었다. 그런데 민정이는 어머니가 걱정하는 것과 달리 아주 당찬 아이였다. 민정이 어머니는 늘 짝꿍 재민이가 민정이를 괴롭히는 것 같다고 걱정하셨는데, 내가 본 민정이는 자신만의 대응 전략을 따로 마련할 만큼 야무진 데가 있었다.

민정이와 재민이는 공책이 상대의 책상 자리로 넘어가는 일 때문에 자주 싸웠다. 주로 재민이가 민정이의 자리를 침범했는데, 그때마다 말로만 미안하다고 해놓고는 어느새 자기 물건을 민정이의 자리까지 늘어놓곤 했다. 말로 해도 안 되고, 체구가 작아 힘으로도 안 되니 민정이는 대신 그동안의 경험을 바탕으로 재민이를 응징할 수 있는 전략을 짜냈다. 짝꿍 재민이 몰래 책상 위에 살짝 풀칠해놓은 것이다. 재민이 공책이 또 다시 민정이의 자리로 넘어왔을 때 재민이는 책상에 쩌~억 달라붙은 공책 때문에 울상이 되고 말았다.

하루하루 달라지는 민정이를 보면서 나는 민정이가 어디서 그런 힘을 얻게 되었는지 궁금했다. 그러던 어느 날 나는 민정이의 일기장을 검사하다가 그 비밀을 알게 되었다.

2014년 12월 6일   날씨 : 맑음

오늘은 수업 시간에 책읽기를 했다. 나는 큰 소리로 책을 읽었다. 선생님께서는 잘 읽었다고 칭찬해 주셨다. 그런데 운동회 날 우리 반 대표 계주 선수였던 예지는 받침이 있는 글자를 잘못 읽어서 선생님께 지적을 받았다. 나는 키도 작고 달리기도 못하지만 책읽기는 친구들보다 잘하는구나 생각했다. 그래서 기분이 정말 좋았다.

나중에 알게 된 사실이지만, 학교에서 민정이가 재민이를 골탕 먹인 걸 몰랐던 민정이 어머니는 재민이 때문에 속상해하는 딸아이가 걱정되어 학교에서 돌아오면 늘 조심스럽게 물어봤다고 한다.

"우리 딸, 오늘은 학교생활이 어땠어? 재미있었어? 그 개구쟁이 짝꿍 재민이가 또 우리 딸을 속상하게 하지는 않았는지 모르겠네?"

"뭐, 나쁘지 않았어요."

민정이는 순간 풀에 붙어 찢어진 재민이 공책을 떠올리며 통쾌한 마음이 들었을 것이다. 하지만 그 일을 있는 그대로 엄마에게 말하지는 않았다. 잘못된 행동이라는 것을 스스로도 알기 때문이었다.

이제 민정이는 엄마와 선생님 같은 주위 어른들이 자신에게 해주는 좋은 말과 정글과 같은 현실에는 차이가 있음을 알고, 그 사이에서 적당히 타협할 줄 아는 노하우도 지니게 되었다. 3월과 12월 사이에 일어난 놀라운 변화인 셈이다.

3월의 민정이는 동화 나라의 예쁜 집에서 행복하게 살고 있던 아이였다. 하지만 12월의 민정이는 더 이상 예전의 그 아이가 아니었다. 현실에서 당당하게 자신의 존재를 인식하며 살아가고 있는 것이다. 때로는 그 현실이 힘들어서 좌절도 하겠지만 그래도 민정이는 막연하게 이곳도 그리 나쁘지만은 않음을 느끼고 있는 것 같았다. 그리고 어느 순간부터는 스스로가 꽤 잘해나가고 있다는 것도 느끼기 시작한 것 같았다. 그것도 진심으로 가슴 깊이.

아이의 학교 적응, 어떻게 도와주어야 할까요?

　부모는 아이를 학교에 처음 입학시키고 나면 학교생활에 잘 적응할 수 있을지가 가장 걱정입니다. 아이 입장에서도 학교 입학은 어찌 보면 여덟 살 짧은 인생에서 제일 처음 경험하는 난관일 수 있습니다. 그러다 보니 학교생활에 적응하기까지 여러 가지 크고 작은 문제들이 발생하기도 합니다.

학교 가기 싫어할 때
　학교에 적응을 잘하는 아이나, 못하는 아이나 학교가 힘들고 긴장되는 곳이기는 마찬가지입니다. 그런 마음들은 대부분 아침 등교 시간에 표출됩니다. 앞의 도빈이나 은수처럼 학교 가기 싫다고 울기도 하고, 머리가 아프다거나 배가 아프다고 호소하기도 합니다. 이럴 때 가장 중요한 것은 아이의 마음을 이해하고 공감해주는 일입니다. 지금 아이가 가장 힘든 시기를 견디고 있음을 이해하고, 잘해내고 있는 모습을 대견해하며 칭찬해주는 게 필요합니다. 또, 아무리 힘든 마음을 표현해도 부모가 편안한 마음으로 자연스럽게 받아줄 때 아이도 서서히 마음의 안정을 찾게 됩니다.

책가방과 준비물 챙기기

책가방과 준비물 챙기기는 학교 적응에 가장 기본이 되는 일들입니다. 어찌 보면 당연하고 쉬운 일 같지만 처음 해 보는 아이 입장에서는 어려울 수도 있습니다. 따라서 처음엔 부모가 함께 도와주며 시범을 보여주고, 시간이 지나면서 조금씩 아이 스스로 할 수 있게 하는 배려가 필요합니다.

아이가 학교에서 사용하는 모든 물건은 예쁜 디자인이나 비싼 가격보다는 사용하기 편리하고 실용적인 것을 우선으로 선택합니다. 또, 담임 선생님에 따라 요구하는 준비물이 다를 수 있으므로 주간 학습 안내와 알림장을 꼼꼼하게 살펴보고 준비하는 것이 좋습니다.

부모가 해야 할 일

1학년 1학기 초에는 부모가 해주어야 할 일들도 의외로 많습니다. 학교 입장에서도 1학년은 신입생이라 각종 행정적인 자료를 구비해놓아야 할 것이 많습니다. 그래서 여러 가지 질문을 하여 부모님에게 회신해달라고 요구하는 가정 통신문이 많이 쏟아집니다. 그 가정 통신문들을 꼼꼼하게 챙겨서 살펴보시고, 기한에 늦지 않게 챙겨 보내주시는 것이 중요합니다. 아이가 학교에서 받은 가정 통신문을 잃어버리지 않도록 잘 보이는 투명 파일을 따로 만들어두는 것도 좋은 방법입니다.

부모가 신경을 써 아이의 학교 적응을 도와준다면 대부분의 아이들은 몇 달 안에 학교생활에 잘 적응합니다. 그리고 나면 신나는 학교생활을 즐기게 되지요.

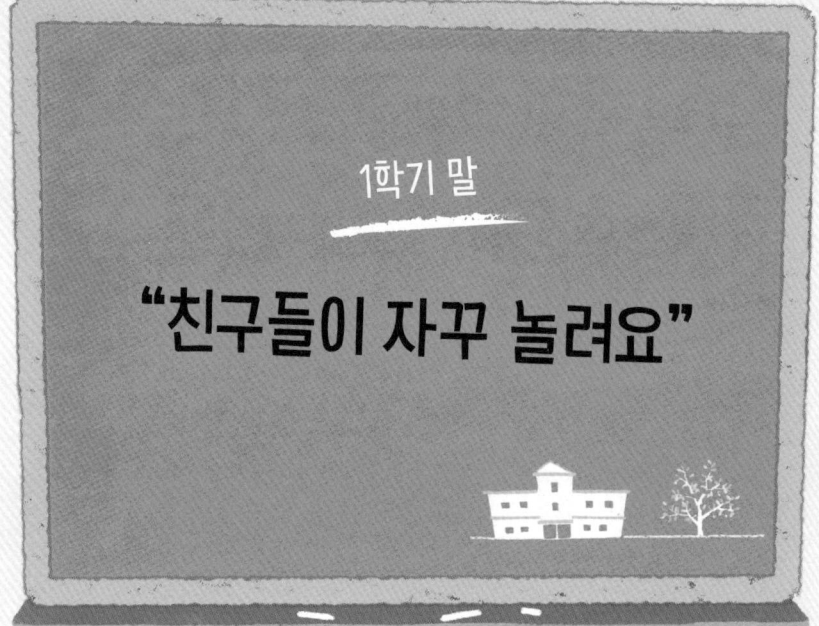

1학기 말

"친구들이 자꾸 놀려요"

우리 반에 공주가 나타났다!

 아라를 처음 본 순간 햇빛에 반짝이는 긴 갈색 머리가 내 눈을 사로잡았다. 하하 웃으며 고개를 뒤로 젖힐 때마다 적당히 웨이브가 진 머리카락이 가볍게 찰랑거려서 밝고 생기 넘치는 아라의 모습을 한껏 돋보이게 해주었다.
 아라는 날씬하고 긴 팔다리가 드러나는 공주풍의 옷을 즐겨 입었다. 특히 레이스가 풍성하게 달린 짧은 치마에 반짝이 레깅스를 입고 온 날이면 사뿐사뿐 걸을 때마다 치맛자락이 살랑살랑 움직여 마

치 동화 속 귀엽고 아리따운 공주 같았다.

아라는 친구들 사이에서 인기가 높았다. 쉬는 시간이 되면 어김없이 아라의 자리로 우르르 모여드는 고정 멤버들이 있었다. 새침데기 공주 같은 외모와 달리 활발하고 호탕한 면도 있어서 아라는 남자아이들과 과격한 놀이도 종종 함께 했다. 아이들의 웃음소리와 재잘대는 소리가 넘쳐나는 곳이면 늘 그 중심에 아라가 있었다. 그리고 작은 사건들이 끊이질 않았다.

관심과 시선을 한 몸에 받고 싶은 아이

"선생님, 은수가 제 귀를 잡아당겼어요. 흐흑~."
"재민이가 귀를 쳐서 아파요."

아라는 온갖 종류의 귀걸이를 달고 학교에 왔다. 그리고 워낙 뛰고 부딪치며 놀기를 좋아하는 성격이다 보니 아라의 귀걸이가 다른 친구의 옷에 걸리거나, 귀가 친구 몸에 부딪히는 일이 잦았다.

처음엔 나도 아파하는 아라에게 마음이 쓰여 조심해서 놀라고 아이들을 불러 꾸짖기도 하였다. 하지만 이런 일이 반복되면서 가만히 아이들의 노는 모습을 살펴보니 친구들이 아무리 조심한다고 해도 함께 뛰어놀다 보면 귀걸이가 걸릴 수밖에 없었다.

무엇보다 내 마음에 걸리는 것은 아라의 태도였다. 아라는 자신의 귀걸이 때문에 생긴 모든 일을 친구들 잘못으로 돌렸다. 그러다 보니 친구들은 점점 더 아라의 눈치를 많이 보게 되었다. 혹시라도 아라의 귀가 다칠까 봐 놀면서도 조심했고, 아라가 아프다고 하면 미안해하며 괜찮으냐고 위로해주었다.

다른 사람의 관심과 시선을 한 몸에 받고 싶어 하는 사람들이 있다. 아이들의 세계에서도 마찬가지다. 친구들의 관심을 사기 위해 어떤 아이는 맛있는 사탕을 주기도 하고, 어떤 아이는 축구 연습을 열심히 한다. 또 어떤 아이는 신기하게 생긴 학용품을 가지고 다니기도 한다.

하지만 이렇게 무엇인가를 이용해 관심을 끌려는 아이들은 친구 관계에서 진정한 주도권을 갖지 못한다. 그런 행동을 하지 않고도 친구 관계에서 주도권을 갖고 관심과 시선을 한 몸에 받는 법을 본능적으로 알고 있는 아이들이 있다. 아라가 그렇다.

점심시간의 일이었다. 아이들이 조금 특이한 놀이를 하는 장면이 눈에 들어왔다. 의자를 길게 연결하여 침대같이 만들어놓고, 그 위에 아라가 누워서 긴 머리를 늘어뜨리고 있었다. 다른 여자아이들은 아라의 머리를 만지며 감겨주고 빗겨주는 시늉을 하고 있었다. 마치 공주님을 위해 시녀들이 머리를 감겨주는 모습 같았다. 공주 놀이를 하는 모양이다 싶어 모른 척 두었더니 그 뒤로도 비슷한 놀이들이 계속 생겨났다. 그리고 그게 어떤 놀이든지 공주 역할은 늘 아라가 맡았다.

아이들은 소꿉놀이할 때 엄마, 아빠 역할을 놓고도 서로 하겠다고 싸운다. 그러다가 가위바위보를 하든지, 돌아가며 역할을 맡든지 하는 공평한 방법으로 합의를 보곤 한다. 하물며 공주 놀이에서는 공주 역할이 단연 으뜸이다. 누구나 하고 싶어 하는 역할이기 때문에 서로 번갈아가며 하는 것이 당연한 일이다. 그런데 며칠을 두고 살펴보아도 공주는 항상 아라 몫이었다.

눈에 보이지 않는 주도권 전쟁

"우리 훌라후프 놀이 할까?"

아라의 제안에 대부분의 친구들이 좋다고 고개를 끄덕이는 순간, 유일하게 영은이가 다른 의견을 냈다.

"난 그것보다 소꿉놀이를 하고 싶어."

아라는 잠시 영은이를 강한 눈빛으로 바라보다가 한마디 했다.

"좋아. 그럼 훌라후프하고 싶은 사람만 나 따라와. 소꿉놀이하고 싶은 사람은 영은이한테 가고."

순식간에 편을 나누는 구도가 형성됐다. 아이들이 어떻게 해야 할지 망설이는 순간, 아라는 한명 한명의 눈을 쳐다보며 따가운 시선을 보냈다. 눈빛으로 확실한 기선 제압을 했다고 생각할 때쯤, 아라는 먼저 행동을 개시하는 노련함도 잊지 않았다.

"자, 그럼 훌라후프할 사람은 운동장으로 나가자."

아라가 앞장서자 우물쭈물 하던 아이들이 눈치를 보다가 아라를 따라 나갔다. 결국 교실에는 영은이와 단짝 친구인 수민이 둘만 남았다. 이런 경험을 한번 하면 아이들은 다음부터 아라가 놀자고 제안하는 것을 쉽게 거절하지 못했다.

하지만 아라가 모든 친구들을 이런 식으로 대했던 것은 아니다. 한번은 무슨 일이든지 꼭 1등을 하고 싶어 하는 은지가 참다못해 아라에게 한마디 했다.

"왜 맨날 너만 공주 하니? 나도 공주 할 거야."

순간 아이들 사이에 묘한 기운이 감돌았다. 하지만 아라와 은지를 번갈아가며 쳐다보기만 할 뿐 아무 말도 하지 못했다. 아라는 은지를 쳐다봤다. 은지도 지지 않고 아라의 눈을 똑바로 쳐다봤다. 얼마의 시간이 흘렀을까? 아라가 명쾌한 한마디를 던졌다.

"좋아. 다음엔 네가 공주 해."

그날 이후 아이들의 놀이에서 중요한 역할은 아라와 은지가 번갈아가며 하는 모습을 볼 수 있었다. 아라는 은지가 공부도 잘하고 똑똑한 아이였기 때문에 무시할 상대가 아니라고 느꼈던 것이다.

아라는 자신이 강하게 대해야 하는 친구와 져주어야 하는 친구를 구별할 줄 알았다. 은지처럼 만만치 않은 상대에게는 합리적이고 공평한 모습을 보이고, 자기편으로 끌어들일 줄도 알았다. 만약 영은이한테 했던 것처럼 은지를 대했다면 반 친구의 절반이 은지 편으로 넘어갈 위험이 있다는 것을 아라는 직감적으로 알았던 것이다.

아라는 이런 방식이 남자아이들에게는 통하지 않는다는 것도 잘 알고 있었다. 몸을 부딪치며 과격하게 노는 것을 좋아하는 남자아이들과는 잘 맞추면서 놀 줄도 알았다. 그러다 조금 불리한 상황이 생기면 '여자'라는 이유로 놀이에서 유리한 고지를 선점하기도 했다.

아라가 이렇게 할 수 있는 이유는 친구들의 감정을 잘 읽을 줄 알았기 때문이다. 아라는 감정이 무척 풍부한 아이였다. 그리고 자신의 감정을 표현하는 데 있어서 늘 자신만만했다. 감성적인 성격을 지닌 아이들은 많이 있지만 그것을 표현하는 데 아라처럼 당당한 아이들은 많지 않았다.

아라의 비범한 능력이 점점 궁금해지던 어느 날, 아라 어머니에게서 전화가 왔다. 아라가 학교에서 다쳐 왔는데, 그걸 알고 있느냐고 묻는 것이었다.

"많이 다쳤나요? 언제 그랬다고 하던가요?"

"오늘 우리 반에 다른 선생님이 들어오셨다면서요? 그래서 선생님은 모르신다고 아라도 그러더라고요."

이날은 처리해야 할 중요한 학교 행사가 있어서 부득이하게 다른 선생님이 내 대신 4교시 수업을 들어갔었다. 나는 통화를 마치자마자 그 선생님을 찾아가서 자초지종을 물어보았다.

"아라가 뛰다가 혼자 넘어져 팔이 긁혔어요. 살짝 긁혀서 피도 안 나고, 친구들이랑 함께 보건실도 다녀와서 대수롭지 않게 여기고 선생님께 말씀 안 드렸던 건데……. 어떻게 해요? 입장 곤란하셨죠?"

1학년 교실에서는 하루에도 수십 명의 환자가 발생한다. 머리 아프고 배 아픈 것은 기본이고, 연필에 손이 긁히거나 종이에 손이 베이는 일도 많다. 급한 마음에 뛰어가다가 친구 가방에 걸려 넘어지기도 하고 서로 머리를 쿵~ 부딪치기도 한다. 아라도 그 많은 환자들 중 하나였을 것이다. 1학년 교실에서 여기저기 아프다고 말하는 아이들 상황을 모두 전하기는 사실상 불가능했다.

처음에는 아라가 많이 다쳤는데 내가 몰랐나 싶어 미안한 마음이 앞섰는데, 아라 어머님이 내게 물어본 건 정작 어쩌다 다쳤느냐가 아니라 '선생님, 우리 아라가 학교에서 다친 것 알고 계세요?'였다. 우리 딸이 다쳤는데 선생님이 모르고 있었던 것이 서운하다는 감정이 느껴지는 질문이었던 것이다.

그 일을 계기로 나는 아라가 학교에서 보이는 행동을 조금 이해할 수 있었다.

부모님에게 아라는 너무나 예쁘고 사랑스러운 딸, 너무나 소중한 존재였기에 아라는 학교에서도 당차고 자신감이 넘쳤다. 또, 아라가 느끼는 모든 감정을 부모님이 항상 옳다고 수용해주셨기 때문에 아라는 학교에서 모든 친구들에게 그렇게 솔직하게 행동할 수 있었던 것이다.

하지만 그런 아라에게 한 가지 아쉬운 점이 있었다.

"나만 바라봐주세요!"

"선생님, 아라 울어요."

그림을 그리던 아이들이 하는 말을 듣고 돌아보니 아라가 책상 위에 얼굴을 파묻고 흐느끼고 있었다.

"아라야, 왜 그래? 무슨 일이야?"

아라는 내 말에 대답하지 않고 더 슬프게 흐느끼기만 했다.

"현수가 아라 그림을 망쳤대요."

옆의 아이들이 대신해주는 말에 따르면 현수가 이야기를 하다가 아라 그림에 크레파스를 그었다는 것이다. 살펴보니 역시나 그림 한쪽에 크레파스가 살짝 스쳐 지나간 흔적이 있었다. 현수는 워낙 행동이 큰 아이라 아마도 팔을 휘두르며 흥분하여 이야기하다가 실수로 크레파스를 묻힌 모양이었다.

나는 두 아이를 불러 서로의 입장을 설명해주었다. 현수에게 사과하라고 했더니 순순히 미안하다고 하면서 아라의 손을 잡아주었다. 실수라는 걸 감안하여 현수를 더 야단치거나 벌주지 않고 그냥 자리로 돌려보냈다. 그리고 한 5분 정도 지났을까.

"선생님, 아라 울어요."

아라는 아까와 같은 자세로 엎드려 흐느끼고 있었다. 혹시 다른 친구들이 또 아라를 괴롭혔나 싶어 물어봐도 대답이 없었다. 주변의 다른 아이들도 모른다고 고개를 흔들었다.

"아무도 괴롭히지 않았어요. 우리는 아라한테 괜찮으냐고 위로만 해주었는데……."

아마도 현수와의 일에 대한 감정이 남아있는 모양이었다. 감정은 남이 해결해줄 수 있는 문제가 아니다. 이럴 때는 그저 시간이 약이다.

"아라가 많이 속상했나 보구나."

아라의 마음을 다독여주고, 스스로 감정을 정리할 시간을 주기로 했다. 하지만 꽤 긴 시간이 흘렀는데도 아라는 계속 울고 있었다.

여기서 잠깐,

아이들에게 울음이란?

울음은 아이들이 슬픔을 나타내는 가장 강력한 감정 표현의 수단이다. 아이들은 그 울음 속에 다양한 의미를 담는다.

얘를 혼내주세요

상대 친구를 이길 수 없을 때 그냥 그 자리에서 울어버린다. 선생님과 친구들의 시선을 한 몸에 받을 수 있고, 자신을 괴롭히는 친구를 자연스럽게 이를 수도 있기 때문이다. 이 경우에는 상대편 아이가 혼나는 것을 보는 순간 목적을 달성했기 때문에 아이는 금방 울음을 그친다.

관심받고 싶어요

아이들은 우는 행동 하나만으로도 여러 사람의 관심을 끌 수 있다는 걸 안다. 울고 있는 아이를 보고 그냥 지나치는 일은 거의 없으니까. 이 경우 아이의 울음은 언제 그칠지 가늠하기가 어렵다.

몰라요, 몰라, 싫다고요

무조건 울음으로 상황을 모면하려는 아이들도 있다. 학교에 가기 싫어서, 밥 먹기 싫어서, 장난감 사달라고 떼 쓸 때 무조건 울음을 터뜨린다. 열 번 울면 그 중에 두어 번은 효과를 볼 수 있다는 것을 잘 알기 때문이다

이날 아라의 울음은 관심을 받고 싶다는 표현이었다.

아라는 수업 시간이 끝나고, 뒷정리를 마치고, 급식을 먹는 점심시간까지 울음을 그치지 않았다. 그 긴 시간 동안 주변 친구들이 충분히 관심을 기울여주고 위로해주었는데도 말이다.

나는 아라가 너무 많은 관심을 원한다고 생각했다. 역할 놀이할 때도 자기가 제일 좋은 역을 맡고 싶고, 놀이도 자기가 원하는 것만 하고 싶고, 자기를 속상하게 한 친구는 다른 친구들도 함께 욕을 해주었으면 하는 바람이 너무 강한 것이다.

이런 마음에는 중요한 것이 한 가지 빠져있다. 바로 '다른 사람에 대한 배려'이다. 친구들과 함께 놀 때 내가 제일 좋은 역할을 하면 친구는 그 역할을 할 수 없다. 내가 하고 싶은 놀이를 하면 친구가 원하는 놀이는 하지 못한다. 나를 속상하게 한 아이를 다른 친구들도 적으로 생각하게 만들면, 그 아이는 혼자 외로울지도 모른다. 내가 아라에게 아쉬운 점은 바로 이런 배려심이다.

사회생활을 하는 데 있어 다른 사람의 입장을 배려할 수 있는 것

은 아주 중요한 능력이다. 다 큰 성인이 되어서도 상대방의 입장을 이해하거나 고려하지 못해서 어려움을 겪는 사람들을 종종 본다. 아라는 예쁘고 똑똑한 아이지만 자신이 주목받는 데 익숙하다 보니 다른 친구들의 마음을 배려할 기회를 많이 갖지 못한 것 같았다.

나는 아라에게 기회를 주는 것이 필요하다는 생각이 들었다. 뚜벅뚜벅 울고 있는 아라에게 다가갔다.

"아라야, 현수 일 말고 그 사이 또 속상한 일이 있었니?"

"……."

"혹시 어디 아파?"

"……."

"그럼, 이제 그만 울어!"

나는 작지만 단호한 목소리로 말했다. 아라는 눈을 크게 뜨고 놀란 표정으로 나를 바라봤다. 집에서처럼 위로와 걱정의 말을 듣게 될 줄 알았는데 예상 밖의 반응이 돌아오자 많이 놀란 모양이었다.

"그만큼 울었으면 됐어. 친구들도 아라 걱정을 많이 하고 있잖아."

나는 단호한 표정으로 아라의 눈빛을 잠시 그대로 받아주었다. 그 눈빛을 견디며 기다려주는 것도 중요한 교육의 시간이라고 생각했기 때문이다. 말이 오가지는 않았지만 아라는 내 표정을 보고 더 이상 눈물이 통하지 않는다는 걸 이해한 듯했다. 곧 아무렇지도 않게 책상을 정리하고 급식 먹을 준비를 했다.

남에게 관심받는 것에 집중하게 되면 반대로 자신의 내면을 성숙시키는 일에는 소홀하게 된다. 자신에게 주어진 과제를 열심히 하고 목표를 세우고 성취하는 과정에서 '남'에게 집중하는 것은 오히려 방해가 될 수도 있기 때문이다.

아라는 예쁘고 똑똑한 아이다. 그날 나의 태도가 서운하게 받아들여질 수도 있겠지만, 금방 상황을 이해하고 적어도 그날 자신의 행동이 옳지 않았다는 것을 느낄 것이다. 아이들은 무엇이든 빨리 배운다. 나는 이 경험이 아라가 건강하게 성장하는 데 하나의 디딤돌이 될 수 있으리라고 믿는다.

"애들이 자꾸 놀려요"

 잘 빗어 넘긴 머리, 단정한 옷차림, 도빈이는 우리 반 아이들 중에서 가장 먼저 눈에 들어온 아이였다. 하얗고 깨끗한 피부, 초롱초롱한 까만 눈, 오뚝한 코까지 외모 또한 왕자님처럼 잘 생겼다.
 학교 급식 시간에 조리사 아주머니들도, 현장학습을 가다가 만나는 행인들도 도빈이를 보면 꼭 한마디씩 하곤 했다.
 "에고~, 예쁘게도 생겼네. 많이 먹어라."
 "어허~, 고놈 참 잘생겼네."

그런 반응이 익숙한지 도빈이도 별로 쑥스러워하거나 부담스러워하는 기색 없이 당연하게 받아들였다.

그런데 시간이 지날수록 도빈이의 매력을 반감시키는 일들이 발생하기 시작했다. 도빈이는 자신의 일을 스스로 하지 못하는 경우가 많았다. 책가방을 챙기는 일도 외투를 입는 일도 서툴렀고, 행동도 무척 느렸다. 다른 아이들은 모두 마쳤는데 혼자만 남아서 느릿느릿 마지 못해 하고 있는 경우도 다반사였다. 그렇다고 완벽하게 하는 것도 아니었다. 그림을 그리는 일이든, 수학 문제를 푸는 일이든 그걸 꼭 해내야겠다는 생각 자체가 없는 듯했다. 그러다 보니 도빈이가 그림을 다 그리지 못하고 펼쳐놓고 있으면 옆의 친구가 보다 못해 도와주거나 내가 나서서 정리해주는 일이 점점 늘어났다.

더욱 걱정스러운 건 도빈이의 친구 관계였다. 역할 놀이할 때도 도빈이는 자신이 제일 좋은 역할을 맡겠다고 고집부렸고, 딱지치기할 때도 자신에게 유리한 규칙만 고집했다. 이런 일이 반복되면서 아이들은 언제부턴가 슬슬 도빈이를 피하고 있었다. 어느 순간 도빈이는 우리 교실에서 외톨이가 되어 있었다.

친구 사귈 줄 모르는 아이

나는 도와주고 싶은 마음에 도빈이를 자세히 살펴보기 시작했다. 그런데 가만히 보니, 이 녀석은 친구들과 놀고 싶을 때 어떻게 다가

가야 하는지도 어떻게 놀아야 하는지도 몰랐다.

혼자 있는 게 심심해서 놀이에 끼고 싶을 때 수민이 같은 경우는 얼굴에 부드러운 미소를 지으며 아이들에게 이렇게 말했다.

"얘들아, 나도 좀 끼워줄래?"

그러면 친구들은 스스럼없이 한 자리를 내주곤 했다. 하지만 도빈이는 그런 수민이를 보면서 '에이, 저건 좀 비굴해 보여.'라고 생각하는 듯했다. 대신 도빈이의 마음을 끈 건 무영이의 방법이었다. 무영이는 팽이치기하는 무리에 끼고 싶으면 이렇게 말했기 때문이다.

"야, 너희들끼리만 노냐? 나도 할래."

아이들이 순순히 무영이의 제안을 받아들이는 건 거절할 경우 나중에 컴컴함 화장실에서 어떤 보복을 당할지 모르기 때문이었다. 하지만 다른 친구들의 눈에는 다 보이는 무영이의 힘이 도빈이에게는 보이지 않았다. 그저 무영이가 자존심을 구기지 않고 친구들을 제압하는 모습이 멋있게만 느껴졌다. 그러니 도빈이가 그 방법을 써봤자 통할 리가 없었다.

"야, 너희들끼리만 노냐? 나도 할래."

"웃기고 있네. 저리 가지 못해!"

결국 도빈이는 그 방법이 조금이라도 통하는 약하고 힘없는 친구들을 괴롭히는 일에 재미를 붙이기 시작했다.

"야아~, 하지 마!"

"내가 뭘?"

도빈이가 수업 시간에 색종이를 찢어서 앞에 앉은 친구의 책상으로 던지고는 시치미를 뗐다. 그러다 앞자리 아이가 돌아앉으면 또다시 같은 장난을 쳤다. 계속되는 장난에 결국 앞자리 아이는 짜증이 극에 달하고 말았다.

"선생님~, 도빈이가 자꾸 뒤에서 쓰레기 던져요."

사실 수업 시간에 이런 식의 장난을 치는 건 도빈이만이 아니다. 하지만 이런 장난도 엄연히 서로 주고받는 놀이의 일종이라서 보통은 뒤에 앉은 아이가 앞에 앉은 아이의 눈치를 봐가며 종이를 던졌다. 앞자리 아이도 심심하던 차에 종이가 날아오자 자신도 다시 던져주는 식으로 장난을 이어간다. 그러다 어느 순간 둘이 킥킥거리며 던지고 받는 놀이로 발전하는 것이다.

이건 아주 고도의 기술을 요한다. 우선 친구의 표정을 잘 살피며 던져야 하고, 친구가 먼저 던지면 받아주기도 해야 한다. 또, 친구가 싫어하는 눈치면 그만둘 줄도 알아야 한다. 하지만 도빈이에게는 그런 눈치가 없었다.

아이들이 친구를 놀리는 심리

아이들이 입학하고 두 달이 지났을까. 아침에 조회하러 교실 문을 열고 들어서는데 조금 이상한 기운이 느껴졌다. 나를 보고 반갑게 인사하는 우리 반 아이들 사이에 키 큰 어른이 앉아있는 것이 보였다. 도빈이 어머니였다. 예상치 못한 상황에 나는 당황했다. 입학 초에는 간혹 이런 일이 있기는 했지만 1학기가 반이나 지난 상황이라 의외였다. 도빈이 어머니도 당황하셨는지 내게 황급히 인사하며 자리를 떴다. 그런데 다음 날 아침에도, 그 다음 날 아침에도 같은 일이 반복되었다. 나는 또 황급히 자리를 뜨는 도빈이 어머니를 붙잡고 물었다.

"어머니, 잠깐만요. 혹시 아침에 도빈이에게 무슨 일이 있나요?"

"아니요."

"그럼 아침마다 왜 교실에 오시는 건지……?"

"그게요…, 아이들이 자꾸 우리 도빈이를 놀린대요. 그래서 선생님 오시기 전까지 제가 같이 있으면 안 놀릴 것 같아서 그랬어요."

"그런 일이 있었군요. 아이들이 뭐라고 놀린다고 하던가요?"

"어… 멍충이라고 그랬다나? 하여튼 도빈이가 굉장히 속상해하더라고요."

다음 날, 나는 '멍충이' 놀림 사건의 진상을 파악해보았다. 범인은 현수였다. 현수는 늘 친구들에게 장난칠 궁리를 하는 녀석이었다. 도빈이뿐만 아니라 우리 반 아이들 10여 명 정도가 현수에게 '멍충이'라는 놀림을 받은 적이 있을 정도였다. 나는 도빈이 어머니에게 이런 정황들을 설명하였다.

"어머니, 제가 도빈이를 놀리는 아이에게 다시는 하지 말라고 단단히 주의를 줬습니다. 그런데 아이들도 친구 관계를 배워나가는 데는 시간이 좀 필요합니다. 이렇게 어머니가 교실에 오시면 오히려 아이들이 도빈이를 더 우습게 생각할 수도 있고요. 그러니 당분간 저와 아이들을 믿고 좀 지켜봐 주시면 좋겠습니다."

"네, 선생님. 죄송합니다."

그날 이후 도빈이 어머니는 더 이상 교실에 들어오지 않았다. 내 말을 이해해주셔서 다행이라고 생각했는데, 나중에 알고 보니 그게 아니었다. 옆 반 선생님들과 아이들의 증언에 따르면 그날 이후에도 도빈이 어머니는 내가 없을 때마다 교실에 들어와 아이를 몰래 챙기셨고, 누가 도빈이를 놀리기라도 한 날에는 하굣길에 그 아이를 붙들고 직접 야단치기도 하고 타이르기도 하였다.

하지만 엄마의 철통 수비에도 아이들이 도빈이를 놀리는 일은 줄어들지 않았다. 그럴수록 도빈이 어머니는 하굣길에 그 아이를 붙들고 도빈이와 사이좋게 지내라며 아이스크림을 사주기까지 하셨다.

아이들이 친구를 놀리는 심리는 단순하다. 짓궂게 놀렸을 때 상대 아이가 보이는 반응이 재미있기 때문이다.

"야, 이 멍충아!"

"야아~, 나 멍충이 아냐! 선생니~임, 얘가 나보고 멍충이래요."

상대 아이가 바로 엉엉 울면서 반응을 보이면, 놀린 아이는 '야, 이거 재미있네.' 하는 생각이 든다. 그걸 기억해두었다가 그 다음에 심심할 때 그 아이를 또 놀리는 것이다.

내가 이렇게 설명하면 '선생님한테 혼나는 데도 왜 그럴까요?' 하고 반문하는 분들이 있다. 일단 놀리는 즐거움을 알게 된 아이들은 혼나는 것을 두려워하지 않는다. 주로 장난치기를 워낙 좋아하고, 혼나는 일이 다반사인 아이들이 놀리기의 주범이라 혼날 때의 불편함은 조금만 견디면 그만이라고 생각한다. 대신 놀릴 때마다 엉엉 울어대는 아주 재미있는 장난감(?)을 획득할 수 있기 때문이다.

그러다 보니 도빈이는 아주 쉽게 표적이 되었다. 놀리면 바로 엉엉 울면서 엄마한테 이르고, 심지어 엄마가 직접 출동해서 가끔은 간식까지 사주시니 아이들이 특별한(?) 재미를 느꼈던 것이다.

여기서 잠깐,

친구들에게 놀림을 안 받으려면 어떻게 해야 할까?

힘으로 제압하는 아이

무영이는 아이들이 놀리면 그 자리에서 상대방을 째려보며 바로 응징한다. 그때 눈에서 나오는 레이저가 어마어마하기 때문에 상대편 아이도 순간 움찔한다. 이런 아이는 괜히 건드렸다가 더 큰 보복이 올 수도 있다. 아이들은 선생님에게 혼나는 것보다 힘센 아이의 보복을 더 두려워한다.

별것 아니라는 태도로 무시하는 아이

태오는 아이들이 놀리면 들은 척도 하지 않는다. 가끔 참기 힘들 때에는 놀리는 아이들을 향해 손바닥을 펼쳐 들고 간단히 "반사~!"라고 말한다.

아무리 놀려도 반응이 없거나 이렇게 무덤덤하게 나와버리면 놀리는 아이도 재미가 없다. 결국 태오를 건드리는 일은 점차 시들해진다.

꼭 기억해두었다가 나중에 반드시 보복하는 아이
은수는 아이들이 놀려도 쉽게 표정이 변하지 않는다. 겉으로 볼 때는 참는 것처럼 보이지만 은수의 저력은 그 다음 순간에 나온다. 놀렸던 아이가 잠시 방심하는 틈을 타서 순간적으로 등짝을 때리거나 그 아이의 물건을 책상에서 슬쩍 밀어 떨어뜨리는 방식으로 철저히 응징한다.

그런데 도빈이는 아이들이 놀릴 때마다 언제나 엉엉 울면서 내게 달려와 하소연했다. 아무래도 친구의 놀림에 대처하는 방법을 알려줄 필요가 있었다.

"도빈아. 친구들이 놀리면 많이 속상하지? 하지만 그때마다 도빈이가 울고 화를 내면 친구들은 그게 재미있어서 도빈이를 더 많이 놀리는 것 같아. 그래서 선생님은 도빈이가 화가 나더라도 바로 울거나 선생님한테 달려오지 말고 좀 참아보는 연습을 했으면 좋겠어. 그래야 친구들이 도빈이를 쉽게 생각하지 않거든. 대신 선생님한테 와서 속상한 마음을 얘기하는 것은 나중에 그 친구가 안 볼 때 하기로 하자. 알았지?"

도빈이는 알겠다고 고개를 끄덕였지만 그때뿐 도빈이의 친구 관계는 나아지지 않았다.

눈치 없는 왕자님의 야생 적응 훈련기

결국 일이 터졌다. 도빈이가 화장실 보복(?) 사건을 경험하게 된 것이다. 사건은 도빈이의 그 눈치 없는 '종이 던지기 놀이'에서 시작되었다. 그날도 친구들이 짜증을 내건 말건 상관없이 종이를 찢어 던지는 놀이에 심취해 있던 도빈이가 그만 무영이에게 종이를 던지고 만 것이었다. 사실 도빈이는 무영이에게까지 던질 생각은 없었다. 하지만 '무영이만큼은 조심해야지.' 하는 생각도 없었다.

바로 여기에 도빈이의 취약점이 있었다. 조금이라도 눈치가 있다면 무영이만은 조심했어야 했다. 하지만 이미 엎질러진 물이었다. 자신의 책상까지 날아온 종이를 일종의 도전이라고 받아들인 무영이는 남들의 눈이 적은 시간, 사건의 단골 장소인 화장실에서 도빈이 얼굴을 주먹으로 한 대 치고 말았다. 맘먹고 때린 것이 분명했다. 하지만 학교 통신원들의 활약으로 내 앞에 불려온 무영이는 엉뚱한 변명을 늘어놓았다.

"화장실에서 볼일 보는데 쟤가 자꾸 내 걸 힐끔힐끔 보잖아요."

도빈이는 남의 물건(?)에 관심을 보이는 그런 행동을 하는 아이가 아니었다. 물론 자신의 의도와 상관없이 시선이 잘못 갔을 수도 있다. 그걸 보고 무영이가 오해했을 수도 있는 일이었다. 하지만 여기서 사건의 핵심은 '봤느냐, 안 봤느냐'가 아니었다.

아이들의 엇갈린 진술 공방

때렸느냐, 안 때렸느냐

한 녀석은 맞았다고 울고, 다른 녀석은 때린 적이 없다며 억울해한다면 이런 경우에는 십중팔구 상황 재연을 시켜보면 답이 나온다. 예를 들어 둘이 사물함에서 물건을 꺼내다가 그랬다면 실제 상황은 한 아이가 사물함에서 물건을 꺼낼 때, 다른 아이에게 '비켜!'라고 말하면서 손으로 그 친구의 '머리를 민' 경우가 대부분이다. 즉 사건의 핵심은 때렸느냐, 안 때렸느냐가 아니라 '머리를 민' 행동인 것이다.

던졌느냐, 안 던졌느냐

누가 자기 필통을 던졌다며 화내는 아이가 한 명이고, 필통을 던진 용의자가 여럿이라면 이런 경우에는 아이들이 서로 필통을 먼저 만져보겠다고 실랑이하다가 사건이 발생했을 가능성이 높다. 이때 필통은 새 것인 경우가 많다. 즉 필통은 누가 던진 게 아니라, 그 난리통에 그만 떨어지고 만 것이다.

뺏어 먹었느냐, 안 뺏어 먹었느냐

"얘가 내 초콜릿 뺏어 먹었어요. 엉엉~."
"아니에요, 자기가 먼저 먹으라고 줬어요."
"내가 한 입만 먹으라고 했잖아. 그런데 반이나 먹어버리면 어떡해?"
"나는 반 먹어도 되는 줄 알았지."
먹을 거리를 두고 벌어지는 시비는 늘 이런 식이다. 한 입이냐 절반이냐를 각자 자기 좋을 대로 해석하고 받아들인 게 사건의 핵심인 것이다.

사건이 일어날 때마다 '때렸느냐, 안 때렸느냐', '던졌느냐, 안 던졌느냐', '뺏어 먹었느냐, 안 뺏어 먹었느냐'를 두고 벌어지는 아이들의 엇갈린 진술을 해결하면서 나는 한 가지 깨달은 점이 있다. 겉으로 드러나는 문제 행동에 집착하여 잘잘못을 가리는 것보다는 문제의 본질에 집중하는 것이 훨씬 더 중요하다는 점이다.

 어느 것이 문제의 본질인지 어떻게 아냐고? 문제를 해결하고 난 다음을 잘 살펴보면 된다. 잘잘못을 따져서 잘못한 녀석에게 벌을 주고 두 아이가 서로에게 미안하다고 사과까지 했는데도 다음에 비슷한 사건이 또 일어난다면, 그건 사건의 핵심을 제대로 파악하지 못한 것이다. 하지만 다음에 비슷한 사건이 재발하지 않는다면, 문제의 본질을 잘 파악한 것이라고 볼 수 있다.

 이번 화장실 보복(?) 사건의 핵심은 무영이의 기질과 도빈이의 눈치 없음이 복합된 것이었다. 무영이도 잘못이 있지만 도빈이도 다시는 이런 일이 반복되지 않도록 노력할 필요가 있었다.

 난생 처음 친구에게 맞고 충격에 빠진 도빈이는 그 일을 계기로 자신의 문제를 어렴풋이 깨닫기 시작한 것 같았다. 하지만 친구와 노는 방법을 모르다 보니, 친구에게 눈치껏 장난치는 기술을 좀처럼 터득하지 못하는 듯했다. 도빈이가 던진 종이 때문에 또 실랑이가 벌어진 어느 날, 나는 사건의 당사자 둘을 앞으로 불러냈다.

 "도빈아, 종이 던지기 장난을 칠 때는 친구도 그걸 재미있어 하는지, 아니면 귀찮아하는지를 먼저 살펴봐야 해. 네가 아까 종이를 던졌을 때 친구 재민이는 기분이 어떤 것 같았어?"

"……."

"재민아, 그때 기분이 어땠는지 도빈이에게 말해줘 봐."

"자꾸 던지니까 귀찮았어요. 하지 말라고 말했는데, 계속해서 진짜 짜증났어요."

아직도 감정이 남았는지 재민이가 씩씩대며 말하자, 도빈이는 그제야 '아~' 하는 눈치였다. 나는 도빈이에게 그런 상황에서 상대방은 어떤 기분이 드는지, 도빈이에 대해 어떤 생각을 하게 되는지 차근차근 설명해주었다. 이날 도빈이는 작은 약속을 했다.

"도빈아, 친구가 하지 말라고 하면 그만 하는 것이 친구를 배려하는 거야. 알았지? 처음엔 어렵겠지만 자꾸 그렇게 하려고 노력해야 해. 다음에 도빈이가 친구가 그만 하라고 할 때 멈추면 선생님이 칭찬 스티커를 줄게. 앞으로 한번 해보는 거다. 약속~!"

도빈이는 다행히 조금씩 좋아지는 모습을 보였다. 무영이와의 충돌도 다시는 발생하지 않았다.

2학년으로 올라갈 쯤에는 도빈이도 어느 정도 '눈치'라는 게 생긴 듯 보였다. 무엇보다 얼굴에서 유아독존 같던 도도한 표정이 많이 사라졌다. 이제는 친구들이 뭐라고 하면 '어? 알았어.' 하고 들어줄 줄도 알았다. 제법 같이 다니는 친한 친구들도 있어 보였다.

요즘은 아이들을 워낙 귀하게 키우다 보니, 초등 1학년에 갓 입학한 아이들 중에 왕자님, 공주님이 한두 명씩은 꼭 있게 마련이다. 나는 그 왕자님, 공주님들에게 야생 적응 훈련을 신경 써서 강도 높게 한다. 도빈 왕자님과의 경험에서 나 역시 큰 교훈을 얻었기 때문이다. 그러면서도 한편으로는 그 아이들이 앞으로 겪어야 할 야생에서의 생활을 잘 알기에 마음 한 구석이 짠해진다.

훌라후프 쟁탈전

"이거 내가 먼저 잡았어."

"아냐, 내가 먼저야."

체육 시간. 두 아이가 훌라후프 하나를 서로 잡아당기며 싸우기 시작했다. 체육관에서 가져온 훌라후프 개수가 모자란 모양이었다. 그때 두 아이 사이에 끼어드는 또 다른 아이가 있었다. 가람이였다.

"야, 너희 둘이 공평하게 가위바위보 해."

가람이의 말에 두 아이는 훌라후프를 잠시 내려놓고 힘차게 가위바위보를 외쳤다. 그리고 가위바위보의 승자가 빙긋 웃으며 방금 전 땅바닥에 내려놓았던 훌라후프를 집으려는 순간, 어라? 훌라후프가 보이지 않았다. 주위를 둘러보니 그 사이에 가람이가 잽싸게 그 훌라후프를 차지하고 신나게 돌리고 있었다. 이런! 아이들이 또 가람이의 잔꾀에 넘어갔다.

꾀 많고 약삭빠른 아이

 학교 교구가 항상 아이들 수만큼 풍족한 것도 아니고, 그 중에는 새 것도 있고 조금 망가진 것도 있다 보니, 아이들에게 무엇인가를 나눠줄 때면 항상 크고 작은 분쟁이 일어나기 마련이다. 아이들도 좀 더 좋은 교구를 차지하기 위한 나름의 처세법을 갖게 된다.
 학교생활에서 살아남으려면 민첩하고 빠르게 움직여야 한다는 것을 깨달은 아이들은 선생님이 훌라후프 놀이를 하겠다는 말을 할 때부터 미리 운동장에 포진하고 있다가 훌라후프가 눈에 띄는 순간 민첩하게 움직여서 좋은 것으로 하나 차지한다.
 그렇다고 해서 그 훌라후프가 내 것이 되는 것은 아니다. 친구들 사이에서 주도권을 행사하는 몇몇 아이들은 남의 것을 빼앗기도 한다. 남자아이들은 주로 힘을 사용하지만, 여자아이들은 조금 방법이 다르다. 먼저 나보다 더 새 것을 들고 있는 아이에게 훌라후프를 바꾸자고 제안한다. 그리고 잠시 망설이는 아이의 눈을 강한 눈빛으로 바라보다가 이렇게 말한다.

"쳇, 치사하게! 그럼 나, 너하고 안 놀 거야."

어차피 이런 아이들에게는 맞서봤자 손해다. 새 훌라후프를 들고 있던 아이는 할 수 없이 자기 것을 내민다.

모든 아이들이 훌라후프 쟁탈전에 동참하는 것은 아니다. 이때를 자신의 존재를 과시하며 잔소리하기 좋은 기회로 활용하는 아이들도 있다.

"야! 너, 친구 것을 빼앗으면 어떡해."

"야! 너, 두 개 가져가면 안 돼. 하나는 없는 아이에게 줘."

여자아이들이 주로 잔소리하는 스타일이라면 남자아이들은 조금 다르다. 훌라후프 하나를 놓고 친구끼리 서로 잡아당기며 싸운다. 그러다가 한 놈이 훌라후프를 빼앗아 들고 달아나면 어느새 운동장에는 새로운 술래잡기 놀이판이 벌어진다.

초등 1학년 아이들에게 훌라후프가 하나밖에 없는 상황을 교과서 그림으로 제시하고 '어떻게 해야 할까요?'라고 물으면 보통은 '순서를 정해서 해요.' '내가 양보해요.'라고 대답한다. 하지만 정작 자신이 하나밖에 없는 훌라후프를 잡아당기는 입장이 되면 상황이 좀 달라진다. 뺏기지 않으려고 이를 악물고 앞의 친구를 노려보느라 합리적인 해결책 따위를 고민할 겨를이 없다. 옆에서 구경하는 아이도 별반 다르지 않다. 그냥 멍하니 있거나 혹은 자신도 달려들어 훌라후프 쟁탈전에 가세하기도 한다.

하지만 가람이가 짜는 전략은 또래 아이들과는 좀 달랐다. 이날 한 발 늦게 와서 훌라후프를 차지하지 못한 가람이는 상황을 빠르게 파악한 뒤, 미처 주인이 정해지지 않는 물건을 타깃으로 잡았다. 그리고 두 친구가 훌라후프를 잠시 내려놓도록 만들기 위해 가위바위보를 제안했던 것이다.

어쨌든 가람이에게 훌라후프를 빼앗긴 아이들은 너무 어이가 없고 분할 따름이었다.
"야! 그거 이리 내 놔!"
"선생님~, 가람이가 훌라후프 빼앗아갔어요."
아이들이 달려와 억울함을 호소하는 통에 나도 그 상황에 뒤늦게 발을 들여놓게 되었다.
"원래 훌라후프가 누구 거였어?"
"……."
아이들이 내 질문에 얼른 대답하지 못하는 틈을 타 가람이가 선수를 쳤다.
"주인 없는 거라 내가 가지고 노는 거예요."
"거짓말 마! 네가 우리한테 가위바위보 하라고 했잖아."
"그래. 공평하게 가지고 놀려면 가위바위보를 해야지."
천연덕스러운 가람이의 대답에 그날 나는 사건의 전모를 파악하는데 꽤 많은 시간과 공을 들여야 했다.

"내가 뭘? 난 아니야!"

가람이를 처음 봤을 때 나는 자존감이 높은 아이라고 생각했다. 어떤 상황에서도 주눅 들지 않고 자신의 생각을 이야기하는 모습에 종종 헛웃음이 나오기도 했지만, 여덟 살 아이치고는 뭔가 다르다는 느낌을 받았다. 하지만 곧 '다르다'는 느낌의 실체를 알게 되었다.

가람이는 여러 친구와 함께 단체로 혼날 만한 상황에서 귀신같이 빠져나가는 기술을 가지고 있었다. 우선 친구들과 함께 위험한 장난을 하다가도 선생님이 들어오는 순간을 기막히게 포착했다. 그리고는 친구들 몰래 혼자 쏙 빠져나가 얼른 자기 자리에 가서 앉았다. 방금 전까지 함께 놀던 나머지 아이들이 내게 혼나는 것을 태연하게 지켜보는 것은 기본이었다. 한 번은 가람이만 쏙 빠진 것이 억울했던지 한 아이가 사실을 얘기했다.
"가람이도 같이 장난쳤어요."
"난 자리에서 책 읽고 있었는데요."
가람이는 흔들림이 없었다. 나는 오히려 가람이의 그 아무렇지 않은 말투에서 단서를 찾을 수 있었다. 만약에 정말 제자리에서 책을 읽고 있었는데 다른 아이가 자신을 모함한 것이라면, 가람이는 당장 숨소리가 거칠어지고 얼굴이 붉어져서는 격앙된 목소리로 아니라고 소리칠 성격이었다. 그런데 가람이는 아주 태연한 목소리로 대답하고 있었던 것이다.

　염려스러운 것은 선생님을 대하는 가람이의 태도였다. 가람이는 내가 무슨 말을 하든 늘 한 발짝 떨어져서 혼나지 않을 변명을 미리 짜놓는 버릇이 있었다.

"가람아, 연필 안 가져왔으면 선생님한테 말하지 그랬어."

"아까는 안 가져온 걸 몰랐어요."

　나는 연필이 없어 공부를 못할까 봐 안타까워서 한 말인데, 가람이는 전혀 다른 감정으로 받아들였다. 내가 반 아이들 전체에게 이야기할 때도 마찬가지였다.

"여기 휴지 떨어뜨린 사람 누구지?"

"난 아니에요. 내 것은 아까 쓰레기통에 버렸어요."

　보통 이럴 때 다른 아이들은 대부분 침묵하고 내 눈치만 살피기 마련이다. 하지만 가람이는 늘 선생님이 자신을 혼내거나 탓하려 한다고 생각하는 것 같았다. 자존감이 높은 아이들은 선생님께 야단맞을까 봐 매 순간 변명하지는 않는다. 또, 가람이는 자신의 잘못을 순순히 인정하는 일도 많지 않았다. 뛰어난 임기응변으로 요리조리 빠져나갈 궁리만 하는 것 같았다.

　친구들 사이에서도 가람이는 약삭빠른 아이로 통하고 있었다. 아직 어려서 적극적으로 표현하는 일은 없었지만 가람이랑 함께 놀면 뭔가 억울한 일이 생긴다는 것을 어렴풋이 느꼈던 것이다.

　나는 가람이를 좀 더 이해하기 위해 어머니에게 상담을 청했다. 말씀을 들어보니, 가람이는 돌 무렵부터 어린이집을 다니기 시작했다. 엄마 아빠가 맞벌이를 하는데 주변에 돌봐줄 친척이 없어서 어쩔 수 없는 상황이었다. 가람이 부모님은 특별히 신경 써서 시설 좋고 교육 프로그램이 훌륭한 어린이집을 물색했다. 가람이도 어린이집 생활에 별문제 없이 아주 잘 적응했다고 하셨다.

나는 가람이 입장에서 이런 상황들을 다시 생각해보았다. 돌 무렵부터라면 정말 너무 일찍 오랫동안 어린이집에 다닌 셈이었다. 그러면서 가람이는 단체 생활의 특징과 선생님들의 성향을 아주 잘 파악하게 된 것 같았다. 뭘 하든 잘잘못을 가리는 엄격함을 느낀 게 아닐까 싶었다. 그리고 어느 순간부터는 경험에서 얻은 지식들을 자신에게 유리한 전략으로 사용하기 시작한 것 같았다. 순간순간 변명을 늘어놓는 가람이의 모습에서 난 그런 아이의 마음이 느껴졌다.

"학교요? 다닐만해요!"

가람이는 신기하게도 친구들이 동경할만한 얘깃거리들을 유달리 많이 가지고 있었다.

"우리 집에 도마뱀을 키우는데, 크기가 내 키만 해."
"우와~, 정말?"
"너희 집에 놀러 가도 돼? 그 도마뱀 보고 싶어."
"그런데 그 녀석이 좀 사나워서 물지도 몰라. 그래도 괜찮겠어?"

처음에는 나도 그 말이 진짜인 줄 알았다. 나중에 가람이 어머니와 상담하고 나서 도마뱀 같은 애완동물은 키워본 적도 없다는 것을 알게 되었다. 하지만 순진한 아이들은 가람이의 허풍에 곧잘 넘어갔다. 물릴지도 모른다는 말에 어떤 아이는 겁먹고 입을 다물기까지 했다.

"나 여자 친구 있다. 어린이집에 다닐 때 거기서 만났어."
"우와~, 정말?"
아이들은 그저 신기한 눈으로 가람이 얼굴을 쳐다봤다. 여덟 살 아이들에게 여자 친구가 있는 아이는 동경의 대상이기 때문이다.
초등 1학년에게 '여자 친구가 있다.'는 말은 '요즘 잘나가는 캐릭터 자동차를 가지고 있다.'거나 또는 '유명 브랜드 옷이 있다.'는 말에 가깝다. 그러다 보니 '여자 친구'가 있는 아이는 뭔가 대단해 보인다.
가람이는 남보다 더 멋지게 보이고 싶다는 욕구가 강한 아이였다. 그것은 '여자 친구' 자랑을 마친 뒤 두 손을 주머니에 찔러 넣은 채 아주 거만한 걸음으로 천천히 걸어가던 가람이의 뒷모습만 봐도 알 수 있는 일이었다.
나는 가람이에게 학교에 대한 새로운 인식을 심어주고 싶었다. 더 이상 친구들에게 허풍을 떨지 않아도 스스로 존중받을 수 있는 곳이 학교가 되기를 바랐다. 항상 잘잘못을 따지고 엄격한 규칙만 존재하는 곳이 아닌 좀 더 따뜻한 세상으로 느끼게 해주고 싶었다. 그래서 나는 가람이에게 특별한 심부름꾼의 역할을 주기로 했다.

"가람아, 이거 좀 어려운 일인데, 네가 좀 해줄 수 있을까? 교무실 옆에 있는 '발간실'이라는 곳에 이걸 가져가야 하는 일이야."

"발간실??"

"응. 이름이 좀 어렵지? 그래서 가람이에게 특별히 부탁하는 거야. 다른 친구들은 아무래도 좀 힘들 것 같아서. 자, 선생님이 종이에 '발간실'이라고 적어줄게. 이거 보고 한번 찾아봐 줄래? 못 찾으면 다시 교실로 돌아와도 괜찮아."

나는 가람이에게 심부름에 대해 설명하면서 뭔가 학교에만 있는 특별한 장소에 다녀오는 건데, 선생님께 꽤 도움이 된다는 느낌을 강하게 전달했다. 가람이의 얼굴에서 '정말 어려운 일인가 보지? 그럼 한번 해볼까?' 하는 은근한 도전 의식이 느껴졌다. 가람이는 물론 그 일을 아주 훌륭하게 완수했다. 나는 미리 준비해두었던 다음 전략을 펼쳤다.

"정말 고마워, 가람아. 덕분에 일이 아주 쉬워졌네. 땡큐~."

이 칭찬에는 조금 특별한 의미가 담겨 있었다. 흔히 하는 '가람아, 정말 잘했어. 대단해~.'라는 칭찬은 어린아이에게 해주는 말이지만, '고맙다'는 말은 동료 간에 주고받는 인사말이었다. 내가 가람이를 어린아이가 아닌, 선생님이 믿고 의지할 수 있는 존재로 급상시켜 준 것이었다.

"가람아, 그런데 선생님이 자꾸 너한테만 심부름 시킨다고 친구들이 샘내면 어떡하지? 이건 우리끼리 비밀로 할까?"

녀석도 씨익 웃더니 흔쾌히 그러자고 했다. 덕분에 나도 교실 전체의 균형을 깨지 않고 가람이에게 '특별 비밀 지령'을 내릴 수 있었다.

물론 이런 상황은 오래 지속되지 않았다. 2학기쯤 되니 녀석이 비밀 지령 활동에 시들해졌다. 하지만 가람이는 더 이상 학교를 시시한 곳으로 생각하지 않는 듯했다. 야단맞을 때 자기변명부터 늘어놓던 버릇도 줄어들었다. 학교가 '잘잘못을 가리는 엄격한 곳'에서 조금은 '안전하고 편안한 곳'이 된 모양이었다.

그런데 부작용도 있었다. 가람이가 선생님인 나를 너무 어려워하지 않았다는 점이다.

"선생님이 다 검사할 거야. 꼼꼼히 해."

"에이~ 선생님, 10분 후면 수업 끝나는데 언제 다 검사해요."

무서울 만큼 얄미운 녀석이었다. 하지만 물러설 내가 아니었다.

"그러게. 시간이 벌써 그렇게 됐구나. 좋아. 검사를 다 못 해도 가람이 네 것만은 내가 꼭 검사한다. 꼼꼼하게!!"

친구들이 슬슬 피하다

"선생니임~."

보나는 매일 아침 교실 문을 열고 들어서는 나를 가장 먼저 반겨 주는 아이였다. 매일 보는 얼굴인데도 이렇게 반가울까 싶게 보나의 환영 인사는 언제나 감동적이고 격했다. 내게 달려와 꼬옥 안기는 것으로도 모자라 내가 새 옷을 입거나 새 머리핀이라도 한 날이면 한 눈에 알아보고 예쁘다며 만져보고 좋아했다.

한번은 보나가 자기와 똑같은 핀을 샀다며 학교 앞 문구점에서 파는 500원짜리 어린이용 핀을 선물로 준 적이 있었다. 500원이면 문구점에서 사탕을 살 수도 있고, 초코 과자나 아이스크림도 사 먹을 수 있는 큰돈인데, 그 유혹을 뿌리치고 나에게 선물할 핀을 고른 보나의 마음이 정말 고마웠다.

"어머~, 정말 예쁘다. 고마워."

그런데 나를 바라보는 보나의 눈빛이 너무나 간절했다. 핀에 달린 꽃이 너무 크고 색깔도 분홍색이라 도저히 꽂을 엄두가 나지 않았지만 보나의 눈빛을 차마 외면할 수가 없어서 나는 머리핀을 머리에 꽂았다. 그제야 얼굴에 함박꽃이 핀 보나는 보란 듯이 깡충깡충 뛰며 친구들에게 말했다.

"얘들아, 봐! 선생님이 내가 사준 머리핀 했다~. 정말 예쁘지?"

나는 그날 그 머리핀을 한 채로 퇴근하여 마트에 들러 장도 보고 세탁소까지 들렀다. 집으로 돌아와 옷을 갈아입으려고 거울 앞에 서는 순간 뜨헉~! 물밀 듯이 밀려드는 그 민망함이란…….

남에게 관심이 너무 많은 아이

보나의 관심은 나에게만 국한된 것이 아니었다. 교실에서 일어나는 모든 일이 보나에게는 관심사였다. 좀 더 정확하게 표현하면 보나는 다른 사람에게 관심이 많았다.

내가 자리를 비운 사이 세나가 또 내 지휘봉을 들고 아이들을 휘어잡다가 나에게 들킨 날이었다.

"세나야, 선생님이 없을 때 아이들이 떠든다고 지휘봉으로 교탁을 탁탁 치고 그러면 안 돼!"

"……."

그때 아무 말도 못 하고 있는 세나 옆으로 얼굴 하나가 삐죽이 들어왔다. 보나였다.

"세나가 뭘 만졌어요?"

세나는 그런 보나가 얄미운지 옆으로 한 번 째려봤다. 그런데 보나는 그 레이저 눈총이 느껴지지 않는 모양이었다.

"세나가 또 지휘봉을 만졌어요?"

세나 뒤에 있던 보나는 내 책상 위에 놓인 지휘봉을 보려고 얼굴을 더 쑤욱 들이밀었다. 그 바람에 세나의 몸이 책상 쪽으로 밀렸다.

"야아~, 하지 마!!"

짜증난 세나가 보나의 몸을 밀치며 화를 냈다.

"보나야, 이건 세나랑 선생님이 이야기할 문제야. 보나는 자리를 좀 비켜줘."

"네~."

하지만 보나는 겨우 한 발짝 뒤로 물러나 멈춰섰다. 이번에는 내가 짜증이 날 것 같았다.

"보나야, 네 자리로 돌아가서 책 읽고 있어."

그제야 보나는 정말 가기 싫다는 표정을 하고 겨우 자리로 돌아갔다.

교실에서 여러 아이를 만나다 보면 저마다의 타고난 기질이 느껴지곤 한다. 어떤 아이는 사람과의 관계에 관심이 많고 자신의 감정을 잘 드러내지만, 어떤 아이는 반대로 사람보다는 객관적인 사실에 관심을 갖고 논리적이고 분석적인 것을 좋아한다. 전자가 감정형이라면 후자는 사고형이라고 할 수 있는데, 보나는 감정형에 속하는 아이였다.

초등 1학년에게는 조금 어려운 두 자릿수 덧셈과 뺄셈을 공부하는 상황에서 사고형과 감정형 아이가 보이는 태도를 살펴보자.

수민이는 사고형에 속하는 아이다. 수학 문제를 푸는 내내 수민이는 이 문제를 어떻게 요리할까 고민하면서 숫자의 세계에 푹 빠져있다. 뭔가 잘 되지 않는지 잠시 한숨을 쉬더니 계속 숫자에 골몰한다. 내가 옆에 다가가 있어도 모르는 눈치다.

"수민아~, 선생님이 도와줄까?"

"네. 그러니까 여기 네모 안에 들어가는 수가 만약 5라면 뒤에 이 숫자가 영향을 받아서……."

한참 동안 알 수 없는 말로 자신의 생각을 설명하다가 수민이의 얼굴이 갑자기 밝아진다.

"아! 알았다."

수민이는 선생님의 존재를 잊은 지 오래다. 눈앞에 흥미로운 논리의 세계가 펼쳐져 있으니까.

반대로 감정형인 보나는 아까부터 수민이와 나의 대화를 지켜보며 무슨 일이 벌어지고 있는지 궁금해하고 있다. 보나의 눈빛을 보니, 달려오지 않고 자리에 앉아있는 것만으로도 대견할 지경이다. 다가가서 살펴보니 수학 문제는 하나도 안 풀었다.

"보나야, 문제 풀어야지."

"네. 그런데 잘 모르겠어요."

"어디를 잘 모르겠어?"

"음…, 전부 다요."

사람에게 관심이 많은 감정형의 아이를 공부시키려면 친밀한 관계를 유지하고 충분히 정서를 교류해야 한다. 나는 수학 문제를 함께 풀어주면서 보나를 여러 번 칭찬해주고, 머리도 쓰다듬어 주고, 눈빛도 교환해주었다. 이제 그 숫자들은 보나에게 다른 의미로 다가온다.

'이 문제들을 잘 풀면 선생님이 또 나를 보며 칭찬을 해주시겠지? 좋았어! 정말 열심히 풀어서 다 맞혀야지!!'

"선생님, 나 뺨 맞았어요."

늦은 저녁, 보나 어머니로부터 전화가 왔었다.

"선생님~, 우리 보나가 글쎄 학교에서 친구한테 뺨을 맞았다지 뭐예요. 그것도 3일이나 전에요. 아이가 여태 그걸 말하지 않고 혼자 끌어안고 있었던 모양이에요."

"정말요? 도대체 누가 보나에게 그랬대요?"

"그게 세나인가 하는 친구래요. 아이들이 놀다가 다툴 수도 있지만 다른 곳도 아니고 뺨을 때렸다고 하니까, 저도 그냥 넘어갈 수는 없는 일인 것 같아서요."

뺨을 때린다는 것은 보나 어머니의 말처럼 친구들끼리 치고받고 싸운 것과는 또 다른 문제였다. 여덟 살 아이들 사이에서는 일어나지 않는 행동이기도 했다. '도대체 무슨 일이 있었기에 보나가 뺨을 맞게 되었을까.'

더 의아한 건 이 정도의 대형 사고라면 분명 내 귀에 들어왔을 텐데, 내가 전혀 몰랐다는 사실이었다. 학교에는 늘 정보 통신원이 많았고, 무엇보다 보나 자신이 우리 반에서 제일가는 정보 통신원이었다. 항상 '선생님께 말을 걸 거리가 뭐 없을까?' 하는 녀석이니, 이런 일이 있었다면 당장 달려와 내게 말하고도 남을 아이였다. 선생님의 관심을 받을 수 있는 절호의 기회를 녀석이 그냥 날려버렸다니, 이해할 수가 없었다.

나는 보나 어머니께 학교에 가서 상황을 알아보고, 그런 일이 없도록 지도하겠다고 약속하고 전화를 끊었다.

다음 날, 나는 진상 파악에 들어갔다. 의외로 세나는 순순히 자신이 잘못했다고 인정했다. 그런데 뺨을 때린 이유는 분명하게 얘기하지 않았다.

"세나야, 왜 그랬어?"

"제가 이야기하고 있는데 자꾸 보나가 끼어들어서 좀 조용히 하라고 했거든요. 두 번이나 말했는데도 자꾸 끼어드니까 나도 모르게 그만……."

"그랬구나. 보나야, 그럴 땐 가만히 기다렸다가 친구의 말이 끝나고 나서 네 이야기를 했어야지."

보나도 자신이 잘못했다며 고개를 끄덕였다. 둘은 이미 그날 일의 기억도 가물가물하고 서로에 대한 감정이나 앙금도 남아있지 않은 듯했다. 서로에게 사과하더니 금방 친해져서 놀기까지 하였다. 그 사건은 그렇게 '다른 곳도 아니고 왜 하필 뺨을 때렸을까?' 하는 의문만 남긴 채 끝나는 듯했다.

"선생님~, 무영이가 제 뺨을 때렸어요."

며칠 뒤, 이번에는 보나가 직접 나에게 달려와 말했다. 나는 당장 무영이를 소환했다. 지난번 사건 때 친구의 뺨을 때린다는 것이 어떤 의미인지 아이들에게 분명히 설명했었다. 무슨 의미인지 다 이해하지는 못했다 해도 적어도 다른 사람의 뺨을 때리는 것이 아주 나쁜 행동이라는 것 정도는 충분히 알아들었을 터였다. 그래서 이번에는 보나도 참지 않고 달려왔던 것이리라.

나는 막 소환된 무영이에게 이유를 물었다.

"무영아, 왜 그랬어?"

내 표정이 무서웠는지 녀석은 순순히 대답했다.

"내가 딱지치기를 하고 있는데 보나가 자꾸만 몇 개 땄냐고 귀찮게 묻잖아요. 계속 들이대니까 딱지 치는데 방해되고, 그래서 저리 가라고 했는데도 자꾸 그러니까 그만……."

"그래도 친구를 때리는 행동은 잘못이야. 더욱이 뺨을 때리는 행동은 더 나빠! 보나에게 사과해!"

"네…. 보나야, 미안해."

무영이가 순순히 사과하자 보나는 금방 얼굴이 밝아졌다. 아니, 그 이상이었다. 자신이 사건의 중심이 되어 여러 사람의 관심을 받는 것이 기분 좋은 듯했다.

하지만 아직 풀리지 않는 의문이 남아있었다. '도대체 왜 뺨을 때렸을까? 왜 유독 보나만 이런 일을 당하는 것일까?' 처음에는 뺨을 때린 세나에게 문제가 있다고 생각했다. 만일 그렇다면 세나는 다른 아이의 뺨도 때렸어야 했다. 하지만 그런 일은 일어나지 않았다. 무영이 역시 자기주장이 강하고, 친구들 사이에서 힘을 행사하기는 했지만 그렇다고 친구의 뺨을 때리는 일은 한번도 없었다. 단 한 사람, 보나를 제외하고는.

보나를 위해서는 무엇보다 재발을 방지하는 게 중요했다. 빨리 해결책을 찾지 않으면 또 언제 누구에게 보나가 뺨을 맞을지 알 수 없는 노릇이었다.

풀리지 않던 사건의 전모가 드러나다

학교가 끝날 때쯤, 현관에서 손녀를 기다리는 보나 할머니가 보였다. 보나의 부모님은 맞벌이를 하고 있어서 할머니가 대신 보나를 키워주고 계셨다. 보나 할머니는 매일 손녀를 데리러 학교에 오셨다. 하지만 어쩌다가 나와 마주쳐도 눈인사가 전부였고, 내게 말을 걸지도 않으셨다. 1학년이면 이것저것 물어보거나 부탁할 일도 있을 텐데, 보나 할머니는 늘 수줍게 웃으시며 자리를 피하곤 하셨다. 나는 보나 할머니를 보면서 언제나 사람에 대한 관심이 뜨거운 보나와는 참 다르다고 생각했다.

교무실 창문 밖으로 보나가 할머니에게 쪼르르 달려가 안기면서 종알종알 이야기보따리를 풀어놓는 모습이 보였다. 할머니는 보나의 가방을 받아들고는 묵묵히 걷기만 하셨다. 할머니가 계속 반응을 보이지 않자, 보나는 할머니 얼굴에 자기 얼굴을 바짝 들이대고 이야기를 계속했다. 아마도 할머니의 귀가 어두워서 그런 식으로 대화하는 게 익숙한 듯했다. 그 뒷모습을 바라보고 있는데, 문득 보나의 뺨을 때린 아이가 했던 말들이 떠올랐다.

'하지 말라고 했는데도 보나가 자꾸 끼어들어서……'

'보나가 너무 들이대니까……'

순간 유독 보나만 친구들에게 뺨을 맞은 이유가 평소 할머니에게 하던 독특한 대화 습관 때문일지도 모른다는 생각이 들었다. 게다가 보나는 감정형의 아이였다. 늘 감정이 앞서서 세나가 친구들과 이야기하고 있는데 말을 끊고 끼어들었고, 딱치치고 있는 무영이에게 얼굴을 들이대며 노는 걸 방해했던 것이다. 세나와 무영이는 그런 보나가 귀찮아서 저리 가라고 밀쳐냈을 뿐이었다. 좀 더 정확히 말하면 보나의 '뺨'을 때린 것이 아니라 보나의 '얼굴'을 손으로 밀어낸 것이었다.

'뺨을 때린다'에 담긴 어른들의 감정 때문에 아이들 사이에 일어났던 그간의 일들을 오해하고 만 것이었다.

세나와 무영이는 본의 아니게 '뺨을 때린 친구'로 몰린 이후 조금씩 보나를 멀리하였다. 다른 아이들도 사사건건 끼어들어 지나치게 간섭하는 보나 때문에 귀찮아하며 피하는 일이 많아졌다.

여기서 잠깐,

귀찮게 하는 친구를 대하는 아이들의 자세

초등 1학년 교실에는 주위 친구들을 귀찮게 하는 아이가 한 명씩은 있게 마련이다. 하지만 대놓고 "나 너랑 놀기 싫어!"라고 말할 수도 없는 노릇. 그래서 아이들은 각자의 방법으로 친구가 귀찮게 구는 상황에 대처한다.

공간 이동

누군가 자신을 귀찮게 하거나 몸을 밀쳐대면 아무 반응 없이 조금 참고 있다가 조용히 자리를 옮긴다. 마찰을 피하면서 귀찮은 상황을 모면하려는 것이다. 주로 차분한 성격을 가진 아이들이 사용하는 전략이다.

레이저 눈빛 발사

무영이와 같이 천하무적인 아이는 눈빛만으로 간단히 상황을 종료한다. 귀찮게 구는 아이를 조용히, 그러나 강하게 쳐다보면 그 아이는 움찔하며 자리를 피하거나 행동을 자제하게 된다. 하지만 이 방법도 힘의 논리를 아는 남자아이들에게나 통할 뿐이다. 눈치 없는 보나 앞에서는 무영이도 슬슬 자리를 피하고 만다.

정면 승부

말이 '정면 승부'이지 사실은 '뒷북'에 가깝다. 귀찮게 구는 친구를 처음에는 인지하지 못하다가 점점 짜증이 솟구쳐서 어느 순간 자신도 모르게 버럭한다. 여자아이들은 주로 말싸움으로, 남자아이들은 주로 몸싸움으로 정면 승부의 양상이 나타난다.

시간이 갈수록 보나는 친구들에게 귀찮은 아이, 밉상인 아이가 되어갔다. 이대로 두고 볼 수만은 없는 일이었다.

"선생님~, 보나가 자꾸만 내 책을 뺏어요."
"아니에요. 무거울까 봐 같이 들어주려고 한 거예요."

재민이가 자신이 좋아하는 공룡 책을 도서관에 가져가려고 하는데, 보나가 들어주겠다고 끼어든 모양이었다. 나는 이 일을 기회 삼아 보나에게 친구에게 다가가는 법을 가르쳐주기로 했다.

"보나야, 친구를 도와줄 때는 도움을 받고 싶어 하는지 먼저 알아봐야 해. 재민이에게 '내가 책 들어줄까?' 하고 물어봤어?"

"아니요."

"그럼 선생님이 지금 물어볼게. 재민아, 보나가 책을 들어주고 싶다는데 너는 어때?"

"싫어요. 이 책은 내 거예요."

한참 공룡에 빠져있는 재민이는 책을 꼬옥 끌어안으며 고개를 저어댔다.

"보나야, 봤지? 재민이는 요즘 공룡 책을 엄청 재미있게 읽고 있거든. 소중한 거라서 자기가 들고 싶대. 자, 이럴 때 보나는 어떻게 해야 하지?"

"……."

"재민이가 싫다고 하면 책을 들어주면 안 돼. 그런데 보나가 그냥 책을 가져가니까 재민이는 도와주는 게 아니라 빼앗는 거라고 생각한 거야."

이제야 알겠다는 듯이 보나는 고개를 끄덕였다. 뭔가 답답했던 상황이 선생님을 통해 정리가 되자 재민이도 얼굴이 밝아졌.

그 뒤로도 보나와 친구들 사이에 마찰이 생길 때마다 나는 보나에게 그 상황에서 상대의 기분이 어땠을지를 생각해보게 했고, 어떻게 행동해야 하는지를 알려주려고 노력하였다.

보나가 2학년이 된 어느 날, 다른 교실에서 1학년 아이들을 가르치고 있는 나를 보나가 찾아왔다. 대부분의 2학년 아이들은 아직 어려서 1학년 때 담임 선생님이 어떤 교실에서 근무하는지 모르는 경우가 많았다. 그런데 보나는 어떻게 알았는지 가장 먼저 내가 있는 교실을 찾아냈다. 다시 만난 우리는 예전에 그랬듯이 뜨거운 포옹과 격한 감정을 나누며 상봉했다.

"녀석, 여전하구나."

나는 빙그레 웃으며 수업 시작 종이 울리기 전에 다시 교실로 돌아가도록 했다. 그런데 그 다음 쉬는 시간, 보나가 다시 왔다. 이번에는 1학년 때 같이 공부했던 민정이까지 대동하고서.

"봐! 맞지? 선생님 여기 계시지?"

문 밖에서 들뜬 목소리가 들리더니 보나와 민정이가 배시시 고개를 들이밀었다. 민정이는 나를 보고 반가워하면서도 낯선 아이들이 있는 교실에 선뜻 발을 들이지 못했다. 그러자 갑자기 보나가 민정이 등을 떠밀었다. 민정이를 교실 안으로 밀어넣으려 한 것이다.

"가봐. 저기 선생님 계시잖아."

당황한 민정이는 안 들어가겠다고 문을 부여잡았고, 둘은 그렇게 실랑이를 벌였다.

"보나야. 이렇게 억지로 떠밀면 민정이가 당황하잖아."

"민정이도 선생님 보고 싶다고 했단 말이에요."

"알아. 그래도 민정이는……."

보나와 나는 그렇게 도돌이표를 찍고 있었다.

혹시 '왕따' 아닌가요?

"이번 쉬는 시간에는 소꿉놀이와 병원 놀이 세트를 가지고 놀아도 좋아요."

"우와~, 신난다."

아이들이 우르르 몰려가 각자 좋아하는 장난감을 꺼내 들고 놀이하기 시작했다. 언제든지 가지고 놀 수 있도록 해줬다면 금방 시들해졌을 텐데, 어쩌다 한번 큰 선심 쓰듯 기회를 주니 아이들은 별것 아닌 장난감도 소중하게 가지고 놀았다.

그 모습을 흐뭇하게 돌아보고 있는데 여느 아이들과 달리 책상에 그대로 앉아 있는 재민이가 눈에 띄었다. 무슨 속상한 일이 있었나 싶었지만 표정을 보니 꼭 그런 것 같지만은 않았다. 재민이는 그냥 책을 읽고 있었다. 손에 들고 있는 책 표지를 보니 《공룡은 내 친구》라는 제목이 눈에 들어왔다. '아하~, 저것 때문이었구먼!'

재민이는 공룡에 빠져 있었다. 주변 친구들이 왁자지껄 떠들며 즐겁게 놀고 있는 것에 아랑곳하지 않고 자신이 제일 좋아하는 공룡 책에 몰입하고 있었던 것이다.

공룡에 빠져 혼자 노는 아이

재민이처럼 어떤 대상을 너무 좋아해서 그것에만 꽂혀서 빠져드는 아이들이 종종 있다. 사랑에 빠지는 대상은 주로 공룡, 자동차, 로봇, 과학, 한자 등으로 무척 다양하다. 이런 아이들은 자신이 좋아하는 것과 관련된 책도 많이 읽는다. 그러다 새로운 사실을 알게 되면 신이 나서 나에게 난해한 질문을 퍼부어대기도 한다.

"세상에서 제일 빠른 자동차가 뭐게요?"

"말하는 로봇이 알아들을 수 있는 인간의 언어가 몇 개인지 아세요?"

모른다고 말하기도 곤란해서 '선생님도 궁금한데?'라고 관심을 표현하면 아이는 선생님에게 한 수 가르쳐준다는 뿌듯함과 자신이 좋아하는 것에 대한 열정으로 긴 시간 동안 쉬지 않고 설명을 한다.

슬쩍 재민이 옆으로 다가가 책을 들여다봤다. 그러자 평소에는 별로 말이 없던 재민이가 신이 나서 나에게 질문을 던졌다.

"스테고사우루스의 먹이가 뭐게요?"

"스테… 뭐?"

공룡에 관한 질문은 이름부터가 너무 길고 복잡해서 나를 늘 난처하게 했다. 하지만 초등학교 아이들이 가장 많이 하는 단골 질문이 공룡이기 때문에 나는 이럴 때를 대비하여 만들어둔 나름의 대응책을 발휘했다.

"우와, 이 공룡 멋지다. 이거 초식이야, 육식이야?"

"초식동물이에요. 그래서 다른 애들을 안 잡아먹어요. 스테고사우루스는 몸집은 큰데 초식이라서 한 번에 먹어 치우는 먹이가 ……."

이게 끝이 아니었다. 이번에는 책에 있는 다른 공룡의 그림을 가리키더니 설명을 계속했다.

"얘는 육식동물이에요. 애들을 잡아먹는데……."

재민이는 평소에는 너무 조용해 잘 눈에 띄지 않는 아이였다. 하지만 이날 내가 본 재민이는 완전히 다른 아이였다. 눈은 초롱초롱 빛났고, 목소리는 또랑또랑했다. 나는 평소에는 몰랐던 재민이의 새로운 모습을 보았다.

교사 생활을 하다 보면 나름대로 아이들에 대한 '감'이 생긴다. 한 눈에 보고 그 아이가 어떤 아이일거라고 판단하는 습관이 생기는 것이다. 물론 '감'이 빗나가는 경우도 있지만 대부분은 그 '감'이 맞아떨어진다.

재민이는 지적 호기심이 높은 아이였다. 사물에 대한 호기심도 많아서 새로운 배울 거리가 생기면 눈을 반짝이며 흥미를 보였고, 또래 아이들이 좋아하는 그림책보다는 정보가 담겨 있는 과학 백과나 식물도감 같은 책을 더 흥미롭게 보곤 했다. 나는 재민이의 특성을 봤을 때 이 아이가 지능이 높고 학습에서도 우수한 실력을 발휘할 거라 예상했다.

그런데 얼마 뒤, 나의 이런 '감'이 빗나갔다고 생각하게 되는 사건이 발생했다.

우유갑을 못 열어 쩔쩔매다

"선생님, 우유 다 못 먹겠어요."
"속이 메슥거려요."
"배 아파요."

우유 급식 시간이면 언제나 그랬듯 여기저기서 아우성이 터져나왔다. 학교에서는 아이들 성장에 도움을 주기 위해 하는 것인데 모든 아이들에게 똑같은 양의 우유를 주다 보니 급식 시간만 되면 민원이 끊이질 않았다.

사건 사고도 많았다. 교실 한쪽에서 먹다 남은 우유를 책상 위에 올려두었다가 넘어뜨려서 책과 공책은 물론 옆에 걸어 두었던 가방까지 모두 적셔버리는 사건이 발생하는가 하면, 교실 다른 쪽에서는 우유를 마시자마자 속이 안 좋아진 아이가 방금 전에 마신 걸 다시 세상에 펼쳐놓는 일이 벌어졌다.

그날도 바짝 긴장하고 아이들 손에 들린 우유를 예의 주시하고 있는데 한 아이가 눈에 들어왔다. 재민이였다. 다른 아이들은 모두 우유를 마시고 있는데 혼자 우유갑을 열지 못해 끙끙거리고 있었다. 보다 못한 옆 짝 민정이가 "이리 줘 봐." 하더니 단 3초만 우유갑을 열어서 건네주었다. 물론 '이런 것도 못하니?' 하며 콧대 높은 표정을 짓는 것도 잊지 않았다.

물론 입학 초기에는 제힘으로 우유갑을 열지 못하는 아이들이 많다. 입학 전 한글을 꼭 떼서 보내야 한다는 것은 부모들이 잘 알고 있지만 우유갑 여는 연습을 미리 해서 보내는 일은 거의 없기 때문이다. 그런데 부모들이 잘 모르고 있는 중요한 사실이 있다. 우유갑을 열고 우유를 마시는 간단한 행동이 여덟 살 아이들의 문제 해결 능력에 큰 차이를 가져온다는 것이다.

초등 저학년 시기에 반드시 배워야 할 중요한 발달과제는 힘들어도 참고 해내는 인내력, 스스로 방법을 찾고 응용하고 활용할 수 있는 능력, 포기하지 않고 끝까지 해내는 과제 집착 능력 등을 키우는 것이다. 중요한 사실은 이런 능력들이 무언가를 스스로의 힘으로 해내는 경험을 반복하는 과정에서 생긴다는 것이다.

그렇다면 여덟 살 아이들이 그런 경험을 할 수 있는 일이 무엇일까? 풀어진 운동화 끈 매기, 주간 학습 안내를 보고 책가방 챙기기, 단추 많은 옷을 하나하나 채워가며 입기, 우유갑 혼자 열기 같은 활동이 아닐까?

그런데 우유갑을 들고 어쩔 줄 몰라 하는 재민이를 보며 난 내 '감'이 떨어졌음을 직감했다. 지능이 우수한 아이라면 우유갑이 안 열릴 때 '양쪽으로 여세요.'라는 글씨를 먼저 읽는다. 그래도 안 되는 경우 "선생님, 우유갑이 안 열려요."라고 말하며 당당하게 도움을 청할 수 있어야 한다. 이게 아이들이 일반적으로 보이는 행동이다.

그런데 재민이는 안 열리는 우유갑을 제힘으로 열어보려고 노력하거나 누구에게 적극적으로 도움을 청하지도 않고 그저 소극적인 자세로 어쩔 줄 몰라 하고만 있었다. 더 황당했던 건 '반대편으로 여십시오.'라고 적힌 부분을 잡고는 열려고 안간힘을 쓰고 있는 재민이의 행동이었다. 분명 우유갑에는 '양쪽으로 여세요.'와 '반대편으로 여십시오.'라고 친절히 쓰여 있고, 재민이는 한글을 충분히 읽고 쓸 줄 아는데도 말이다.

심지어 입학 초기에는 우유갑을 열지 못하던 아이들도 2학기쯤 되면 자기만의 기발한 방법을 동원해 우유갑을 연다. 안 열리는 우유갑을 가위로 오리기도 하고, 그래도 안 되면 아예 찢어서 마신다. 우유를 쏟으면 어김없이 선생님을 부르던 아이가 언제부턴가는 선생님 눈치를 한 번 쓱 보고는 아무렇지도 않게 걸레를 가져다 닦게 되는 것이다. 그렇게 소소한 일들을 스스로 해내면서 아이는 자신감을 얻게 되고, 차츰 복잡하고 어려운 일들도 혼자 해낼 수 있게 된다. 성취동기가 향상되고 문제 해결 능력도 높아지는 것이다.

재민이는 성적도 좋지 않았다. 틀린 문제들을 꼼꼼하게 살펴봤더니 긴 시간 요구되는 인내력과 스스로 활용하는 능력에서 어려움을 보이고 있었다. 시험 성적은 단순히 그 내용을 이해하고 있다고 해서 잘 나오는 것이 아니다. 시험 시간 내내 과제에 집착하는 능력도 필요하고, 배운 내용을 응용하고 활용하는 능력도 필요하다.

재민이는 다른 아이들보다 과제 집착 능력과 집중력이 높은 아이였다. 그런데 왜 이런 일이 벌어졌을까? 나는 이 미스테리한 녀석을 좀 더 세밀하게 관찰해보기로 했다.

만들기 재료로 수수깡을 가져오기로 한 날, 다른 아이들은 수수깡을 꺼내 책상 위에 올려놓고 있는데 재민이만 멀뚱히 책을 읽고 있었다. 바로 그때 교실 뒷문이 빼꼼히 열렸다.

"선생님, 죄송해요. 재민이 수수깡을 미처 못 챙겨서요."

재민이 어머니가 부리나케 교실로 들어와 수수깡을 전해주고는 총총걸음으로 사라지셨다.

방과 후 학교의 신청서를 걷는 시간.

"신청서 가져 온 사람은 선생님께 내세요."

다른 아이들은 책가방에 신청서가 있나 살펴보고 있는데, 역시나 재민이는 멀뚱히 책만 읽고 있었다.

"재민아, 신청서 있나 찾아봐야지."

"어… 없는데……."

할 수 없이 내가 책가방을 열어봤다. 가방 속에는 방과 후 학교 신청서가 떡하니 들어있었다.

재민이는 똘똘한 아이였다. 하지만 엄마가 생활 전반의 모든 일을 다해주다 보니 자기 스스로 해내는 훈련을 하지 못했던 것이다.

내 '감'이 떨어졌음을 인정해야 한다고 생각한 순간, 또 한 번의 반전이 있었다. 사계절 중 가을에 대해 배우는 시간이었다.

"가을에 나는 과일에는 무엇이 있을까요?"

"저요~, 저요!!"

질문이 채 끝나기도 전에 여기저기서 손드는 아이들이 보였다.

"사과, 배, 밤, 감, 대추……."

그리고는 교실의 분위기가 잠시 가라앉았다. 여덟 살 수준에서 알 만한 과일 이름은 거의 다 나온 셈이었다. 하지만 '저요'를 외치는 아이들이 아직 있었다.

"딸기요."

"야, 그건 가을에 나는 과일이 아니잖아."

"밤이요."

"야, 그건 아까 승아가 말했잖아."

둘로 나뉘어 티격태격 말씨름하는 아이들, 했던 말을 반복하거나 엉뚱한 소리만 하는 아이들을 보면서 서서히 지쳐갈 무렵.

"모과하고, 잣 그리고 석류도 가을에 나요."

모과와 석류라니, 1학년치고는 정답의 수준이 높았다.

깜짝 놀라 내가 그 주인공을 찾아보니 다름 아닌 재민이었다! 가끔 수업 시간에 흐름이 막힐 때 '펑' 하고 뚫어주는 청량제 같은 역할을 재민이가 하고 있었던 것이다. 재민이가 또래보다 알고 있는 지식의 양이 풍부하고 창의성이 뛰어나다는 사실을 확인하는 순간이었다. '역시 나의 감이 아직 녹슬지는 않았어.' 혼잣말이 절로 나왔다.

여덟 살 아이들의 친구 관계

"선생님, 우리 재민이 친구 관계는 어떤가요?"

급식 때문에 학교에 오신 재민이 어머니가 상담을 신청하셨다.

"친구들을 불러서 생일 파티를 열어주겠다는데도 시큰둥해요. 혹시 학교에서 친하게 지내는 친구가 없어서 그런가 싶어서요."

실제로 초등 고학년 사이에서는 생일 파티 초대가 중요한 의미를 갖는다. 생일 파티에 초대 받은 아이는 자신이 친구들에게 인정받고 있다고 여기고 자부심과 기쁨을 느낀다. 생일을 맞은 아이 역시 누가 오고, 몇 명이 오느냐로 친구 사이에서 자신의 존재감을 확인한다. 그래서 초등 고학년 시기에는 따돌림을 받느냐, 안 받느냐가 생일 파티 초대를 통해 드러나기도 한다. 하지만 초등 저학년의 경우 생일 파티 초대를 두고 친구 관계의 문제로 확대 해석할 필요는 없다.

특히 초등 1학년은 아직 어리기 때문에 친구 관계가 어른들의 생각과는 좀 다르다. 이 시기의 아이들은 각자의 기질과 성향에 따라 친구와 관계를 맺는 방식이 달라진다. 예를 들어 아라와 보나는 사람과의 관계에 관심이 많은 감정형 아이들이다. 반면, 재민이는 지적 호기심을 채우는 일에 더 관심이 많은 사고형 아이다. 재민이는 자신이 관심 있는 분야나 호기심을 갖는 일에서는 늘 적극적인 태도를 보였지만 그 나머지 시간에는 대부분 혼자 자리에 앉아서 책을 읽거나 생각에 잠겨 있곤 했다. 다른 아이들이 친구와 장난을 치고, 여럿이 모여 역할 놀이나 딱지치기를 해도 재민이는 슬쩍 보기만 할 뿐 그 무리에 낄 마음이 없어보였다. 아라와 보나가 친구들과의 놀이에 신이 나서 웃고 떠들어대는 반면 재민이는 그럴 마음이 전혀 없는 것이다. 생일 파티의 경우도 부모님은 걱정하지만 정작 재민이 본인은 친구들을 불러서 왁자지껄 떠드는 생일 파티보다는 자신이 좋아하는 공룡 책을 선물 받고 싶어 했을 것이다.

나는 재민이 어머니께 초등 1학년 아이들의 친구 관계와 재민이의 성향에 대해 자세히 설명드렸다. 그리고 친구를 사귀려면 상당한 정도의 사회적 기술이 필요한데 이것은 초등학교 3, 4학년쯤은 되어야 가능하다는 점도 알려드렸다.

"그러면 선생님, 우리 재민이가 그런 성향 때문에 친구들에게 왕따를 당하는 것은 아니겠지요? 요즘 방송에서 그런 문제들이 하도 많이 나오니까 저도 걱정돼서요."

초등 1학년 아이들 중에는 혼자 노는 것을 더 좋아하는 아이들이 의외로 많다. 재민이가 여기에 해당한다. 굳이 '왕따'라는 표현을 빌리자면 친구들이 재민이를 왕따 시키는 것보다 재민이가 친구들을 왕따 시킨다는 표현이 더 옳을 것이다.

하지만 상담이 끝날 때까지 재민이 어머니는 고민을 다 떨치지 못한 얼굴이셨다. 재민이의 타고난 기질과 성향을 아는 것과 부모님이 머릿속에 그리는 아름다운 친구 관계는 별개인 것 같았다. 물론 초등학교에 입학한 아이가 친구를 사귀지 못하고 혼자 있는 걸 보면 부모 마음은 속상하고 안타깝기 마련이다. 하지만 이런 때일수록 부모가 기억해야 할 것은 아이의 현재 모습을 인정하고 긍정적으로 평가해주는 것이다.

무엇보다 내가 본 재민이는 똘똘하고 잠재력이 많은 아이였다. 여덟 살인 지금은 타고난 성향대로 친구와 어울리기보다 혼자 노는 걸 더 좋아할 수 있지만 시간이 지나면 언제 그랬냐는 듯 또래 친구들과 스스로 어울리게 될 것이었다. 아직은 발달상 그 시기가 오지 않았을 뿐이었다.

타고난 기질과 성향 때문에 친구들과 어울리지 않고 혼자 있기를 좋아하는 건 시간이 지나면 자연스럽게 해결될 일이었다. 하지만 재민이가 자기가 해야 할 일을 스스로 해내는 경험을 못 한다면 이 시기에 꼭 배워야 할 중요한 발달과제를 놓치게 될 것이 분명했다.

나는 재민이를 위한 특별 교육을 하기로 했다.

먼저 재민이 어머님께 연락해 내가 지켜본 재민이의 문제에 대해 설명드리고, 앞으로는 아이가 준비물을 놓고 가더라도 학교로 가져다주지 말라고 말씀드렸다.

재민이에게는 우유갑 열기를 비롯하여 책가방 챙기기, 사물함 정리하기 등을 차근차근 여러 번 반복해서 설명해주었다. 제대로 하지 못하더라도 자꾸 혼자 해보도록 독려해주기도 했다.

재민이는 물론 처음엔 조금 힘들어했지만, 자신이 혼자 할 수 있는 일이 많아지면서 점차 얼굴에 생기가 돌기 시작했다.

그렇게 자신의 일을 스스로 해냈을 때의 성취감을 맛보게 된 재민이는 자신감이 부쩍 늘었다. 그러면서 자기가 하는 일에 주도권을 갖고 야무진 표정을 지을 때가 많아졌다. 쉬는 시간에 읽고 싶은 책이 있을 때는 딱지치기하자는 친구의 제안을 거절했고, 친구들이 하는 공기놀이가 재미있어 보일 때는 슬쩍 옆으로 다가가 자연스럽게 끼어들기도 했다.

1학년 봄방학을 맞이한 어느 날, 텅 빈 학교의 적막을 깨고 조잘거리는 아이들 소리가 계단에서 들려왔다.

"야, 이쪽이야. 이리로 가보자."

"아, 힘들어. 좀 천천히 가."

낯익은 목소리가 들려서 누군가 하고 봤더니 서너 명의 아이들이 빨개진 얼굴로 계단을 올라오고 있었다. 재민이와 친구들이었다.

"재민아, 방학인데 학교는 어쩐 일이야?"

"헤헤, 그게요… 2학년 우리 교실이 어디 있나 궁금해서요."

재민이는 자신이 공부할 2학년 교실이 너무 궁금해서 3월 개학식까지 기다리지 못하고 학교로 달려왔다고 했다. 그것도 친구 한 무리를 이끌고 당당하게 주동자가 되어서.

친구를 부르는 마법의 힘, 공감능력

"선생님~, 아라 때문에 줄넘기 못 하겠어요."
"왜? 무슨 일인데?"
"내가 줄을 잘못 돌렸다고 자꾸 뭐라고 해요."
다섯 명의 아이들이 한 모둠이 되어 단체 줄넘기를 하는 시간이었다. 두 명은 줄을 돌리고 세 명은 함께 뛰는 놀이였는데, 아라가 뛰면서 줄에 발이 걸릴 때마다 줄을 돌리고 있는 제이 탓을 한다는 것이었다. 벌겋게 상기된 얼굴에 숨소리까지 씩씩 거칠어진 것을 보니 제이가 여간 억울한 게 아닌 듯했다. 나는 제이와 함께 문제의 모둠으로 갔다.

"단체 줄넘기는 서로 협력해서 하는 놀이야. 줄을 돌리는 사람과 줄을 넘는 사람이 함께 호흡을 맞춰야 해. 누구 한 사람의 잘못인 경우는 없어. 알았지?"

아이들은 다시 줄넘기를 했고, 나는 조금 떨어진 곳에서 이 아이들을 지켜보기로 했다. 하나… 둘… 셋… 아이쿠! 네 번째에 줄이 걸렸다. 줄을 밟은 아이는 이번에도 아라였다. 잠시 줄을 돌리던 아이를 째려보긴 했지만 다행히 아무 일 없다는 듯이 다시 줄넘기가 시작됐다. 하나… 둘… 저런! 또 걸렸다.

"야, 빨리 줄 돌려. 다시 하자."

한 아이가 일이 커지는 걸 막으려는 듯 서둘러 줄을 돌리자 엉겁결에 다른 아이들도 다시 줄넘기를 시작했다. 하지만 너무 급하게 시작한 것이 문제였다. 이번엔 두 번 만에 또 줄이 발에 걸리고 말았다. 결국 아라의 앙칼진 목소리가 터져 나왔다.

"야! 내가 줄 똑바로 돌리라고 했지?"

"내가 뭘? 자기가 걸려놓고 내 탓이래?"

가만히 두면 싸움만 커질 것 같았다. 나는 바로 상황 정리에 들어갔다. 지켜본 바로는 아라의 행동이 문제였다.

우리 반에서 남자아이들을 휘어잡는 아이가 무영이라면, 여자아이들 사이에서 무영이와 같은 존재는 아라였다. 그런데 여자아이들은 남자아이들과 노는 방식이 달랐다. 남자아이들이 힘으로 친구들을 제압한다면, 여자아이들은 무리를 자기편으로 만들어 마음에 안 드는 아이를 따돌리거나 놀리는 방식을 사용했다. 단체 줄넘기를 하고 있던 다섯 명의 아이 중 세 명이 아라의 무리였다. 그래서 줄을 잡고 돌리는 제이가 타깃이 된 것 같았다. 이럴 때는 무리를 흩트려놓는 것이 최선의 해결책이었다.

"그만! 줄넘기하다 걸렸는데 누구 잘못인 게 어디 있어? 안 되겠다. 제이하고 승아하고 모둠을 바꾸자."

"아, 승아는 안 되는데……."

옆에 있던 승아네 모둠에서 안타까운 탄성이 들렸다. 하지만 나는 못 들은 척 모둠 바꾸기를 강행했다. 제이는 신나서 옆의 모둠으로 달려갔고, 승아도 못 이기는 척 제이가 잡았던 줄넘기 줄을 잡았다. 그렇게 아라 때문에 갈등을 빚은 문제의 모둠에 승아를 투입한 데는 이유가 있었다.

친구들이 다 좋아하는 아이

승아는 우리 반 아이들 사이에서 생일 파티에 초대하고 싶은 아이 1순위, 짝꿍하고 싶은 친구 1순위로 꼽히는 아이였다. 또, 친구의 말 한마디에 금방 감정이 뒤바뀌는 또래 아이들과 달리 승아는 웬만한 일엔 크게 감정의 변화를 보이지 않았다. 그러니 담임교사 입장에서는 방금 전 일어난 문제 상황을 해결하는데 승아는 조커와 같은 존재가 아닐 수 없었다.

다시 줄넘기 놀이가 시작되었고, 줄이 잘 돌아가는가 싶더니 또 아라의 발에 줄이 걸렸다.

"야! 줄 잘 돌려."

아라가 이번에는 승아를 향해 날카로운 목소리로 말했다. 하지만 얼굴이 금방 붉어지며 화를 내던 제이와 달리 승아는 그런 말도 안 되는 소리가 어디 있느냐는 표정으로 어깨를 한번 으쓱하더니 아무 일도 없었던 듯 다시 줄을 돌렸다. 승아의 반응이 계속 시큰둥하자 어느 순간부터 아라의 날선 공격이 점점 무뎌지기 시작했다.

"잘 돌리라니까……."

"에이~, 또 걸렸잖아."

아라의 목소리 톤이 점점 낮아지면서 모둠 구성원들은 더 이상의 잡음 없이 단체 줄넘기 활동을 무사히 마칠 수 있었다. 역시 나의 조커 투입 전략이 유효하게 작용했다.

초등학교는 아이들이 경험하는 첫 사회생활이다. 사회 초년생인 여덟 살 아이들은 다른 사람의 관심과 사랑을 많이 받고 싶어 한다. 하지만 아직 친구들이나 선생님에게 관심받고 싶은 마음을 표현하는 데 서툴다. 게다가 성격과 기질, 가정환경이 저마다 다르다 보니 그런 마음을 표현하는 방법도 다양하다.

서툴지만 관심받고 싶은 마음을 표현하는 아이들만의 방법

- 자기가 좋아하는 사람에게 껌이나 사탕을 은근슬쩍 내밀며 친근함을 표현하는 아이들이 있다. 친구들의 환심을 사기 위해 내미는 물건들은 지우개, 연필, 스티커, 장난감 등 아주 다양하다. 하지만 방금 어떤 친구에게 사탕을 줘놓고는 다른 친구가 사탕을 먹고 싶다고 말하면 줬던 걸 도로 빼앗아 주기도 해서 다툼의 원인이 되기도 한다.

- 집에서 동생을 돌보는 데 익숙한 아이들은 학교에서도 또래 친구들을 잘 보살펴준다. 반면, 집에서 막내로 귀여움만 받고 자란 아이들은 그런 친구들에게 돌봄을 받는다. 이 둘은 서로 궁합이 잘 맞는 단짝이 되기도 한다.

- 마지막으로 아라나 무영이처럼 친구들을 모두 자기 마음대로 통제하려는 아이들도 있다. 마치 왕이나 여왕처럼 강한 어조와 카리스마로 친구들을 휘어잡는다. 그래서 주변에 늘 무리가 형성된다.

그렇다면 승아는 어떨까? 승아는 굳이 친구들의 관심을 받기 위해 장난감을 가져오거나 일부러 친한 척 먼저 다가가지 않았다. 그래도 승아의 주변에는 늘 친구들이 끊이지 않았다. 무슨 말을 해도 잘 받아주고 기쁜 얼굴로 맞아주는 승아의 긍정적인 성향 때문이었다. 물건을 주는 친구에게는 받기만 하지 않고 자기 것을 답례로 나누어 줄 줄도 알았다. 언니같이 챙겨주는 아이에게는 '고맙다'는 말을 늘 잊지 않았으며, 여왕같이 누리는 아이에게는 기죽거나 겁먹지 않은 태도로 당당하게 맞설 줄도 알았다.

  승아는 마음이 단단한 아이였다. 스스로에 대해 적당한 자신감도 있었으며, 마음이 따뜻해 친구들을 잘 받아줄 줄도 알았다. 그러니 아이들 모두 승아를 좋아했고, 승아가 자기네 모둠 구성원이 되면 환영했다. 자리를 바꿀 때 승아가 짝이면 좋아하며 박수를 쳤다.

  무영이가 힘으로 친구들을 따르게 한다면 승아는 마음으로 친구들이 자신의 주변에 모이게 하는 아이였다.

풀리지 않는 의문

  단체 줄넘기 모둠 사건을 무사히 해결하고 얼마 뒤, 교실 안에 이상한 변화가 감지되기 시작했다. 단체 줄넘기에서 줄을 잡았던 제이는 자신과 생김새도 비슷하고 성격도 비슷한 민정이와 늘 단짝처럼 어울려 다녔다. 그런데 언제부턴가 부쩍 둘이 싸우는 일이 늘었다.

  "제이야, 미안해~."

  "싫어. 다시는 너랑 안 놀 거야!"

  제이가 팽 토라져서 책상에 얼굴을 파묻는 게 보였다. 옆에 있는 민정이는 어쩔 줄 몰라 했다. 또 싸운 모양이었다. 그때 교실 한 쪽에서 은밀하게 보나가 손짓하는 게 보였다.

  "민정아, 이리와 봐."

민정이는 잠시 망설이더니 보나 쪽으로 갔다. 그 순간 제이가 고개를 들며 날카롭게 소리를 질렀다.

"민정이 너, 가만 안 둬!"

흠칫 놀란 민정이가 걸음을 멈췄지만, 보나는 민정이의 팔을 잡아끌며 교실 밖으로 데리고 나가버렸다.

아무래도 두 녀석의 잦은 싸움이 마음에 걸렸다. 조용히 한 명씩 불러 넌지시 이유를 물어봤다.

"민정이가 자꾸 나랑 안 논다고 그래요. 흐흑~."

"나는 제이랑 놀고 싶은데, 제이가 자꾸 삐치고 울어요."

누구 말이 맞는지 알 수가 없었다. 감정에 휩싸여 있는 여덟 살 아이들은 상황을 자기 입장에서만 바라보기 때문에 상대방의 상황이나 감정까지 파악하는 능력이 부족했다. 그러니 둘의 말을 통해 알 수 있는 건 각자 솔직하게 자기 심정을 표현했다는 것뿐이었다. 사건의 전모를 알 수 있는 더 많은 정보가 필요했다. 그때 내 눈에 승아가 들어왔다. 승아는 제이의 짝이었다.

"승아야, 제이가 왜 민정이 때문에 속상해하는지 알고 있니?"

"저…, 그게요…, 아라가 자꾸 민정이와 놀려고 해서……."

새로운 인물이 등장했다. 아라! 지금까지 나는 이 모든 일이 민정이와 제이의 문제라고 생각했었다. 그런데 겉으로 드러나지 않았던 제3의 인물이 있었던 것이다. 아라라면 나도 짚이는 구석이 있었다.

아라는 친구들 사이에서 여왕 같은 존재였다. 그런 아라가 민정이를 왕국의 일원으로 끌어들이고 싶어진 모양이었다. 제이가 본의 아니게 여왕님의 심기를 건드려 단짝인 민정이를 떼어내려는 작전인 듯했다. 하지만 보통 이런 일에는 절대 여왕이 직접 나서는 법이 없었다. 그 역할을 보나가 맡은 게 아닐까 싶었다.

아무래도 내가 개입을 좀 해야 할 것 같았다. 이런 경우는 단 한 가지만 주의한다면 오히려 해결이 간단했다. 아라는 여왕이므로 최대한 그 자존심을 살려주는 방법으로 사건을 해결해야 한다는 점이었다. 단순하게 야단만 쳐서는 괜한 반발심만 생길 수 있었기 때문이다. 나는 아라를 조용히 불렀다.

"아라가 선생님을 도와줄 일이 있어. 요즘 제이와 민정이 사이가 안 좋은 것 같은데, 둘이 사이좋게 지내도록 하는 방법이 없을까?"

선생님이 자신만 따로 불러서 조언을 구했다는 것은 여왕으로서의 예우를 충분히 해주며 그에 걸맞은 임무를 준 것이었다. 아라는 아주 만족스러운 표정으로 제이와 민정이가 다시 친하게 지내도록 도와주는 일에 자신의 왕국을 움직이기 시작했다.

이 일을 해결하면서 두 가지 의문이 생겼다. 승아는 어떻게 이 사건의 배후에 아라가 있다는 것을 알았을까? 아라는 왜 승아같이 친구들이 모두 좋아하는 아이를 자신의 왕국에 끌어들이지 않는 걸까? 이 두 가지 의문을 풀기 위해 나는 승아를 좀 더 자세히 관찰해보기로 했다.

진정한 리더의 역할

"야, 너 때문에 내 그림을 망쳤잖아."

물감으로 그림을 그리는 시간, 앞에 앉아있던 아이가 일어나다가 제이 책상 위의 물통을 엎질렀다. 그 바람에 제이가 그림을 그리던 도화지가 젖고 말았다.

"아, 미안… 어떡하지?"

"몰라, 몰라, 물어내. 엉엉~."

나는 얼른 걸레로 책상 위의 물을 닦고 도화지의 물을 털어내었다. 다행히 조금만 말리면 그림에는 큰 피해가 없어 보였다. 나는 물을 쏟은 아이를 제이에게 사과시키고, 젖은 도화지가 잘 마를 수 있게 창가에 널어주었다.

한바탕 소동을 겪은 뒤, 아이들이 다시 그림 그리기에 집중할 즈음 나는 제이가 괜찮은지 슬쩍 그쪽을 쳐다봤다. 물을 쏟은 장본인은 방금 전 일은 벌써 잊어버리고 아주 즐거운 얼굴로 떠들어대고 있었다. 그 모습이 야속해서인지 아니면 그림이 젖은 것에 대한 속상함이 가시지 않아서인지 제이는 아직도 울상이었다. 그리고 짝꿍인 승아가 그런 제이의 손을 꼬옥 잡아주고 있었다. 제이의 젖은 그림을 휴지로 꼭꼭 눌러 물기를 빼주며 괜찮을 거라고 말해주기도 했다. 승아는 제이의 속상한 마음을 함께 공감해주고 있었다. 그 모습이 내게 크게 다가왔다.

승아의 뛰어난 공감 능력을 발견하는 순간, 승아에 대한 첫 궁금증이 풀렸다. 승아는 지금 친구가 무엇을 원하고 있는지, 누가 누구 때문에 속상한지를 잘 감지했다. 그러다 보니 자연스럽게 제이와 민정이 관계에 끼어든 아라의 존재까지 파악할 수 있었던 것이다.

승아가 가진 공감 능력은 교실에서 친구들과 함께하는 여러 가지 활동에서도 유감없이 발휘되곤 했다.
"이번 시간에는 커다란 종이에 친구의 모습을 그리는 활동을 해볼 거예요. 모둠별로 친구 한 명을 모델로 정하고, 나머지 친구들은 협동해서 모델의 모습을 그려주세요. 친구의 실제 크기만큼 그림을 크게 그릴 거니까 다 함께 힘을 모아야 해요."
교실에서 하는 모둠 활동 시간. 내가 자신들의 키보다 훨씬 더 큰 종이를 나누어주자 아이들은 눈이 휘둥그래졌다.
"우와~, 재미있겠다."
"모델이 종이 위에 눕고, 우리는 그대로 따라 그리면 되겠다."
눈을 반짝이며 의욕을 보이던 아이들은 막상 활동을 시작하자마자 여기저기서 마찰을 빚기 시작했다.
"야, 좁아! 저리 비켜!!"
가만 보니 친구의 머리 부분을 그리는데 네 명이 한꺼번에 몰려들어 서로 좁다고 난리였다. 그 번잡한 틈을 타서 그림을 안 그리고 빈둥거리는 아이가 있자 다른 친구들이 또 그 아이를 공격했다. 그림을 완성하는 시간보다 서로 티격태격 싸우는 시간이 더 많았다.

아무래도 여럿이 함께하는 모둠 활동에는 앞에서 이끌어갈 리더가 필요했다. 제대로 된 리더 역할을 하는 친구가 있는지 나는 아이들이 활동하는 모습을 쭉 둘러보았다. 그런데 앞에 나서서 지휘하는 아이들은 제법 있었지만, 제대로 된 리더십을 발휘하는 아이를 찾아보기는 어려웠다.

진정한 리더를 찾아서

흔히 친구들 앞에서 씩씩하게 이야기하고 목소리가 크면 리더십이 있는 아이라고 생각하기 쉽지만, 사실은 그렇지 않다. 각 모둠에서 리더로 활약하는 아이들의 모습만 살펴봐도 이러한 사실을 쉽게 알 수 있다.

- 또래보다 몸집도 크고 힘이 센 아이는 얼핏 보면 리더처럼 행동한다. 물론 그 친구 앞에서는 아이들도 꼼짝없이 말을 따른다. 하지만 이러한 리더십은 아주 제한적이다. 친구들의 입장을 배려하지 않고 자신의 생각만을 주장하는 경우가 대부분이라서 실제로는 아이들이 말을 따르지 않고 무시하는 경우가 더 많다. 무엇보다 리더가 자리를 뜨면 그 조직은 바로 와해되기 마련이다.

- 교실에서 쉽게 볼 수 있는 또 하나의 리더 유형은 감정 레이저를 쏘는 아이다. 감정 레이저형 리더가 화를 내거나 토라진 얼굴을 하고 살짝 치켜뜬 눈으로 레이저를 쏘아대면 웬만한 기질 약한 아이들은 엉겁결에 항복하고

만다. 하지만 이렇게 받아주는 것도 한두 번이지 그리 오래가지는 못한다. 참다못한 구성원들의 반발이 시작되는 것이다. 결국 불똥이 나한테까지 튄다. 서로 억울하다고 투덜대는 감정 레이저 리더와 구성원들 사이의 분란을 잠재우기 위해 내가 투입될 수밖에 없기 때문이다.

- 멀리서도 들릴 만큼 쩌렁쩌렁 울리는 목소리로 자신의 의견을 친구들에게 이야기하는 아이도 리더처럼 보인다. 하지만 이 아이 역시 목소리만 클 뿐 친구들의 입장을 배려하지 않고 자기주장만 하는 경우가 많다. 때문에 실제로 들여다보면 아이들이 말을 따르지 않고 무시하는 경우가 더 많다. 하지만 자신의 의견이 무시되고 있는 것을 정작 본인은 모른다.

진정한 리더의 부재에 실망할 때 쯤, 승아의 목소리가 들렸다.
"우리 머리, 몸통, 손, 발을 하나씩 맡아서 나눠 그리자."
"그럼 손은 내가 그릴 거야."
"싫어. 나도 손 그릴 거야."
승아의 제안에 두 아이가 서로 자기주장만 내세우며 싸우기 시작했다. 친구들의 이야기를 듣고 있던 승아는 잠시 생각에 잠기더니 새로운 제안을 내놨다.
"그럼 너희 둘이 손과 발을 맡아서 왼쪽과 오른쪽으로 나눠서 그리면 어떨까?"
각자 자신이 그리고 싶던 손을 한쪽이라도 그릴 수 있게 되었으니 두 아이는 별 무리 없이 승아의 제안을 따랐다. 승아가 두 아이의 마음을 모두 공감해준 덕분에 승아네 모둠은 가장 훌륭한 작품을 완성할 수 있었다. 진정한 리더십에는 상대방에 대한 공감 능력이 반드시 필요하다. 그렇지 않고서는 모든 구성원들이 자발적으로 움직일 수 있도록 독려할 수 없기 때문이다.

그렇다면 아라는 왜 승아 같은 아이를 자신의 왕국에 끌어들이지 않는 걸까? 승아를 자신의 무리로 끌어넣을 수만 있다면 더 많은 친구들의 지지를 얻을 수 있을 텐데 말이다. 나는 이 의문에 대한 답을 조금 엉뚱한 상황에서 찾을 수 있었다.

"승아야. 너 우리랑 같이 그네 탈래?"
"그래, 좋아."

어느 날 아라의 접근이 시작됐다. 아라와 함께 그네를 타면 다른 친구들보다 더 오래 그네를 독차지할 수 있는 특권이 주어졌다. 그래서 웬만한 아이들은 아라의 제안을 쉽게 거절하지 못했다. 권력을 누리고 싶어도 혼자서는 어쩔 수 없었는데, 아라의 힘을 빌리면 간접적으로 권력을 누릴 수 있었던 것이다. 이런 욕구가 맞아떨어지면서 아이들은 아라의 무리에 편입되곤 했다.

하지만 승아는 달랐다. 남 앞에서 돋보이고 싶어 하거나 친구들을 휘어잡고 싶은 마음이 보이지 않았다. 그러니 함께 그네를 탔다고 해서 아라를 대하는 승아의 행동이 달라질 리 없었다.

아라는 그런 승아에게 다시 한 번 공을 들이기로 했다.

"승아야, 지난번 그네 타기 재미있었지? 오늘도 같이 탈래?"

"아, 미안해. 오늘은 영은이와 소꿉놀이하기로 했어."

한번 권력(?)의 맛을 보면 다음엔 거부하지 못하던 아이들과 달리 승아는 가볍게 거절했다. 하지만 아라는 그 거절을 기분 나빠하지 않았다. 승아의 거절에는 진심으로 미안해하는 마음이 담겨있음을 아라도 느꼈던 것이다. 이런 일이 반복되면서 아라는 승아에게 시들해졌다.

승아에 대한 두 가지 의문이 풀리면서 나는 승아가 참 매력적인 아이라는 생각이 들었다. 승아는 다른 아이들에게는 없는 단단한 마음의 힘을 갖고 있었다. 그리고 그 마음의 힘은 언제 어디서나 보석처럼 반짝이며 승아를 빛나게 하고 있었다.

 가정 통신문

여름방학 알차게 보내는 법

아이들이 학교에 입학하고 처음으로 맞이하는 여름방학! 학교생활에 적응하느라 나름대로 애썼던 아이들이 모처럼 몸과 마음의 긴장을 풀 수 있는 시간이기도 하지요. 아이들과 함께 가정에서 방학을 보람있게 보낼 수 있도록 몇 가지 안내를 드리고자 합니다.

계획부터 함께하는 다양한 방학 활동

방학을 보람차게 보내려면 계획을 잘 세우는 것이 중요합니다. 하루 일과를 어떻게 보낼지, 체험 학습이나 가족 여행은 어디로 어떻게 다녀올지, 새로운 악기나 운동을 어떻게 배울지 정하는 것이 모두 계획에 해당하지요. 보통은 부모가 계획을 세우고 아이가 따라오도록 하지만 반대로 아이가 마음대로 정할 수 있게 주도권을 모두 넘겨주기도 합니다. 가장 좋은 방법은 이 두 가지의 중간 정도가 되겠지요. 여덟 살 아이들은 여러 가지 상황을 고려하여 계획을 세우기 어렵습니다. 따라서 부모가 먼저 고려할 사항들을 제시해주고 아이와 함께 계획을 세우면 아이에게는 그 순간부터 체험 학습이 시작되는 효과가 있습니다. 또한 자신이 계획을 세운 일이니, 현장에서도 능동적인 태도로 다양한 활동들을 즐길 수 있을 것입니다.

엄마 손길 티 안 나는 알찬 방학 과제

방학의 또 다른 고민인 방학 숙제. 아이들 스스로 하는 것이 가장 중요하다는 것은 누구나 알지만, 현실은 또 달라서 도저히 아이 혼자 할 수 없는 과제도 간혹 있기 마련입니다. 이런 경우 방학 과제의 몇 가지 부분만 엄마가 도와준다면 아이 스스로 얼마든지 남부럽지 않은 방학 과제물을 완성할 수 있습니다. 예를 들어 먼저 과제를 할 종이의 크기를 정합니다. 과제를 파일에 넣을 것인지, 묶을 것인지에 따라 종이의 크기와 질이 달라지겠지요. 그리고 종이의 어느 부분에 사진을 붙이고 어디에 내용을 넣을지 네모 박스 등의 공간 구성을 미리 함께합니다. 이렇게 틀만 잡아주어도 아이 스스로의 힘으로 알찬 방학 과제를 얼마든지 완성할 수 있습니다.

새 학기 준비는 이렇게

방학 기간에는 생활 습관이 흐트러지기 마련입니다. 따라서 개학이 다가오면 아이가 아침에 늦잠을 자지 않도록 해야 하는데, 이때 아이가 좋아하는 활동을 오전 중에 할 수 있도록 배려하면 좋습니다. 아이들은 재미있는 일이라면 자다가도 벌떡 일어나는 법이지요. 아침에 일어나 재미있는 활동을 할 수 있다면 저절로 늦잠 자는 버릇을 고칠 수 있을 겁니다.

아이와 함께하는 방학은 즐겁기도 하지만 솔직히 부모 입장에서는 힘든 부분이 있습니다. 또, 계획을 세운대로 일이 진행되지 않아 속상한 일도 있을 겁니다. 하지만 무엇보다 중요한 것은 그 모든 일을 '시도해 보았다'는 것이지요. 어쨌거나 우리 아이들에게는 아직 많은 방학이 남아있고, 여름방학은 그 시작일 뿐이니까요.

2학기 초

"시험 문제를 읽을 수가 없어요"

숨 한 번 쉬고, 침 한 번 꼴깍

 도성이는 또래에 비해 신체 발달이 늦어 몸집이 작은 편이었다. 행동도 더디고 말도 더듬거려서 옆에서 지켜보려면 인내심이 필요했다. 보통 이런 경우에 있는 아이들은 발음이 잘 안 되는 것을 스스로 답답해하거나 쑥스러워하며 아예 입을 다물어버리곤 한다. 하지만 도성이는 포기하지 않고 끝까지 자신의 이야기를 했다.
 나도 처음엔 도성이의 얘기를 듣고 있기가 답답했다. 하지만 진지한 표정으로 이야기하는 모습을 바라보다 보면 기특한 마음이 들었

다. 그리고 나도 모르게 도성이의 대화 방식에 빠져들게 되었다. 이 꼬마 신사와 대화하려면 숨을 한 번 쉬고, 침을 한 번 꼴깍 삼켜주는 것이 기본이었다.

말을 더듬는 아이

"저… 어제요."

여기서 말을 잠시 멈추고 도성이는 숨을 한 번 쉰다. 듣는 나도 도성이와 눈을 맞춘 채 숨을 한 번 쉬고 다음 말을 기다린다.

"저어기 엄마 아빠 가게에… 사람들이… 어엄청… 많이 왔어요. 먹을 것도 많았고요."

여기서 도성이는 침을 한 번 꼴깍 삼킨다.

"응~, 엄마 아빠 가게에 갔었어. 어제 무슨 날이었니?"

"네, 그… 개업하는 거래요. 사람들이 많이 와서……."

"아, 개업식!"

아이는 나의 말에 반가운 듯 침을 한 번 더 삼키더니 다음 말을 이었다.

"네, 개업식. 그래서 맛있는 것 많이 먹었어요."

이제야 문장을 한 번에 다 말한다.

누군가 무슨 말을 막 시작하고 있는 도성이를 본다면, 아마 아이가 말을 더듬거리며 끝까지 제대로 말하지 못할 거라고 생각하기 쉽다.

하지만 그건 아직 도성이와의 대화 방식을 이해하지 못했기 때문이다. 아이의 리듬에 맞추어 숨 한 번 쉬고, 침 한 번 꼴깍 삼키며 눈을 맞추고 기다려주면 금방 도성이의 참모습을 마주할 수 있다.

도성이는 내가 무슨 말을 해도 눈을 반짝이며 집중해서 듣고, 어떤 과제가 주어져도 군소리 없이 진지하게 임하는 무척 성실한 아이였다. 그런 도성이를 보면서 나는 발달이 조금 느릴 뿐이지 언어능력이나 학습 능력에 특별히 문제가 있을 거라고는 생각하지 않았다.

"한글을 쓸 줄 몰라요"

"자, 오늘은 알림장 쓰기를 연습해볼 거예요."

내 입에서 '알림장'이란 말이 떨어지자마자 갑자기 교실이 술렁이기 시작했다.

"나 그거 어린이집에서 다 연습했어요."

"나도요. 우리 유치원에서 알림장 백 번은 써봤어요."

"그거 선생님이 칠판에 글씨를 써주시면 우리가 그대로 써서 집에 가서 엄마 보여주는 거잖아요."

아이들의 말을 들어보니, 유치원에서 '초등학교에 가면 꼭 이런 활동을 해요.'라는 주제로 아이들에게 미리 연습시키는 활동이 몇 가지 있다고 한다. 그 중에 가장 대표적인 것이 '받아쓰기 시험'과 '알림장 쓰기'란다. 유치원에서 연습을 많이 한 덕분에 알림장 쓰기 연습은

수월하게 진행되었다.

그런데 유독 한 아이가 눈에 띄었다. 도성이었다. 녀석에게 다가가서 보니, 아주 천천히 한 글자, 한 글자 옮겨 쓰고 있었다. 친구들은 벌써 알림장을 다 쓰고 책가방을 싸는데도 불안해하거나 조급해하지도 않았다. 아이들을 한없이 기다리게 할 수 없어서 나는 일단 마무리 인사를 하고 아이들을 보냈다. 보통 이쯤 되면 얼른 집에 가고 싶은 마음에 엉덩이를 들썩이다가 알림장을 대충 쓰고 덮어버리는 게 아이들 심리인데, 도성이는 그러지 않았다. 끝까지 알림장을 쓰고 있었다. 그런데 가만히 보니 도성이의 모습이 어딘가 이상했다. 글자를 쓴다기보다는 한 글자씩 그리고 있다는 표현이 더 정확했다. 도성이는 한글을 아직 익히지 못했던 것이다.

도성이가 한글을 떼지 못했다는 사실을 알게 된 그날부터 나는 걱정스런 마음으로 도성이의 학교생활을 지켜보아야 했다.

1학년 첫 받아쓰기 시험을 보는 날.
"어후~, 받아쓰기~!!"
"으으~, 나 받아쓰기 시험 싫어."
"그거 아주 쉬워~. 난 유치원에서 매일 백 점 받았는데."
"우리 엄마는 받아쓰기 백 점 받으면 피자 사준댔다."
받아쓰기는 한글 익히기의 척도를 알 수 있는 중요한 시험인지라 부모들도 신경을 많이 썼다. 덩달아 아이들도 긴장한 모습이 역력했다. 그래도 무슨 말이든 떠들어대는 녀석들은 나은 편이었다. '받아쓰기'란 말을 듣는 순간 너무 긴장해서 얼어붙어 버린 아이들도 꽤 보였다.

받아쓰기 시험 첫 문장을 부르기 직전, 나는 은근히 걱정되어 도성이를 살펴보았다. 여느 아이들과 달리 도성이는 긴장하는 기색 없이 편안하게 받아쓸 준비를 하고 있었다. 나는 편안한 도성이를 보며 집에서 연습을 많이 했는지도 모른다고 생각했다.

하지만 그건 어디까지나 나만의 착각이었다. 도성이의 받아쓰기 점수는 빵점이 나왔다. 그것도 우리 반에서 유일하게. 그런데 도성이의 태도가 의외였다. 아주 태평한 얼굴이었다.

나는 그런 도성이를 보며 슬슬 애가 타기 시작했다. 한글도 제대로 못 떼고 2학년으로 올려 보낼 수는 없는 노릇이었다. 나는 도성이를 방과 후에 남겨서 한글을 좀 더 가르쳐보기로 하였다. 어머니에게도 전화해서 도성이의 상태를 알리고 집에서도 받아쓰기를 연습하고 올 수 있게 하였다.

그렇게 애가 타는 내 마음과 달리 도성이는 늘 해맑았다. 남아서 공부하자고 하면 군소리 없이 했고, 받아쓰기 몇 번 더 연습해보자고 해도 싫다는 법이 없었다. 좀 느려서 그렇지 도성이는 늘 성실하게 나머지 한글 공부를 했다. 그것도 해맑은 표정으로! 그런데도 아이의 한글 실력은 도대체 나아질 기미가 보이지 않았다.

엎친 데 덮친 격으로 어느 날, 도성이가 미끄럼틀에서 떨어져 그만 오른팔을 다치고 말았다. 그렇지 않아도 한글을 빨리 익혀야 하는 상황인데 당분간 한글 연습도 하지 못하게 된 것이다. 적어도 두어 달은 깁스를 해야 한다고 해서 내색은 못 했지만 나는 마음속으로 정말 조바심이 났다.

하지만 도성이는 여전히 해맑고 진지했다. 처음에는 급식 시간에 내가 밥을 먹여주곤 했다. 하지만 며칠 후, 자신이 포크로 해보겠다며 연습하더니 곧잘 왼손으로 밥을 먹었다. 수업 시간에도 오른팔을 쓰지 못하니 그림 그리기도, 글씨 쓰기도 못 하겠다고 하면 그만일 텐데 어떤 활동이든 왼손으로 자신이 할 수 있는 데까지는 해보려고 했다.

초등 1학년 담임에게 주어진 가장 큰 임무 중의 하나는 아이들에게 한글을 읽고 쓸 줄 아는 능력을 갖게 해주는 일이다. 학습의 가장 기본이 되는 능력이기 때문이다. 이 시기에 한글을 익히지 못하면 학년이 올라갈수록 점점 학습 부진아가 될 수밖에 없었다.

여기서 잠깐,

초등 1학년에게 필요한 한글 실력은 어느 정도일까?

초등학교 입학을 앞두고 학부모들은 아이의 한글 실력에 부쩍 마음을 쓴다. 어느 정도로 읽고 쓸 줄 알아야 학교 공부를 잘 따라갈 수 있을지 감이 안 잡히다 보니, 걱정이 많아지는 것이다.

"선생님, 우리 아이는 아직 한글을 못 뗐는데 괜찮을까요?"

"자기 이름은 읽고 쓸 줄 아나요?"
"네~."
"그럼, 기억 니은 디귿 자음은 알고 있나요?"
"아, 네. 짧은 단어는 잘 쓸 수 있어요. 그런데 긴 문장을 읽고 쓰는 것은 정말 한참 걸려요."
"그 정도면 충분합니다."
"에이~, 선생님, 지금도 일기 쓸 때 보면 어려운 받침 있는 글자는 자꾸 틀리고요, 맞춤법도 엉망이더라고요."
어려운 받침 있는 글자를 틀리고, 맞춤법을 헷갈리는 것은 초등 1학년 아이들에게 당연한 일이다.

"일부러 한글 공부를 안 시켰어요. 한글은 학교에서 배우는 것 아닌가요?"

의외로 아이가 한글을 읽고 쓰지 못하는 것에 대해 크게 걱정하지 않는 부모들도 있다. 당연히 한글은 학교에서 배운다. 초등 1학년 교육과정은 대부분 한글을 익히는 내용으로 구성되어 있다. 문제는 많은 아이들이 기본적인 자음과 모음을 읽고 쓸 줄 아는 상태에서 입학하기 때문에 수업을 대다수 아이들의 수준에 맞춰 진행할 수밖에 없다는 데 있다.

나는 마음 한구석에 숙제를 끌어안고 여름방학을 맞았다.

어느 날 갑자기 쑥 자라다

한 달간의 방학이 지나고 2학기가 시작된 어느 날, 받아쓰기 시험지를 채점하다가 나는 내 눈을 의심했다. 항상 0점에서 30점 사이를 오가던 도성이의 받아쓰기 점수가 80점이 나왔던 것이다. 그렇게 올라간 점수는 2학기 내내 더 이상 아래로 떨어지지 않았다. 이제는 도성이가 한글을 그리는 것이 아니라 진짜로 쓸 줄 알게 된 것이었다. 도대체 방학 동안 무슨 일이 있었던 걸까?

나는 도성이 어머니께 전화했다. 도성이 부모님은 함께 가게를 운영하시기 때문에 방학이라고 해서 특별히 도성이를 살피지 못했다면서 오히려 내게 미안해하셨다. 방학 동안에 학원을 따로 보내지도 않았다고 하셨다. 특별한 일 없이 부모님이 집에 오는 늦은 시간까지 도성이는 형과 단둘이 집에서 지냈다고 하셨다.

나는 도성이를 따로 불렀다.

"도성아~, 받아쓰기 시험을 정말 잘 봤네. 방학 동안 공부 열심히 했구나."

도성이는 쑥스러운 표정으로 머리를 긁적였다.

"여름방학에 뭐하면서 보냈어?"

"형이랑 같이 축구하고, 방학 숙제도 하고, 책도 읽었어요."

"그 중에서 뭐가 제일 재미있었어?"

"축구요!"

그러고 보니 도성이는 요즘 점심시간만 되면 운동장으로 나가 축구를 하고 있었다. 키가 작아서 친구들이 잘 끼워주지 않을 것 같은데 제법 잘 어울리는 것을 보니 축구 실력이 괜찮은 모양이었다. 그뿐만이 아니었다. 나와 이야기하는 동안 도성이는 중간에 숨 쉬고 침 삼키는 버릇을 거의 보이지 않았다. 가만히 살펴보니 낯선 사람을 만나면 특유의 말 습관이 다시 나타나곤 했지만 심리적으로 안정된 관계에서는 말도 더듬지 않고, 매끄럽게 말할 줄도 알았다.

남자아이들에게 있어서 축구는 생명과도 같다. 그래서 나는 교실에 축구공 모셔두는(?) 공간을 따로 마련해둔다. 축구공이 교실에 없으면 남자아이들은 정신이 흐트러져 수업에 집중하지 못하기 때문이다. 또, 아이들이 청소나 다른 일을 하는 데에 꾀를 부려도 이 한마디면 상황이 종료된다.

"자꾸 그러면 오늘은 축구 못 한다."

"야, 빨리 해. 너 때문에 축구 못 하잖아."

축구를 잘하는 아이는 친구들 사이에서 권력도 만만치 않게 누린다. 공부 잘하는 아이의 말은 무시해도 축구 잘하는 아이 말은 무시하지 못한다. 그 아이와 같은 편이 되어야 축구 시합에서 이길 수 있기 때문이다. 반대로 신체 발달이 느려서 민첩성이 떨어지는 아이는 친구들 사이에서 환영받지 못한다. 가끔 인원이 넘칠 때는 잘 끼워주지도 않는다.

도성이는 1학기 때 축구 시합에 자주 끼지 못했다. 눈치도 빨라야 하고 빠르게 움직여야 하는 축구를 따라 하기엔 도성이의 신체 발달이 다소 늦었다. 그런 도성이가 방학 동안 형을 따라다니면서 축구를 하는 사이 한 단계 쑥 성장한 모양이었다. 이제는 제법 발 빠르게 공을 몰면서 친구들에게 뒤쳐지지 않는 실력을 보이고 있었다.

도성이의 축구 실력 향상은 곧 자신감 상승과 연결되었다. 어느 한 가지 분야에서 자신이 성장해가는 경험을 한 아이들에게는 '나도 잘할 수 있구나.' 하는 생각이 자리잡게 된다. 그 자신감은 학습에도 영향을 미친다. '나는 축구를 잘할 수 있어.'라는 생각이 '나는 공부를 잘할 수 있어.'라는 생각으로 전이되는 것이다.

아이들의 발달은 조금씩 이루어지는 것이 아니라 어느 날 갑자기 쑥쑥 성장하는 것 같은 느낌이 들 때가 많았다. 도성이의 경우가 그랬다. 또래보다 발달이 늦었던 아이가 여름방학 동안 부쩍 성장한 것이다.

하지만 신체 발달이 늘 자신감과 학습 능력의 향상으로 이어지는 건 아니다. 도성이의 눈부신 변화는 무엇보다 학원을 다니거나 누군가 시켜서 이루어진 것이 아니라, 도성이 스스로의 힘으로 이뤄낸 것이라 가능한 일이었다. 또, 도성이가 이렇게 도약할 수 있었던 것은 평소에 가지고 있던 성실한 태도와 긍정적이고 느긋한 성격도 한몫했으리라.

나중에 안 사실이지만, 도성이에게는 좋은 역할 모델도 있었다. 바로 형이었다. 가게를 운영하는 부모님을 대신해 도성이 형은 어렸을 때부터 동생을 챙기면서 집안일을 거들었다. 무슨 일이든지 스스로의 힘으로 척척 해내는 형의 모습은 도성이가 믿고 따를 수 있는 좋은 역할 모델이 된 것이다.

도성이를 통해서 나는 '때로는 아이들을 믿고 기다려주는 시간도 필요하다.'는 생각을 갖게 되었다. 그래서 아이들을 교육하기 전에 야단쳐서 고쳐야 할 행동인지, 꾸준히 가르치며 도와줘야 하는 행동인지, 아니면 믿고 기다려줘야 하는 행동인지를 먼저 파악하게 되었다.

물론 항상 정답을 고를 수 있는 것은 아니다. 교육이라는 것 자체가 정답이 정해져 있는 것이 아니니까. 하지만 적어도 나는 아이들의 다양한 기질만큼이나 다양한 정답지를 가진 교사가 되기를 바란다.

소문난 신동, 학교에 오다

"이제 받아쓰기 시험을 볼 거예요. 단계장 집어넣어요."
늘 그렇듯 교실 여기저기서 신음 소리가 터져 나왔다.
"아~, 선생님, 잠깐만요~!"
"으으~, 1분만 더 주세요. 제발~."
"안 돼! 1번, 하·늘·이·파·랗·습·니·다."
그제야 아이들도 포기하고 받아쓰기를 시작한다. 어느새 교실에는 정적이 깔리고, 사각사각 아이들의 부지런한 연필 소리만 들렸다.

학교 공부가 시시한 아이

1학년 아이들에게 받아쓰기 시험은 정말 중요하다. 백 점을 맞으면 하늘을 날아갈 듯 기뻐하고, 엄마한테 칭찬 받을 생각에 빨리 집에 가고 싶어 한다. 반면 시험지에 틀린 표시가 있으면 굉장히 속상해하고, 때로는 틀렸다는 표시로 그어놓은 빨간 색연필 자국을 지우개로 박박 지우기도 한다. 그래서 받아쓰기 시험이 코앞에 다가오면 아이들은 마음이 두근거리고 조바심이 나기 마련이었다.

그런데 단 한 명, 예외인 아이가 있었다. 바로 동규였다. 동규는 받아쓰기 시험을 앞두고도 늘 아주 느긋한 표정이었다. 아니, 심드렁한 표정에 더 가까웠다. 단계장을 초조하게 들여다보는 아이들과는 달리 시험 볼 준비를 누구보다 먼저 마치고 앉아서 내가 문제를 불러주기만 기다렸다.

시험을 보는 동안에도 동규의 태도는 남달랐다. 많은 아이들이 '아, 뭐더라?' 하는 초조한 표정을 짓기 마련이었고, 몇몇은 '아, 쉽다.' 하며 즐거운 얼굴로 받아쓰기 시험을 봤다. 그런데 동규는 일찌감치 연필을 내려놓고 창문 밖을 바라보기 일쑤였다. 다가가 시험지를 보면 늘 정확하게 문장이 쓰여 있었다. 동규의 받아쓰기 점수는 항상 백 점이었다.

동규에 대해 궁금하던 차에 얼마 뒤, 공개수업이 있었다. 그 후에 가진 학부모 상담 시간에 아이의 한글 실력과 받아쓰기 점수를 놓고 여러 학부모가 고민을 나누고 있는데, 동규 어머니가 말을 꺼냈다.

"어머, 우리 아이는 다섯 살 때 혼자 한글을 다 뗐는데……. 전 그래서 한글을 가르쳐본 적이 없어요. 그러니 너무 걱정 마세요. 아이들은 때가 되면 혼자서 익히더라고요."

걱정해주는 마음 반, 아이가 자랑스러운 마음 반이 섞여 있는 말투였다. 다섯 살 아이가 혼자 한글을 뗐다니 다른 학부모들은 다들 놀라는 눈치였다.

"어머, 정말요? 동규 대단하네요. 머리가 좋은가 봐요?"

"어휴, 말도 마세요. 아이가 궁금해하는 글자가 있으면 어떻게 해서든지 알고 넘어가야 했어요. 또, 로봇 조립장난감을 얼마나 좋아하는지 한 번 사주면 앉은 자리에서 뚝딱 만들어내더라고요. 아이한테 사준 로봇 값만 해도 꽤 된다니까요. 그래도 아이 아빠는 그런 돈은 하나도 안 아깝다고 매일 사들고 왔었죠."

어머니의 이야기를 들어보니, 똑똑한 동규는 집안의 자랑이었다. 어렸을 때부터 뭐든 궁금한 것이 있으면 질문했고, 한 번 가르쳐준 것은 절대 잊는 법이 없었다.

"할아버지는 왜 지팡이를 짚고 다녀요?"

"응. 그거야 허리랑 다리가 아파서 그렇지. 이렇게 지팡이에 의지하면 좀 더 쉽게 걸을 수 있거든."

눈을 반짝이며 할아버지의 이야기를 들은 다섯 살 동규는 몇 달 뒤, 가족과 함께 등산할 때 할아버지처럼 지팡이를 들고 다니는 등

산객을 보고 이렇게 말했다.

"할아버지, 등산하는 아저씨들이 지팡이를 가지고 다니는 것도 허리와 다리에 도움을 주기 때문이지요?"

동규 할아버지는 다섯 살 손자의 영특함에 놀랐고, 너무나 기특하고 대견해서 만나는 사람마다 손자 자랑을 했다.

동규 어머니는 어릴 적 동규의 신동 에피소드들을 시간이 모자라 다 말하지 못할 정도로 들려주었다. 다른 학부모들은 동규 이야기를 들으며 부러운 마음을 감추지 못했다.

동규는 어머니 말대로 정말 머리가 좋은 아이였다. 받아쓰기 시험에서 항상 백 점을 받는 것은 물론, 수학 시간에도 다른 친구들은 문제를 푸느라 끙끙대고 있는데 동규는 이미 다 풀고 편안하게 앉아 있곤 했다. 혹시 엉터리로 푼 것이 아닌가 싶어 채점해보면 언제나 문제를 다 맞혔다.

'이렇게 쉬운 문제를 틀리다니…'

수학 시간. 받아 올림이 없는 두 자리 수의 덧셈을 공부하고 있을 때였다. 나는 두 자리 수 더하는 방법을 설명한 뒤에 아이들에게 문제를 냈다.

"13 더하기 21은 답이 뭘까요? 자, 각자 계산해보세요."

"34요."

내가 문제를 내자마자 '툭' 하고 답이 튀어나왔다. 동규였다.

"문제를 먼저 풀었더라도 다른 친구들이 계산할 때까지 답을 말하지 말고 조금만 기다려주자."

나는 애써 얼굴에 미소를 지으며 동규에게 말했다.

왜 기다려주어야 할까?

동규에게 "기다려주자"고 말할 수밖에 없었던 이유는 이런 아이들 때문이다.

수학 문제를 가뜩이나 풀기 싫었던 현수

'34라고? 앗싸, 답 알았다.' 얼른 공책에 답을 적어놓고는 홀가분한 마음으로 장난칠 거리를 물색한다.

얼른 풀어서 답을 말하고 싶었던 아라

'쳇, 혼자 잘난 척이야. 나도 다 아는 문제였는데.' 막상 동규가 답을 말해 버리자 잘하고 싶은 마음이 싹 사라진다. 속상한 마음에 문제를 푸는 대신 앞에 앉은 친구의 가방만 툭툭 찬다.

문제를 틀리게 푼 보름이

'어, 나는 35가 나오는데? 34라고? 뭐가 어떻게 된 거야?' 친구가 말한 답과 내가 푼 답이 다르자 속상한 마음이 먼저 든다. 선생님 반응을 보니 34가 정답인 모양이다. 그러니 다시 계산해볼 필요도 없다. 괜히 혼자 맥이 빠진다.

이처럼 교실에는 천차만별인 스물 네댓 명 남짓의 아이들이 앉아 함께 공부하고 있다. 교사 입장에서는 이 아이들 모두에게 공평한 학습 기회를 주기 위한 교육적 배려가 필요하다. 그래서 잘하는 아이들은 아직 잘 못 하는 아이들을 위해 조금 기다려주어야 하는 상황이 벌어지기 마련이다.

하지만 어린 동규 입장에서는 '엄마 아빠는 내가 문제를 풀면 대단하다고 칭찬을 해주었는데, 왜 학교에서는 다른 거지? 왜 답을 아는데 말하면 안 되는 거야?'라고 생각하는 듯했다. 그렇게 빨리 정답을 말했는데 칭찬을 받기는커녕 오히려 꾸중을 들은 듯해 화나고 속상했을 수 있었다.

그러다 보니 동규는 점점 공부를 열심히 하고 싶은 생각도 별로 들지 않았을 것이다. 아니, 더 정확하게는 열심히 할 필요가 없었는지도 모른다. 사실 1학년이 학교에서 배우는 학습은 그리 어려운 내용이 아니다. 한글만 능숙하게 읽고 쓸 수 있어도 쉽게 이해할 수 있는 수준이었다. 다섯 살에 한글을 떼고 여러 가지 지식을 익힌 동규로서는 학교에서 배우는 지식들을 시시하게 생각할 수도 있었다.

2학기가 되었는데도 동규의 모습은 나아지지 않았다. 오히려 수업 태도는 더 나빠졌다. 옆 짝과 장난을 치는가 하면 집에서 가져온 다른 장난감을 가지고 노는 경우도 많았다.

"자, 이번에는 동규가 한번 대답해볼래?"

"……."

녀석은 책상 밑으로 손을 넣고는 뭔가 만지작거리는데 여념이 없었다. 아예 수업을 듣지도 않고 있었던 모양이었다.

"지금 손에 들고 있는 거 뭐야? 책상 위로 올려봐."

"딱지요."

쉬는 시간 틈틈이 동규가 아이들과 딱지치는 모습이 자주 눈에 띄었는데, 한창 딱지치기에 빠져있는 듯했다.

수업 시간에 집중하지 못하는 동규의 태도는 학교 성적에도 영향을 미쳤다. 처음 1학기 동안 본 시험에서 동규는 거의 전 과목 만점을 맞다시피 하며 높은 성적을 보였다. 하지만 2학기가 되면서 동규의 성적은 조금씩 떨어지기 시작했다. 과목에 따라서도 성적이 들쑥날쑥했다.

동규의 학교 성적은 동규의 부모님에게 충격이었다. 도저히 믿을 수 없어서 동규 어머니는 학교로 아들의 시험지를 직접 확인하기 위해 찾아오기까지 했다.

"어머, 말도 안 돼요. 이렇게 쉬운 문제를 틀리다니……."

"보시면 알겠지만, 몰라서 틀린 것이 아니라 실수한 문제들이 더 많아요."

실제로 동규는 시험 시간에 다른 아이들처럼 긴장하는 모습이나 '잘 봐야지.' 하는 의지를 보이지 않았다. 그냥 대충대충 문제를 쓰윽 풀고는 그대로 엎드려서 잠을 잤다. 틀린 문제나 실수한 문제가 없는지 다시 한 번 살펴보는 일은 없었다.

이것은 실력이 아니라 시험 보는 시간에 임하는 태도의 문제였다. 나는 어머니께 동규의 수업 태도와 평소 걱정스러웠던 점들에 대해 이야기했다.

"아휴~ 속상해. 도대체 왜 그럴까요?"

동규 어머니는 도저히 받아들이기 힘든 아들의 이야기에 화도 나고 무척 당황한 것 같았다.

맞춤 교육이 필요할 때

태어나면서부터 머리가 좋았던 동규는 늘 자신의 발달단계보다 높은 과제를 해결할 수 있었다. 그리고 놀라운 결과가 나올 때마다 주위 어른들의 폭풍 칭찬을 들으며 자신의 머리가 똑똑하다는 것을 알게 되었다. 이건 다른 사람들이 아주 특별하게 생각하고 좋아해주는 능력이라는 것도 알게 되었다. 그러다 보니 자연스럽게 과제를 멋지게 해내는 것에 집중하게 된 것이다. 하지만 결과에 대한 칭찬만 들으면서 동규는 어떤 과제를 실천하는 과정에서 갖춰야 할 태도를 배우지 못한 것 같았다.

일단 동규의 태도를 바꿀 필요가 있었다. 학교에서는 기본적으로 갖춰야 하는 태도가 있으며, 그것은 결과 못지않게 중요하다는 것을 동규에게 알려주어야 했다.

아침 독서 시간의 일이었다. 동규는 책상 위에 책만 펴놓은 채 딱지 세는 일에 전념하고 있었다.

"동규야, 딱지 집어넣어. 지금은 책을 읽는 시간이야."

마지못해 동규는 딱지를 가방에 넣었다. 그것도 아주 천천히.

"동규야, 어떤 일을 하든지 성실하게 열심히 하려는 마음이 있어야 잘할 수 있어. 선생님은 잘한 결과보다는 동규가 어떤 자세로 했느냐가 더 중요하다고 생각해. 동규가 수업 시간에 바른 자세로 선생님 말씀을 듣고, 딴짓하지 않았으면 좋겠어."

나는 동규의 눈을 바라보며 진심을 담아 천천히 이야기했다. 동규도 눈을 껌벅이며 나를 바라봤다.

이날 나는 동규와 한 가지 약속을 했다. 수업 시간에 바른 자세로 앉아있고, 딴짓하지 않으면 매 시간마다 스티커를 한 장 씩 주기로 했다. 별것 아닌 스티커 한 장이지만 보통의 1학년 아이들은 그걸 받기 위해 애쓰면서 노력하고, 그렇게 해서 스티커를 받으면 누구보다 좋아했다.

하지만 다른 아이들과 달리 스티커는 동규 태도를 바꾸는 데 별 효과를 발휘하지 못했다. 동규는 어렸을 때부터 주변 사람들로부터 '똑똑하다' '대단하다'는 칭찬을 들어왔다. 무엇을 하든 사람들의 주목을 받았고, 자신이 주목받는 것에 익숙한 아이였다. 동규는 이미 너무 강한 칭찬의 맛을 본 아이였기 때문에 그것을 대체할 만한 어떤 보상도 찾기가 어려웠다.

나는 계획을 바꿨다. 동규 같은 아이들이 흥미를 갖고 도전해볼 만한 새로운 학습 목표를 찾아주기로 한 것이다. 바로 심화 학습이다.

심화 학습이 뭐길래?

우수하고 이해도가 뛰어난 아이에게는 심화 학습이 반드시 필요하다. 또, 아이 개개인의 흥미와 재능에 맞는 맞춤 학습도 필요하다. 그렇지 않으면 학습이 시시하고 재미가 없어 우수한 아이들의 잠재력을 끌어내고 발전시켜줄 수가 없기 때문이다.

심화 학습은 동일한 학습 내용을 다양한 방식으로 풍부하게 제공하거나 학습 수준을 높게 조정하여 발전된 문제를 해결하도록 유도하는 등 여러 가지 방법이 있을 수 있다.

우선 동규의 잠재력을 끌어내기 위한 맞춤 학습 전략을 찾아보기로 했다. 동기를 불러일으키려면 풍부하고 다양한 주제로 학습에 접근해야 했다. 그러기엔 책만큼 좋은 교재도 없다.

"동규야, 선생님이 내준 과제를 끝내고 나면 이 책을 읽어볼래?"

동규는 내가 준 책에 처음엔 흥미를 보이는가 싶더니, 며칠을 못 가고 이내 시큰둥해졌다. 책의 주제를 바꿔주어도 마찬가지였다. 책장을 휘리릭 넘겨보더니 아예 책을 베개 삼아 버리기까지 했다.

흠~ 그렇다면 이번엔 심화 학습으로 접근할 차례였다. 교과서에 나온 문제보다 다소 난이도가 높은 문제들을 학습지로 만들어 준비했다. 남들보다 문제를 더 풀라고 하면 아이가 싫어하지 않을까 내심 걱정되어 슬쩍 분위기를 잡아보았다.

"동규야, 이거 선생님이 좀 어려운 문제들만 뽑아 놓은 건데, 혹시 이 중에서 동규가 풀 수 있는 문제들이 있을까?"

이번엔 다행히 관심을 보였다. 알겠다고 고개를 끄덕이더니 학습지를 받아드는 것이 아닌가. 책을 받아들던 때와는 표정부터 달랐다. 눈빛을 반짝이며 유심히 문제들을 보더니 그 중 한 문제를 풀기 시작했다. 아무래도 '어려운 문제'라는 말에 흥미가 생기고, '동규가 풀 수 있을까?' 하는 말에 오기가 생긴 모양이었다. 녀석은 보란 듯이 문제를 풀었다. 물론 심화 과정이다 보니, 한 번에 정답을 맞히기는 어려웠다. 하지만 2퍼센트 부족한 부분이 아이를 교육하기에는 가장 좋은 지점이다.

"이 문제 좀 어려웠지? 그래도 잘 풀었네."

되도록 과장된 칭찬을 하지 않으려 애쓰며 말했다. 동규는 자신이 정답을 맞혔는지 내심 궁금해하는 눈치였다.

"음~ 딱 한 부분만 잘 생각해보면 정답을 맞힐 수 있을 것 같은데. 바로 여기. 이걸 요렇게 계산해보면 어떨까?"

나는 한 번에 정답을 알려주지 않고 슬쩍 힌트를 던졌다. 순간 동규는 '아하!' 짧은 소리를 내더니 이내 내게서 학습지를 빼앗아 다시 계산을 시작했다. 그리곤 정답을 맞혔다.

"딩동댕~"

이번에도 나는 별다른 칭찬 없이 그냥 이 한마디를 던졌다. 하지만 동규는 그 어느 때보다 만족한 눈치였다. 자신이 노력해서 얻은 결과물에 대한 동규 자신의 만족감. 그것이야말로 진짜 동규의 것이었다. 동규가 남들의 기준이 아닌 스스로의 기준에 만족하는 순간, 나는 교사로서 동규에게 찾아주고 싶었던 것을 드디어 건네준 기분이 들었다.

나는 그런 동규를 보며 그동안 동네 신동으로서 겪었을 남모를 고충이 느껴졌다. 어렸을 때부터 칭찬만 받아온 동규 입장에서는 그런 칭찬을 계속 받기 위해서는 잘할 수 있는 과제만 해야 했다. 혹시라도 잘하지 못할 것 같은 과제는 아예 시도조차 하기 싫었다. 괜히 못하면 사람들이 실망할지도 모르기 때문이다. 그러다 보니 능력이 있는데도 뭔가 새로운 시도 앞에선 늘 심드렁하고 무관심한 태도를 보였던 것이다.

특별 심화 학습 전략이 매일 이어진 것도, 항상 적중한 것도 아니었다. 의도와 달리 실패하는 날도 많았고, 동규에게 내어줄 시간이 없는 날도 많았다. 하지만 여건이 허락하는 한 최선을 다하려 노력했다. 언젠간 남들의 눈에서 벗어나 자기 스스로를 칭찬할 줄 아는 동규를 그려보며.

'싫어요 대장'

뽀얀 피부에 초롱초롱한 눈망울을 가진 승호를 처음 만나면 아마 누구나 자신도 모르게 아이의 볼을 꼬집으며 이렇게 말하게 될 것이다.

"아유~, 귀여워."

하지만 승호의 이러한 귀여움은 단 3일 만에 무너지고 말았다.

입학 초기의 일이다. 수업이 한창인데, 갑자기 승호가 자기 자리에 앉지 않겠다며 떼를 부렸다.

"싫어, 안 앉을 거야. 잉잉~."

승호의 갑작스러운 행동에 나는 '누가 괴롭혔나? 어디가 아픈가? 뭐 속상한 일이 있었나?'하며 이유를 다방면으로 알아보았다. 하지만 아무런 단서도 찾을 수가 없었다.

"학교에선 공부할 때 책상에 앉는 거야. 자, 이리 와 앉자."

나는 승호의 손을 잡아끌었다. 그러자 승호가 이번에는 아예 교실 바닥에 드러누워 소리치기 시작했다.

"싫어요, 나 안 해! 싫어!"

나는 당황했고, 아이들은 놀라서 나와 승호를 번갈아 바라보았다. 수업을 해야 하는데 언제까지 승호를 달래고만 있을 수는 없었다. 그렇다고 무섭게 야단쳐봤자 이미 아이의 감정이 고조된 상태에서는 어떤 이야기도 들리지 않을 것이 분명했다. 나는 일단 승호를 기다려 주기로 했다. 이럴 땐 그냥 무관심하게 두는 것이 가장 좋은 방법이었다. 달래면 당장 아이의 울음을 그치게 할 수는 있겠지만 다음에도 이런 식의 행동이 통할 것이라고 가르쳐주는 것이나 다름없었다.

"좋아, 승호가 울음을 그칠 때까지 선생님이 기다릴 거야. 다 울고 나면 일어나서 말해."

나는 아이들을 제자리에 앉히고 아무 일 없었던 듯이 다시 수업을 시작했다. 처음엔 아이들도 승호를 신경 쓰여 했지만 내가 눈짓을 하자 다들 모른 척 내 계획에 따라주었다. 한 아이는 바닥에 누워서 울고 있고, 그 옆에서 태연하게 수업을 하는 선생님의 모습이라니! 내가 생각해도 좀 어이없는 광경이긴 했지만 그래도 어쩌랴. 이게 승호에게는 최선의 방법인 것을.

몇 분쯤 지났을까. 수업이 진행되면서 재미있는 동화 속 이야기가 펼쳐지자 승호는 입을 헤 벌리고는 이야기에 집중하며 누운 자세 그대로 수업을 듣고 있었다. 물론 나도 일부러 수업을 좀 더 재미있게 진행하는 센스를 발휘했다. 승호는 어느새 스르르 일어나서는 아무 일 없었다는 듯이 자기 자리로 가서 앉았다. 작전 성공이었다.

하지만 승호의 '싫어요' 소리는 그 뒤로도 여러 번 되풀이되었다. 멀쩡히 잘하다가도 갑자기 하기 싫다고 떼를 쓰기 시작하면 아무도 말릴 수가 없었다. 오죽했으면 우리 반에서 승호의 별명이 '싫어요 대장'이었을까.

더 걱정스러운 건 승호가 보이는 문제가 '싫어요'에서 끝나지 않았다는 것이다.

가늘고 긴 물건에 집착하다

"선생님, 우리 아이가 지금 교실에서 전화했는데요, 승호가 커다란 못을 들고 아이들을 찌른대요."

급식실에서 점심을 먹다가 받은 전화였다. 나는 깜짝 놀라 교실로 달려갔다. 밥을 먼저 먹은 아이들이 교실에 가 있을 텐데, 걱정이 되었다. 다행히 다친 아이는 없었다.

아이들의 이야기를 들어보니, 승호가 긴 못을 들고 아이들에게 겁을 준 모양이었다. 내 손가락 길이보다도 긴 대못이었다. 자칫 위험한 상황을 만들 수도 있는 물건이라서 못의 출처를 알아야 했다.

"승호야, 이 못 어디서 났어?"

"쩌어기."

승호는 손가락으로 막연하게 어딘가를 가리켰다. 단지 그뿐 내가 무슨 질문을 해도 승호는 제대로 대답하지 못했다.

게다가 승호는 자신이 한 행동이 왜 나쁜지, 선생님이 왜 화가 났는지조차 이해하지 못하고 있었다. 다른 녀석들이라면 보통 이렇게 자기가 잘못한 상황에서는 복도에서 달려오는 내 모습만 보고도 벌써 도망갔을 것이다. 그런데 승호는 뻔히 서서 다른 친구들이 자기가 한 행동에 대해 이야기하는 걸 듣고만 있었다. 그러니 자신이 혼날 거라고 상상이나 했겠는가.

나는 두어 달 동안 승호를 지켜보았다. 그리고 혹시 승호가 자폐가 아닐까 의심하게 되었다. 만약 그게 사실이라면 하루하루 학교에서 힘든 시간을 보내고 있는 승호를 그냥 두고볼 수는 없는 일이었다. 아무래도 승호에 대해 부모님과 진지한 상담이 필요했다.

나는 용기를 내어 승호 어머니께 전화했다. 그런데 연락이 되지 않았다. 할 수 없이 승호 아버지께 전화해보았다. 바로 연결이 되었다. 그날 오후, 승호 아버지는 학교로 오셨다.

나는 그간 승호의 학교생활과 앞으로 예상되는 문제들을 승호 아버지께 허심탄회하게 말씀드렸다. 다행히 승호 아버지는 모든 이야기들을 잘 이해하셨고, 바로 다음날 승호를 데리고 병원을 찾았다. 승호는 자폐의 일종인 아스퍼거증후군이라는 진단을 받았다.

자폐 이해하기

아스퍼거증후군은 자폐 장애 중의 하나이다. 자폐는 신체적 발달이나 운동 능력 발달은 정상이나 언어 발달이 아주 느리고 부족하여 주로 대인 관계나 의사소통에 어려움을 겪는다. 승호가 보이는 특징은 이렇다.

눈을 못 마주쳐요.

승호는 나와 이야기할 때도, 친구들과 놀이할 때도 눈이 마주치는 것을 꺼려한다. 아이를 잡고 눈을 맞추려고 애써도 5초 이상 지속하기 힘들다.

언어 수준이 낮아요.

승호와 이야기를 나누다 보면 나까지 유치원 선생님이 된 기분이다. 모든 질문에 '응', '아니'와 같이 단답식으로 답하고 그나마 대답을 하지 않는 경우도 많다. 대부분 다섯 살 정도의 유아 수준으로 말한다.

산만해요.

수업 시간에 가만히 앉아있는 것을 어려워하고 금방 주의가 산만해진다. 다른 물건을 가지고 장난을 치며, 자리에서 일어나 돌아다니는 경우도 많다.

승호는 유독 지팡이처럼 가늘고 긴 물건에 집착했다. 현장 체험 학습을 갔을 때도 어디서 구했는지 기다란 나뭇가지를 들고 와서 휘둘러댔고, 화장실에 있던 막대 걸레 자루도 심심치 않게 들고 다녔다. 그러다 보니 교사인 나도 덩달아 긴 물건에 대한 집착이 생길 수밖에 없었다. 아이들 손에 기다랗고 뾰족한 물건이 들려있기라도 하면 당장 달려가 빼앗았다. 그것으로 다른 친구들을 찌르기라도 할 것 같아 마음이 불안했기 때문이다.

말썽의 소지가 될 물건을 승호 눈에 보이지 않게 하는 것이 상책이었다. 나는 승호 아버지께도 혹시 모르니 승호의 옷이나 가방을 살펴 달라고 부탁했다. 이건 승호의 안전을 위해서도 중요한 일이었다.

발달장애가 있는 아이와 한 교실에서 지내기

하지만 이런 노력만으로는 안 되는 일이 더 많았다. 승호는 아이들이 무슨 말을 하면 그 의미를 이해하지 못하거나 제멋대로 해석하기 일쑤였다. 그래서 엉뚱한 반응을 보이거나 눈치 없이 끼어들어 방해하는 일이 많았다. 가끔은 뜬금없이 화를 내고 싸우려 드는 일도 있었다.

내가 보기에 승호는 적극적인 도움이 필요한 상황이었다. 이대로 두면 학교생활은 물론 친구 관계에도 어려움이 생길 것이 불 보듯 뻔했다. 아이들이 자신과는 다르게 엉뚱한 행동을 일삼는 승호를 놀리거나 괴롭힐 수도 있었다. 우리 교실에서야 내가 어떻게든 해본다지만 학교 운동장이나 쉬는 시간에 만나는 아이들과의 마찰은 또 다른 문제였다.

"선생님~, 승호가 제 필통을 가져갔어요. 흐흑~."

나의 고민과 상관없이 승호의 엉뚱한 행동은 계속되었다.

"그거 엄마가 어제 새로 사준 거란 말이에요. 내가 책상 위에 뒀는데 승호가 가져가는 것을 아이들이 봤대요."

보나가 내게 달려와 서럽게 울며 매달렸다.

"승호야, 보나 필통 어디 있어? 가져와."

승호는 금방 울 것 같은 표정으로 묵비권을 행사했다. 뭔가 사고를 단단히 쳤을 때 나오는 표정이었다. 나는 직접 나서서 승호의 자리를 탐색했다. 가방, 책상 서랍, 사물함 어디에도 필통은 없었다.

"얘들아! 승호가 보나 필통 가져가는 거 본 사람?"

"저요! 그거 화장실로 들고 갔어요."

"뭐? 화장실?"

화장실의 모든 칸을 열고 확인해봤지만 보나의 필통은 보이지 않았다. 그때였다.

"선생님~, 여기 있어요. 여기 변기 안에 필통 있어요."

맙소사! 필통은 물에 젖어서 다시 사용하기는 힘들 것 같았다. 보나의 얼굴은 거의 사색이 되었다. 이번 일은 아무래도 그냥 넘어갈

수는 없을 것 같았다.

나는 승호의 필통을 들고 화장실로 함께 갔다.

"승호야, 승호 필통을 선생님이 여기 변기에 넣으면 승호는 기분이 어떨까?"

내가 필통을 변기에 넣을 듯 행동을 취하자, 승호는 안 된다며 필통을 빼앗으려고 했다.

"승호도 싫지?"

그제야 승호는 고개를 끄덕였다.

"보나도 마찬가지야. 지금 승호 마음이랑 보나 마음이 똑같아. 친구 물건을 망가뜨리면 친구가 속상해. 그러니까 다른 사람 물건을 막 만지면 안 돼. 알았지?"

나는 승호와 눈을 맞추고 아주 천천히, 그러나 힘주어 이야기했다. 승호도 내 눈을 바라보는 동안 감정이 점점 가라앉더니 알겠다고 대답했다.

우리 교실에 평화가 올까?

나는 우리 교실의 상황을 정면으로 마주하기로 했다. 이번 일을 기회로 아이들과 함께 승호에 대해 이야기를 나누기로 결정한 것이다. 교육의 한 목표인 통합 교육을 실천하는 방안이기도 했다.

통합 교육이 뭐길래

장애 아동을 일반 학급에서 비장애 아동과 함께 교육하는 것을 통합 교육이라고 한다. 이를 통해 장애 아동은 자신의 잠재 능력을 최대한 신장시키고, 비장애 아동도 자연스럽게 장애 아동과 함께하는 법을 익히게 된다. 다만 모든 시간을 함께하기는 어려우므로 미리 정한 특정 교과 시간 또는 장애 아동을 위한 특별 활동이 마련된 시간에는 도움반에 가서 특수 교사와 수업을 하고, 미술, 체육과 같은 시간에는 특수 교사가 일반 학급으로 와서 장애 아동의 수업을 도와주기도 한다.

나는 승호를 도움반 선생님께 잠시 부탁드린 뒤, 아이들과 이야기하기 시작했다.

"보나야, 필통이 망가져서 많이 속상했지?"

보나는 아직도 퉁퉁 부은 눈으로 고개를 끄덕였다.

"다른 친구들도 승호 때문에 속상한 적이 많았지?"

"네~."

"그래. 선생님도 너희들이 승호 때문에 속상한 일이 있어도 참고 있다는 걸 잘 알고 있어. 그런데 너희들이 승호에 대해 알아두어야 할 점이 있어. 뭐냐면 승호는 우리와 좀 다르다는 거야."

아이들은 무슨 말인가 하고 나를 바라봤다.

"승호는 우리가 하는 말이나 행동을 잘 이해하지 못할 때가 많아.

자기만의 생각에 빠져 있을 때도 많고. 다른 사람의 기분도 쉽게 알아차리지 못하지. 오늘 일만 해도 승호는 필통을 망가뜨리면 보나가 얼마나 속상할지 잘 몰랐던 거야."

"그걸 어떻게 몰라? 나 참~."

가람이가 기가 막힌다는 듯 말했다.

"그러게. 선생님도 처음엔 가람이와 같은 생각이 들었어. 그래서 정말 승호가 모르는 게 맞나 잘 살펴봤지. 너희들 중에도 혹시 승호를 살펴본 사람 있니?"

그러자 똘똘한 민정이가 손을 들었다.

"저번에 승호랑 짝할 때 보니까 승호는 내가 말을 걸어도 대답을 잘 안 하더라고요. 처음엔 일부러 그러나 했는데, 가만히 보니까 꼭 그런 것 같지는 않았어요. 일부러 그러는 게 아니라고 생각하니까 기분이 그렇게 나쁘지는 않았어요."

"그랬구나. 그런 걸 눈치 채다니 민정이 대단한 걸."

내가 칭찬하자 아이들도 하나둘씩 승호와 있었던 일들을 떠올리며 이야기를 꺼내놓기 시작했다. 칭찬받으려고 지어냈음직한 이야기들도 있었지만 상관없었다. 중요한 건 아이들이 승호를 이해하고 사이좋게 지내기 위한 방법을 함께 생각하는 과정 그 자체일 테니까.

"승호를 이해한다는 건 정말 어려운 일인데, 오늘 보니까 우리 반엔 정말 괜찮은 친구들이 많은 것 같네."

'괜찮은 친구들'이란 말에 아이들 모두 으쓱해진 모양이었다. 귀를

쫑긋하며 내 이야기에 더 집중했다.

"그렇다고 승호의 행동을 무조건 참으란 말은 아니야. 일단 승호가 너희들을 화나고 속상하게 했더라도 일부러 그런 것이 아닐 수도 있다고 먼저 생각해보는 거야. 그래도 화가 나면 승호를 때리거나 하지 말고 선생님에게 와서 이야기해주면 좋겠어. 그럼 선생님이 도와줄게."

"네, 선생님~."

아이들은 무슨 비밀 지령이라도 들은 듯 의기양양하게 대답했다. 하지만 이렇게 해도 우리 교실에 평화만 존재할 수 없다는 걸 나는 잘 알고 있었다. 승호를 이해한다고 해도 자신을 때리고 물건을 망가뜨리는 일까지 참아주기에는 아이들이 아직 어렸다. 또, 승호가 그렇게 하도록 두어서도 안 되는 일이었다. 다만 이날의 이야기를 통해 아이들은 승호와 같은 친구들을 이해하는 법을 배우고, 승호도 아이들의 배려를 통해 조금씩 친구에게 다가가는 마음을 배우는 것이 중요했다.

그날 이후 아이들은 아주 조금씩 변화된 모습을 보여주었다. 물론 나는 여전히 화장실 원정 출장을 수시로 다녀왔고, 온갖 종류의 가늘고 긴 물건들이 내 책상 서랍 속에 쌓였음을 고백한다.

교육은 늘 긴 시간을 필요로 한다. 중요한 것은 아이들도, 승호도 아주 조금씩 변화하며 성장하고 있다는 사실이다.

아이들이 2학년이 된 뒤에도 나는 종종 복도에서 승호와 마주치곤 했다. 다른 아이라면 '선생님. 안녕하세요?'라고 인사하거나 손을 흔들며 웃는 얼굴로 나를 대하겠지만, 승호는 아니었다.

일단 깜짝 놀란 표정으로 발걸음을 딱 멈추고 이렇게 말했다.

"어?"

그리고 한참을 그렇게 멀뚱히 서 있었다. 녀석이 같이 뛰어가던 친구들을 따라가지 않고 발길을 멈춘 것만으로도 엄청난 일이었다.

"승호, 안녕?"

내가 먼저 인사했다.

"헤~."

녀석은 입을 벌린 채 시선을 어디에 두어야 할지 몰라 연신 어색한 몸짓을 하며 어쩔 줄 몰라 했다.

그게 전부였다. 조금 색다른 방식이지만 그게 승호와 나의 인사법이었다. 그것도 아주 반가운.

"시험 문제를 읽을 수가 없어요"

　유미는 그림에 꽤 소질이 있는 아이였다. 색채감각이 뛰어나서 교실 뒤에 붙여놓은 아이들 그림 중에서도 유미의 그림은 단연 돋보였다. 사물을 관찰하는 눈도 예리해서 사물을 실제와 거의 흡사하게 그려내곤 했다. 이런 미적 감각은 유미의 옷차림에도 고스란히 반영되었다. 항상 머리핀과 옷의 색을 잘 맞추어서 입었고, 예쁜 스카프나 액세서리로 포인트를 주기도 하였다. 누가 봐도 유미는 단정하고 사랑스러운 아이였다. 적어도 첫 시험을 치르기 전까지는 그랬다.

첫 시험을 치는 날

 1학년 첫 시험을 치는 날. 나는 아이들에게 시험 시간에 지켜야 하는 규칙을 아주 작은 것부터 자세하게 설명해주었다.
 "시험을 볼 때는 다른 사람의 것을 보고 하면 안 돼요."
 "그럼 모르는 문제는 어떡해요?"
 "모르는 문제라도 다시 한 번 천천히 읽다 보면 답이 생각날 수도 있어요. 끝까지 포기하지 말고 풀어보세요."
 갑자기 한 아이가 손을 들었다.
 "선생님, 배가 아파요."
 시험 보는 날에는 이런 아이들이 꼭 있다. 너무 긴장한 탓이다.
 "지금 화장실에 다녀오거나 보건실에 다녀올래?"
 "아니, 그 정도는 아닌데……."
 "긴장해서 그럴 수도 있어. 잠깐 엎드려있거나 숨을 크게 들이마시고 심호흡을 해 봐."
 "선생님, 쉬 마려워요."
 "쉬라고 하지 말고 '화장실 다녀오겠습니다.'라고 말하라고 했지? 자, 모두 지금 화장실에 다녀와요. 시험 보는 중간에 화장실에 가지 않도록!"
 하지만 아무리 설명해주어도 항상 돌발 상황이 생기기 마련이다. 시험이 시작되자마자 한 아이의 책상 위에 교과서가 나와 있는 것이 보였다. 나는 조용히 아이 옆으로 다가갔다.

"시험 시간에는 이렇게 책을 올려놓으면 안 돼."

"난 안 봤어요. 안 보고 할 건데."

"그래, 알아. 그래도 책은 가방에 넣는 거야."

이번엔 한 녀석이 아무것도 쓰지 않고 멀거니 앉아만 있는 것이 보였다.

"왜 그러고 있어? 시험 문제를 풀어야지."

"연필이 없어요."

"연필이 없으면 선생님께 이야기해야지."

물어보지 않았으면 시험 시간 내내 그러고 앉아있다가 백지 시험지를 낼 판이었다. 그 순간 저만치서 앞자리의 아이를 쿡쿡 찌르는 녀석이 보였다.

"뭐하는 거야? 왜 친구를 불러?"

"그게, 지우개 좀 빌려달라고……."

정말 끝이 없었다. 그렇게 정신없이 아이들을 챙겨주고 있는데 갑자기 한 녀석이 불쑥 말했다.

"아, 다 풀었다. 선생님~, 다 푼 사람은 어떡해요?"

시험 시작한 지 10분도 안 됐는데 다 풀었다니! 이건 검사에 들어가 봐야 한다. 녀석의 자리로 가서 시험지를 살펴보니, 그럼 그렇지. 중간중간 답을 쓰지 않은 문제들이 보였다.

"5번, 12번, 20번 문제 안 풀었잖아. 자, 다들 1번부터 하나씩 짚으면서 안 푼 문제가 없는지 살펴보세요."

1학년 아이들은 시험 문제를 몰라서 못 풀기보다는 이렇게 덤벙대고 빠트리거나 실수를 해서 틀리는 문제가 훨씬 더 많았다. 마침 시험 시간이 어느 정도 지난 터라 나는 빠뜨린 문제는 없는지 아이들의 시험지를 꼼꼼하게 살펴보기 시작했다. 그때 유미의 시험지가 내 눈에 들어왔다. 문제를 거의 풀지 않았다.

"유미야, 왜 문제를 풀지 않았어? 혹시 어디 아프니?"

나의 물음에 유미는 고개를 절레절레 흔들었다. 이상했다. 유미는 시험 시간 내내 열심히 문제를 풀고 있었다. 적어도 자세만 봐서는 분명히 그랬다. 그런데 시험 시간이 다 끝나가도록 유미의 시험지는 거의 백지 상태였다.

난독증이 있는 아이

시험이 끝나고 아이들이 모두 돌아간 뒤, 나는 유미와 함께 다시 시험지를 펼쳐들었다.

"유미야. 여기 이 문제 한번 읽어볼래?"

몇 글자 더듬더듬 읽더니 유미는 이내 입을 다물어버렸다. 그나마도 틀리게 읽는 것이 더 많았다. 이럴 수가! 유미는 한글을 읽지 못했다.

나는 충격에 휩싸였다. 우선 몇 달이 지나도록 유미가 한글을 읽지 못한다는 사실을 내가 몰랐다는 게 믿기지 않았다. 그동안 유미는 받아쓰기 시험에서 항상 80점 이상의 점수를 받아왔다. 수업 시간에도 자신의 생각을 또렷한 목소리로 논리정연하게 잘 발표했고, 친구들과 모둠 활동을 하거나 역할 놀이를 할 때에도 전혀 뒤처짐 없이 훌륭하게 활동을 수행했다. 그런 아이가 글자를 읽지 못하다니!

나는 며칠 동안 유미의 모든 학습 과제물을 꼼꼼하게 살펴보았다. 국어 책에는 글자가 제대로 쓰여있지 않은 부분이 꽤 많이 눈에 띄었다. 앞에 나온 내용을 찾아서 보고 쓰는 것은 잘했지만 교과서에 나와 있지 않은, 자신의 생각을 글로 쓰는 부분은 거의 알아볼 수 없는 형태로 글씨를 휘갈겨놓았고, 아니면 아예 빈칸이었다.

수학에서는 수식으로만 된 문제는 많이 틀렸는데 이상하게 그림이 함께 제시된 문제는 대부분 답을 맞혔다. 특히 패턴 찾기나 모양 꾸미기 등의 활동에서는 아주 우수한 결과물을 보였다.

이 모든 것들을 종합해봤을 때 유미는 난독증이 아닐까 하는 생각이 들었다.

여기서 잠깐,

난독증 이해하기

난독증은 선척적인 뇌의 결함에 의해 생기는 읽기 장애다. 지능은 정상이지만 글자를 읽고 이해하는 데 어려움을 느끼는 것이다. 유미가 보이는 특징은 이렇다.

듣고 말하는 것이 더 쉬워요

이야기를 들려주면 이해를 잘하고, 그것에 대해 질문하면 자신의 생각을 논리적으로 말하는 것도 잘한다. 그런데 책을 읽으라고 하면 그 순간 눈빛이 흐려지면서 멍해져 잘 읽지 못한다.

단어는 읽는데 뜻은 모르겠어요

쉬운 단어나 짧은 문장은 속도가 느려도 읽기는 한다. 하지만 그 뜻을 물어보면 대답을 잘 못한다. 글자를 읽어도 내용이 머릿속에 들어오지 않는 것이다.

쉬운 낱말의 철자도 곧잘 틀려요

호박, 양파 등의 단어를 '호방', '양방'과 같이 틀리게 쓰는 경우가 많다. 또는 글자를 마치 거울로 보듯이 좌우가 바뀐 형태로 쓰기도 한다.

나는 읽는 것이 힘든 유미에게 학교생활이 어떨지 상상해보았다.

가뜩이나 처음 들어온 학교라서 이것저것 긴장이 많이 되는데, 학교생활의 대부분을 차지하는 학습 시간에는 고통이 두 배가 되었을 것이다. 선생님이 책을 읽으라고 하는데 글자가 제대로 눈에 들어오지 않는다. 글자를 써야 하는 시간도 마찬가지다. 다른 아이들처럼 자음 모음을 인식하여 머릿속에서 조합하는 것이 잘 안 되다 보니, 유미는 한 글자 한 글자를 마치 사진 찍듯이 보고 그린다.

유미는 자신이 글자를 보는 방식이 다른 사람과 다르다는 것을 알 리가 없다. 그래서 자신이 글을 읽고 쓰지 못하는 것에 대해 열심히 하지 않아서라는 주변의 말을 진실로 받아들인다. 시험 성적이 낮게 나오면 엄마는 문제집을 많이 풀지 않았기 때문이라고 한다. 어떤 때는 머리가 나쁜 것이 아니냐고 핀잔을 듣기도 하고, 어떤 때는 집중력이 부족한 것 같다는 말도 듣는다. 아무리 애를 써도 잘 안 되면 어느 순간부터는 유미도 자신이 머리가 나쁜 아인가 보다 생각하게 된다.

이런 과정을 오래 거치게 되면 유미는 스스로에 대해 부정적인 자아상을 갖게 될 것이다. 아무도 알아차리지 못한 학습 장애, 난독증이 아이의 자존감을 조금씩 갉아먹을 것이기 때문이다.

생각이 여기까지 미치자 나는 당장 유미 어머니께 상담을 요청했다. 유미의 시험지를 어머니께 보여드리고 유미의 상태에 대해 설명드렸다. 그리고 아주 조심스럽게 전문 기관의 치료를 권해드렸다. 그런데 유미 어머니는 마치 내 말을 못 들은 것처럼 피하면서 자꾸만 다른 이야기를 하셨다.

"유미가 머리가 나쁜 아이는 아니니까 금방 따라갈 수 있을 거예요. 제가 문제집을 너무 풀리지 않아서 그랬나 봐요."

"제가 보기에 유미가 학습을 게을리하거나 이해력이 떨어져 보이지는 않아요. 지금 유미는 열심히 해도 안 되는 문제가 있는 게 아닐까 싶어요. 난독증이나 다른 학습 장애가 의심되는 부분이 있어요."

"네, 그럴 수도 있겠네요."

"어머님께서 힘드시면 학교나 교육청 상담 센터에 의뢰하는 방법도 있어요. 학부모 동의만 해주시면 됩니다."

"네, 그것도 생각해보겠습니다."

나는 어머니의 말 행간에서 유미의 상황을 받아들이지 못하는 저항을 느낄 수 있었다. 유미 어머니의 입장도 이해 못 하는 것은 아니었다. 나라도 내 자식의 일이라면 받아들이기 어려웠을 것이다. 게다가 학습 장애에 대한 인식이 부족하다 보니, 많은 학부모들이 유미 어머니와 비슷한 태도를 취하기가 쉬웠다.

눈에 보이는 신체장애는 금방 알 수 있지만 난독증과 같은 학습 장애는 겉으로 드러나지 않기 때문에 그 존재 자체가 잘 인식되지 않는다. 문제는 그 과정에서 고통 받는 것은 아이들이라는 것이다.

그 아이만의 특별한 능력

그렇다면 유미는 그동안 학교생활을 어떻게 해온 것일까?

초등학교 교과서에는 그림이 많다. 눈치 빠른 유미는 그 그림으로 학습 내용을 이해하고 따라왔던 것 같다. 그림을 잘 그리고 패턴 찾기 등의 활동을 잘하는 것을 보면 유미는 시각적인 이미지를 받아들이고 기억하는 능력이 뛰어난 아이인 듯했다.

그렇게 생각하니 유미의 높은 받아쓰기 점수가 이해되었다. 받아쓰기는 미리 시험 볼 문장들을 단계장에 적어주고 연습하게 한 후에 시험을 보았다. 유미는 그 단계장의 글씨들을 마치 사진 찍듯이 머릿속에 기억해두었다가 시험을 보았던 것이다. 하지만 오롯이 글자로만 그 내용을 이해해야 하는 시험 문제에서는 취약한 부분이 드러날 수밖에 없었다.

그래도 다행히 유미는 아직 초등 1학년이라 자신만의 특별한 능력으로 학교에 적응하고 있었다. 특히 타고난 미술 감각을 곧잘 발휘하곤 했다.

조각칼로 감자와 사과 등을 이용해 도장을 만드는 시간. 만들기에 신이 난 아이들이 주변에 있는 물건들을 닥치는 대로 집어 들고 조각하기 시작할 때 가장 만만한 희생물은 고무지우개다. 아이들은 고무지우개로 정체불명의 조각상을 만들기도 하고, 파고 잘라 남은 지우개 찌꺼기를 모아 조물조물해서 조형물을 탄생시키기도 했다. 고무지우개에 다양한 펜을 이용해 예쁘게 그림을 그려 넣어 만든 예술작품도 있었다.

그 중에서 가장 나를 감동시킨 건 유미의 손에서 알록달록 색칠되어 재탄생한 고무지우개였다. 처음 봤을 땐 그것이 지우개라고는 믿기지가 않았다. 마치 무슨 추상적인 조형물을 보는 느낌이랄까. 곡선과 직선, 그리고 다채로운 색들이 아주 잘 어우러져 있었다. 특히 형형색색 칠해진 여러 가지 색의 배색이 정말 압권이었다. 유미는 디자인 감각을 타고난 것 같았다.

하지만 2학기에 접어들면서 나의 우려는 현실로 나타났다. 유미의 표정이 조금씩 빛을 잃기 시작했다. 내가 아무리 유미의 상황을 이해하고 배려해주어도 학교라는 테두리 안에서는 한계가 있었다. 유미에게 학교는 더 이상 재미있는 곳이 아닌 것 같았다.

수업 시간에도 멍하니 딴 곳을 쳐다보는 일이 많아졌다. 처음엔 자신의 의견을 잘 발표했던 아이가 시간이 갈수록 점점 말수가 줄어들었다. 심지어 내가 무엇을 물어도 말하려고 하지 않을 때가 많아졌다.

나는 이런 유미를 보면서 마음이 좋지 않았다. 아직은 1학년이라 덜하겠지만 점점 학년이 올라갈수록 공부할 양이 많아질 텐데, 그럼 자연스럽게 '학습 부진아'라는 꼬리표를 달게 될지도 모를 일이었다.

유명한 영화배우 톰 크루즈가 난독증이라는 사실은 이미 잘 알려져 있다. 대본을 읽지는 못하지만 다른 사람이 읽어주면 남다른 기억력으로 대사를 모두 외운다고 한다. 정말 신기한 것은 유미에게도 톰 크루즈의 기억력처럼 특별한 능력이 있었다. 유미는 한번 본 사물을 마치 사진 찍듯이 머릿속에 이미지로 간직할 줄 아는 능력이 있었다. 그래서 시각적인 이미지를 활용한 작업에는 굉장히 뛰어난 능력을 보였다.

나는 유미 어머니나 유미에게 이런 특별한 능력을 여러 번 강조해서 이야기해주려고 노력했다. 먼 훗날 유미가 자신에 대해 좌절감을 느낄 때 이 말들을 기억해주길 바라면서……

장애 여동생의 수호천사

찬솔이는 우리 반에서 몸집이 가장 작은 남자아이였다. 입학할 당시에 키는 119센티미터였고, 몸무게는 18킬로그램밖에 나가지 않았다. 누가 봐도 왜소한 체구였지만 찬솔이는 초롱초롱한 눈빛과 착한 마음씨를 가지고 있어서 친구들 사이에서 인기가 높았다.

한번은 교실에서 아라가 귀걸이 한 짝을 잃어버린 적이 있었다. 그것도 새로 산 금 귀걸이였다. 아라는 속상해서 어쩔 줄 몰라 했고, 반 친구들도 모두 안타까워하며 대대적으로 귀걸이 찾기에 나섰다. 하지만 작은 귀걸이를 찾는 일은 쉽지 않았다.

그런데 다음 날, 교실 뒤편 구석에서 찬솔이가 기쁨에 찬 목소리로 외치는 소리가 들렸다.

"찾았다! 귀걸이~!"

마룻바닥 사이에 끼어 있던 아라의 귀걸이를 찾아낸 것이다. 찬솔이는 아주 소중한 물건을 다루듯 귀걸이를 두 손으로 받쳐 들고 내게 가져왔다. 하루만 지나도 금방 잊어버리는 아이들과 달리 찬솔이는 다음 날에도 그 일을 기억하고 혼자 교실 바닥을 뒤진 모양이었다. 이렇게 귀엽고 사랑스런 녀석이니 친구들도 찬솔이를 좋아하지 않을 수 없었다.

"싫어, 난 아기 안 해!"

하지만 찬솔이와 잘 지내려면 조심해야 할 것이 하나 있었다.
가족 역할 놀이 활동을 할 때였다.
"싫다고! 나, 아기 아니라고!!"
얼굴이 새빨개진 찬솔이가 씩씩거리며 주먹을 불끈 쥐고 소리치는 모습이 보였다. 친구들도 갑작스런 찬솔이의 반응에 적잖이 당황한 표정이었다.
"아니, 진짜 아기가 아니라 그냥 소꿉놀이할 때 아기 역할을 하는 거라니까."

"싫어~, 싫다고! 난 아기 안 해!! 엉엉~."

참으려고 애를 써도 자꾸만 눈물이 쏟아지는지 찬솔이는 주먹을 불끈 쥔 손으로 연신 얼굴을 훔쳐냈다. 그랬다. 찬솔이에게 '아기'라는 말은 절대 금지어였다.

1학년 교과서에는 가족 역할 놀이 활동이 꼭 나온다. 각자 집에서 여러 가지 소품을 준비해와서 엄마, 아빠, 할머니, 할아버지, 동생, 언니, 오빠 역할을 하는 활동이다. 이때 가장 인기 있는 역할은 단연 '엄마'이다. 가장 할 말이 많고 주도권을 행사할 수 있으며, 앞치마, 장바구니, 목걸이 등의 소품을 다양하게 활용할 수 있기 때문이다. 그리고 무엇보다 가장 친근한 존재이다 보니, 머릿속에 떠오르는 장면도 풍부해서 연기하기에 더할 나위 없이 좋은 것이다. 그래서 엄마 역할만큼은 남자아이들도 서로 하겠다고 달려든다. 반면 엄마를 제외한 나머지 역할들은 인기가 대동소이하다. 그저 그렇게 무난하고 평범한 역할로 여긴다.

단 하나, 아이들이 다소 예민하게 반응하는 역할이 하나 있는데 바로 '아기' 역할이다. 아이들은 '아기'를 힘없고 연약해서 별 볼 일 없는 존재로 느끼기 때문에 아무도 맡으려 하지 않는다. 특히 남자아이들은 절대 사양이다. 그들에게 힘없고 나약한 존재란 용납될 수 없기 때문이다. 그러다 보니 아기 역할을 맡는 마음도 아이들마다 조금씩 다르다.

그럼 아기 역할은 누가 맡을까?

"할 수 없지 뭐. 내가 할게!"

모두 하기 싫어하기 때문에 배려심이 많거나 몸집이 작고 마음 약한 아이들이 아기 역할을 자청해서 맡는다. 할 수 없이 모두의 평화를 위해 본인을 희생하는 것이다.

"가위바위보로 공평하게 정하자"

아쉽게도 희생하는 사람이 아무도 나오지 않으면 서로 티격태격 말다툼을 벌인 끝에 대부분 가위바위보로 정하기 마련이다. 져서 울며 겨자 먹기로 아기 역할을 맡은 아이는 놀이를 하는 내내 기분이 좋지 않다.

"이 편한 걸 왜 안 해?"

누가 봐도 아버지나 힘 센 오빠 역할이 어울릴 것 같은 남자아이가 아기 역할을 자청하는 경우도 있다.
"난 아기 역할이니까 우유병 들고 여기 편하게 누워 있어야지. 아기는 아무것도 못 하는 것 알지?"

외모만 놓고 본다면 아기 역할은 누가 봐도 찬솔이가 가장 제격이었다. 반 아이들 간에 공감하는 분위기가 형성되면 대부분의 아이들은 썩 마음이 내키진 않아도 그 역할을 받아들이거나, 아니면 '대신 다음엔 아빠 시켜 달라'는 조건을 내걸고 수용하기도 한다. 다들 이

것이 진짜가 아니라 단지 '역할 놀이'일 뿐임을 알기 때문에 찬솔이처럼 울거나 격한 반응을 보이지는 않는다. 하지만 찬솔이는 자신이 마치 진짜 아기가 되어버리는 것처럼 반응했다.

"얘들아, 찬솔이가 정말 싫어하니까 다른 역할을 시켜주자. 그리고 찬솔이는 지금 친구들이 양보해줬다는 걸 꼭 기억해야 해. 다음에는 찬솔이도 친구들에게 양보해주는 거야. 알았지?"

어렵게 '아기 사건'을 마무리하면서 나는 여느 아이들과 다른 찬솔이의 반응이 조금 마음에 걸렸다.

다행히 1학기가 끝나갈 즈음 찬솔이는 '아기' 역할을 어느 정도 수용할 줄 알게 되었다. 억지로 아기 역할을 맡은 적이 있었는데 여자아이들이 마치 진짜 아기 다루듯 찬솔이를 쓰다듬어주고 예뻐해주었던 것이다. 찬솔이도 그런 '아기' 역할이 싫지 않았던 것 같았다. 그 뒤로는 쉬는 시간, 교실 한 구석에서 펼쳐지는 아이들의 소꿉놀이에서 아기 역할을 하며 귀여움을 독차지하고 있는 찬솔이의 모습을 종종 볼 수 있었다.

하지만 여전히 나를 걱정하게 만드는 찬솔이의 모습이 남아있었다.

남자아이들에게 통하는 '마법의 단어'

2학기가 다가올 무렵의 일이었다. 아이들에게 나눠줄 새 교과서가 도착했는데, 교실까지 옮기려면 아무래도 아이들의 도움을 좀 받아야 할 것 같았다. 바닥에 떨어진 휴지 줍기를 시키면 뺀질뺀질 안 하려고 하는 녀석들이지만 무거운 물건을 옮기는 일은 고민할 필요가 없었다. 이럴 때 쓰면 통하는 '마법의 단어'가 있었다.

"우리 반에서 '힘'이 센 사람이 누구지? 선생님이 무거운 책을 좀 옮겨야 하는데……."

"저요! 저요! 제가 할게요."

효과는 바로 나타났다. 교실 여기저기서 지원자가 쏟아져나왔다. 길게 줄을 선 지원자들을 흐뭇하게 바라보며 나는 맨 앞에 선 재민이의 두 손에 책 다섯 권을 들려주었다. 재민이는 뒤에 있는 친구들이 들으라는 듯이 큰 소리로 말했다.

"아휴~, 정말 가볍네."

이번엔 태오. 그런데 방금 전 재민이가 한 말에 자극을 받았는지 녀석이 무리수를 두려고 했다.

"선생님, 저는 더 주세요. 더 옮길 수 있어요."

오랜 교사 생활의 경험으로 나는 이런 말에 넘어가면 안 된다는 것을 잘 알고 있었다. 책을 더 주었다가는 얼마 못 가서 주저앉아 헉헉거리는 녀석을 보게 될 것이 분명했다. 그렇다고 녀석의 손에서 책을 덜어내는 것은 남자의 자존심에 두 번 금을 내는 일이었다. 녀석이 펄쩍 뛰면서 할 수 있다고 강력하게 항의할 것이 분명했다.

"고마워. 하지만 뒤에 있는 친구들도 다 나르고 싶어 하니까 네가 양보해줘."

이 말 속엔 '네가 힘이 세다는 것은 충분히 알고 있어. 당연히 더 무거운 것도 들 수 있을 거야. 하지만 넌 남에 대한 배려심도 많잖아?'라는 숨은 뜻이 담겨있었다. 예상대로 태오는 내 말에 수긍했고, 책 다섯 권을 나르는 것으로 만족했다.

책 나르기 지원자 가운데는 찬솔이도 끼어있었다. 작은 체구에 책 다섯 권은 좀 무거울 것 같았지만 나는 걱정스런 마음을 숨기고 책을 건네주었다. 받는 찬솔이도 당연하다는 듯이 무거운 내색은 하지 않았다. 하지만 교실까지 가는 동안 찬솔이는 얼굴이 벌겋게 상기됐고 가쁜 숨을 내쉬었다. 그렇다고 '힘들지?'라는 위로의 말을 건넬 수도 없는 노릇이라서 나는 짠한 마음을 이 말로 대신했다.

"찬솔아, 고마워. 덕분에 선생님이 힘들지 않았어."

방금 전까지 지친 기색이 역력했던 찬솔이의 얼굴에 금방 화색이 돌았다. 심지어 자신이 예전에 얼마나 무거운 물건을 많이 들었는지에 대한 무용담을 끝도 없이 늘어놓았다. 수업을 시작해야 하는데 찬솔이의 힘자랑은 끝날 기미가 보이지 않았다. 이건 내 실수였다. 녀석의 마음속에 있는 마법의 '힘' 단추를 너무 세게 누른 모양이었다.

물론 남자아이들은 힘에 예민하게 반응한다. 이제 막 유치원에 다니기 시작한 내 조카 녀석만 해도 틈만 나면 알통 자랑에 힘자랑이다. 정말 누가 남자 아니랄까 봐 하는 생각이 들 정도다. 하지만 이런 모습은 초등학생이 되면 스르르 사라진다.

다섯 살 때는 자기가 세상에서 제일 힘이 세다고 생각했던 아이도 여덟 살 정도가 되면 자신과 주변 친구들의 힘을 비교하고, 누가 더 센지 슬슬 가늠하기 시작하기 때문이다. 직접 서로 치고받고 싸우기도 하고, 도빈이가 당한 화장실 보복(?)사건 같은 일을 간접적으로 경험하면서 여덟 살 아이들은 냉혹한 현실에 눈을 뜨기 시작한다. 그러면서 남자아이들 사이에 눈에 보이지 않는 서열이 나타나게 되는 것이다.

찬솔이 역시 '힘'에 굉장히 민감한 반응을 보였다. 체구가 작은데도 힘을 써야 하는 활동에는 절대 빠지는 법이 없었고, 심지어 자신이 가장 힘이 세다고 믿었다.

2학기가 시작된 어느 날, 찬솔이가 내게 다가오더니 대뜸 이런 말을 건넸다.

"선생님~, 제 알통 좀 보세요."

소매를 돌돌 말아 올리고 앙증맞은 팔에 잔뜩 힘 주며 뽀빠이 자세로 서 있는 녀석을 보고 나는 잠시 할 말을 잊었다. 그리고는 곧 웃음을 숨기느라 애를 써야 했다. 도대체 저 가녀린 팔 어디에 알통이 있단 말인가! 하지만 찬솔이는 그게 아니었다. 어찌나 표정이 당당하던지 그 기에 눌려 나도 모르게 이런 말이 입 밖으로 나오고 말았다.

"우와~, 정말 알통이 멋지네."

찬솔이는 당연하다는 듯이 소매를 내리더니 어깨를 으쓱 한 번 올려보이고는 유유히 사라졌다. 얼굴은 귀여운 꼬마인데 하는 행동은 완전히 상남자 포스였다.

그 뒷모습을 보면서 나는 다시 한 번 찬솔이에 대해 의문을 품었다. 그즈음에도 찬솔이는 늘 자신이 가장 힘이 센 남자라고 우겼고, 그러다 좌절하면 어김없이 '아기 사건' 때처럼 같이 격한 반응을 보였기 때문이다.

우는 것은 힘센 남자와는 상반되는 모습이다. 그래서 대부분의 남자아이들은 힘에 좌절해도 잘 울지 않는다. 오히려 애써 태연한 척해 보이며 상남자의 자세를 유지하려고 애쓴다. 하지만 찬솔이는 그때마다 자신의 감정을 이기지 못하고 늘 주먹을 꼭 쥐고 부들부들 떨면서 울곤 했다. 아무래도 이 녀석은 여러 가지 면에서 현실에 눈을 제대로 뜨지 못하고 있는 느낌이었다.

풀리지 않는 의문을 남긴 채 2학기가 흘러가고 있었다.

멋진 오빠 되기 프로젝트

나의 궁금증은 찬솔이 어머니와 상담하면서 조금씩 풀리기 시작했다. 찬솔이에게는 장애가 있는 여동생이 하나 있었다. 출산 과정에서 문제가 생겨 혼자 힘으로는 걷지도 못하고 누워서만 지낸다고 했다.

"찬솔이 여동생이 지금 몇 살인가요?"

"다섯 살이에요. 잘 먹어서 덩치는 오빠하고 비슷해요. 그런데도 찬솔이 눈에는 아직도 아기로 보이나 봐요. 학교 갔다 오면 동생을 껴안아주고 아기라고 부르면서 정말 예뻐해요."

두 남매의 모습을 떠올리는 찬솔이 어머니의 얼굴에 행복한 미소가 퍼졌다. 혼자 빙그레 웃으시며 찬솔이의 어릴 적 에피소드를 들려주기도 하셨다.

"찬솔이가 다섯 살 땐가, 동생을 유모차에 태우고 나갔는데 아기가 예쁘다며 만지려고 하는 사람들이 있었어요. 그때마다 찬솔이가 유모차를 막아서며 함부로 못 만지게 했었죠. 지금도 커서 동생을 지켜주는 슈퍼맨이 될 거라고 말해요."

장애아가 태어나면 가족 모두 힘들 텐데, 찬솔이 가족은 오히려 행복으로 삼고 살아가는 듯했다. 조금씩 찬솔이에 대한 의문의 퍼즐 조각들이 맞추어지기 시작했다.

동생이 태어나면서 가족들의 관심은 모두 동생에게 쏠렸을 것이다. 동생이 아프다 보니, 찬솔이가 질투하거나 남들처럼 짓궂은 장난을 치는 행동도 엄하게 다루어졌을 것이다.

"찬솔아, 아픈 동생한테 그런 장난치면 못 써! 네가 오빠니까 동생을 돌봐줘야지."

그러다 우연히 찬솔이가 동생을 안아 올리거나 뭔가 힘을 써서 동생 돌보는 것을 보고 부모님은 감격하며 칭찬을 아끼지 않으셨을 것이다. 지금도 찬솔이가 학교에서 돌아오면 자기 덩치만한 동생을 끌어안아 올리며 예뻐해준다고 자랑하시는 걸 보면 그럴 가능성이 충분했다. 나는 그제야 찬솔이의 마음이 이해되었다.

　찬솔이는 동생을 지켜주는 오빠가 되려면 힘이 세야만 한다고 생각했던 것이다. 다른 남자아이들이 힘을 남자의 이미지로만 여기고 막연하게 동경했다면 찬솔이에게 힘은 현실에서 당장 필요한 것이었다. 힘이 사라지면 동생을 잘 돌보는 오빠의 존재감마저 사라진다는 것을 의미했다. 그래서 그렇게 처절하게 힘에 집착하고, 좌절되면 뜨거운 눈물을 흘릴 수밖에 없었던 것이다.

　찬솔이는 체구가 워낙 작아서 지금 당장은 현실 세계에서 힘으로 뭔가를 성취할 수 있는 일이 적을 수밖에 없다. 그런데도 계속 힘에 집착한다면 찬솔이는 자꾸 현실을 부정하게 되고, 안 되면 격하게 반응하는 일이 점점 늘어날 것이다. 그런 일이 많아질수록 가장 힘든 건 찬솔이 자신이다. 찬솔이에게는 힘쓰는 것 말고도 동생을 위해 해줄 수 있는 일이 많다는 걸 깨닫게 해줄 필요가 있었다.

　나는 찬솔이에게 멋진 오빠 되기 프로젝트를 실시하기로 했다.

　"찬솔아, 어제 엄마에게 동생 이야기 들었어. 찬솔이가 동생을 잘 돌봐준다며? 정말 멋진 오빠더라. 동생을 지켜주려면 찬솔이가 해야 할 게 많겠네."

　"네, 저 그래서 태권도 학원 다녀요."

　"그런데 찬솔아, 동생을 지켜주려면 힘도 세야 하지만 공부도 열심히 해야 하고, 그림도 잘 그려야 해. 그래야 동생에게 많이 가르쳐 주지."

찬솔이의 얼굴에 미소가 번졌다. 나는 조금씩 틈나는 대로 이런 노력들을 계속해나갔다.

"찬솔이가 그림을 참 잘 그렸네. 이거 집에 가져가서 동생 보여주면 좋아하겠다."

"받아쓰기 백 점이네. 동생도 한글 쓸 줄 알아? 찬솔이는 나중에 동생 한글 공부도 잘 시켜주겠는 걸."

찬솔이가 힘에 대한 집착에서 벗어나려면 시간이 좀 더 필요할지 모른다. 찬솔이 자신도 그런 변화를 이루어내기 위해 많은 시간과 노력을 쏟아야 할 것이다. 하지만 나는 언젠간 찬솔이가 스스로의 힘으로 그 벽을 깨고 나와 당당하게 세상에 설 수 있을 것이라 믿는다. 아마도 그때쯤에는 찬솔이의 팔에도 단단한 진짜 알통이 생길 테니.

"친구들이 혼나면 내 마음도 떨려요"

교무실에 일이 있어 잠시 자리를 비웠다가 돌아와 보니 교실이 아수라장이었다. 서너 명은 책상 위에 올라가서 쿵쿵 뛰고 있었고, 현수는 아예 사물함 위에 올라가서 춤을 추고 있었다. 딱지치기하는 민성이와 도빈이는 노는 데 정신이 팔려 내가 온 줄도 몰랐다.
"땡땡땡"
교탁 위의 종을 치자, 눈치 빠른 아이들은 재빨리 제자리로 돌아가 앉았다. 하지만 몇몇은 아직 놀이에 빠져 상황 파악을 하지 못했다.

"민성아, 도빈아, 딱지 이리 가져와."

내가 전에 없이 엄한 목소리로 말하자 자리에 얌전히 앉아있던 보름이가 화들짝 놀라며 나를 바라봤다. 정작 혼나고 있는 민성이나 도빈이는 오히려 아쉬워하는 표정인데, 보름이는 선생님의 화난 목소리만으로도 심장이 얼어붙는 표정이었다. 사물함 위에서 얼른 내려오지 않는 현수 때문에 선생님이 더 크게 화내게 될까 봐 조마조마한 눈빛으로 현수를 보기도 했다.

이날 나는 말썽꾸러기 3인방에게 규칙을 다시 한 번 가르치기 위해서 일부러 더 엄한 태도를 취했다. 하지만 정작 무서움을 느꼈어야 할 말썽꾸러기 3인방은 멀쩡한데, 오히려 잘못한 것 하나 없는 보름이가 잔뜩 긴장하고 있었다.

예민하고 긴장하는 아이

보름이는 유난히 말이 없고 조용한 아이였다. 학교생활에 많이 긴장하고 있는 듯 보였다. 그런 보름이 때문에 어머니는 걱정이 많았다. 친구들과 잘 어울리지 못하는 것은 아닌지, 학교생활에 적응을 못 하는 것은 아닌지…….

보름이 어머니는 우리 학교 도서관 사서 선생님이다. 보통 이런 경우 아이가 먼저 '우리 엄마, 도서관 선생님이다~.'라고 대놓고 자랑하거나, 아니면 일부러 도서관에 찾아가 '엄마~.' 하고 불러서 은근

슬쩍 자신의 신분을 노출시키기도 한다. 1학년 아이들에게 엄마가 자신이 다니는 학교에 있다는 것은 굉장한 벼슬이기 때문이다.

이런 면에서 본다면 보름이는 학교생활에 남들보다 점수 하나를 따고 들어가는 셈이었다. 엄마가 학교에 있는 아이를 함부로 건드리는 아이는 없었다. 누가 보름이를 괴롭히기라도 하면 "야, 얘네 엄마 도서관 선생님이야." 하고 말하기만 해도 게임 끝이었다. 하지만 보름이는 그런 티를 하나도 내지 않았다. 나조차도 보름이 어머니가 와서 직접 말씀해주시기 전까지는 몰랐으니 말이다.

교실에서 여러 아이를 만나다 보면, 어떤 아이는 아무리 야단쳐도 말을 듣지 않지만, 어떤 아이는 친구가 야단맞는 것만 보고도 어떤 행동을 하면 안 되는지를 배우고 조심한다. 이런 아이들은 대부분 기질적으로 예민하고 긴장도가 높아서 실수하거나 뭔가를 잘하지 못해 선생님께 혼나게 될까 봐 늘 조심한다.

보름이도 그런 아이 중 하나인 것 같았다. 어머니가 걱정하는 보름이의 소심함도 이런 모습을 두고 한 말인 듯했다.

2학기에 접어들었는데도 보름이는 여전히 학교에서 긴장을 많이 했다. 쉬는 시간에도 친구들과 활발하게 어울리기보다는 그냥 자기 자리에 조용히 앉아서 친구들이 노는 모습을 구경하는 편이었다. 나는 그런 보름이가 신경 쓰여 기회가 있을 때마다 말을 걸어보았다.

채점한 받아쓰기 시험지를 아이들에게 나눠줄 때였다.

"받아쓰기 시험을 백 점 받았네. 보름이 열심히 공부했구나?"

다른 아이라면 선생님의 칭찬에 어깨를 으쓱하며 종알종알 떠들 텐데, 보름이는 표정에 별 다른 변화가 없었다. 그냥 아무 말 없이 잠시 서 있더니 이내 자리로 들어가버렸다.

"보름아, 학교생활 어때? 재미있어?"

"네."

"친한 친구도 사귀었어? 누구랑 친해?"

"음… 태오."

보름이는 뭘 물어도 이런 식으로 대답했다.

일부러 교무실에 다녀오는 심부름을 시켜보기도 했다. 그런데 한참이 지나 교실로 돌아온 보름이는 불편한 얼굴로 쭈뼛거리며 서 있기만 했다.

"보름아, 교무실에 다녀왔어?"

보름이는 아니라고 고개를 저었다.

"왜? 교무실이 어딘지 못 찾았어?"

그제야 보름이는 고개를 끄덕였다.

"저요! 저요! 저 교무실 알아요!!"

보름이가 그냥 돌아왔다는 걸 알고는 심부름하고 싶은 다른 아이들이 여기저기서 자기가 하겠다고 나섰다.

2학기가 되면 1학년 아이들도 대부분 교무실의 위치를 알기 마련이었다. 그런데 보름이가 아직도 교무실의 위치를 모른다니 좀 의외였다. 그렇다고 이 심부름을 다른 아이에게 돌리는 것은 보름이에게 좋지 않을 것 같았다. 나는 종이에 그림을 그려 교무실의 위치를 다시 자세히 설명해주었다. 보름이는 열심히 들으며 고개를 끄덕이더니 이번에는 교무실을 잘 찾아다녀 왔다.

나는 보름이가 발달이 조금 늦은 편이 아닌가 생각되었다. 학습은 잘 따라왔지만, 언어로 이루어지는 상호작용은 또래보다 조금 더디게 느껴졌다. 무엇보다 상대방의 말에 반응이 거의 없거나 아주 짧은 단답형의 대답만 하는 것이 마음이 걸렸다. 학교에서 우연히 마주친 보름이 어머니 역시 아이가 학교에 다녀오면 아무리 물어도 도통 말을 안 한다며 걱정하고 있었다.

"말은 하지 않지만 다 알고 있어요"

"토끼와 거북이가 달리기 경주를 합니다. 토끼는 깡충깡충 빨리 달리는데, 거북이는 엉금엉금 기어갑니다."

"저 누가 이기는지 알아요. 거북이가 이겨요."

책 읽기를 할 때였다. 늘 그랬듯 눈치 없이 끼어들어 수업의 흐름을 방해하는 녀석들을 무시하고 나는 수업을 이어갔다.

"거북이가 결승점에 먼저 도착한 것을 보고 토끼는 어떤 마음이 들었을까요?"

"저요, 저요~!"

"가람이가 이야기해볼래?"

"음~, 신났을 거예요."

이건 또 무슨 소린가 하는 순간, 눈치 빠른 아이가 나섰다.

"야, 거북이 아니고 토끼 마음 말하는 거야."

또다시 아이들이 자기를 시켜달라며 손을 높이 들었다. 누구를 호명할까 둘러보고 있는데 그 사이를 참지 못하고 승호가 끼어들었다.

"경주에서 져서 속상했을 거예요."

"야, 시키지도 않았는데 그냥 말하면 어떡해."

발표하고 싶은 것을 꾹 참고 자신의 순서를 기다리던 아이들이 비난을 쏟아냈다. 그러거나 말거나 발표하겠다고 꿋꿋이 손을 들고 나만 쳐다보는 아이, 아예 책상 위로 올라갈 기세로 일어서서 손을 흔들어대는 아이. 발표 한번 시키려다가 교실 전체가 아수라장이 된 꼴이었다.

그러다 문득 이런 상황에서 보름이는 어떻게 하고 있을지가 궁금해졌다.

예상대로 보름이는 손들지 않고 그냥 앉아만 있었다. '저요~, 저요~!'가 하나의 놀이가 되어버린 이 상황에 동참할 법도 한데 그저 친구들의 모습을 흥미롭다는 듯 바라보고만 있었다. 나는 발표 놀이를 중단시키고 각자가 생각하는 답을 교과서에 적어넣도록 했다. 그리고 나서 슬쩍 보름이가 쓴 답을 보았다.

> 질문: 거북이가 결승점에 먼저 도착한 것을 보고 토끼는 어떤 마음이 들었을까요?
>
> 답: 아, 낮잠을 자지 말 걸 하고 후회했어요.

보름이는 정확하게 자신의 생각을 적어넣고 있었다. 다른 상황에서도 보름이의 학습 상황을 꼼꼼히 체크해보았는데, 대부분 무리 없이 잘 따라오고 있었다. 말이 없고 반응이 없긴 해도 나름대로 수업 시간에 집중하고 자신이 해야 할 일을 묵묵히 하고 있었던 것이다. 순간 학부모 상담 때 보름이 어머니가 내게 했던 질문이 떠올랐다.

"선생님, 우리 아이가 발표는 잘하나요?"

이것은 보름이 어머니뿐 아니라 상담하러 오는 학부모들이 가장 많이 하는 질문 중 하나였다. 내 아이가 수업 시간에 손을 번쩍 들고 선생님의 질문에 또박또박 답을 말하는 모습, 그런 내 아이를 주위의 친구들이 부러운 시선으로 바라보고 선생님도 기특한 시선으로 아이를 바라보는 장면. 질문하는 학부모의 마음속에는 대략 이런 그림들이 자리 잡고 있었다. 그리고 그 이면에는 '발표를 잘한다.'는 것은 곧 '공부를 잘한다.' 혹은 '자신감이 있다.' 혹은 '리더십이 있다.'는 의미라는 생각이 자리 잡고 있는 듯했다.

물론 이것도 틀린 생각은 아니다. 하지만 초등학교 저학년 교실에서 수업 시간에 발표를 잘한다는 것에는 조금 다른 상황이 있다. 바로 아이의 기질이나 성향이 상당 부분 반영된다는 것이다.

보름이는 말수가 적고 정서적인 반응이 약한 기질을 지녔지만, 그렇다고 인지능력이나 발달이 떨어지는 것은 아니었다. 내가 말을 걸 때나 발표 시간에 그랬듯이 좀처럼 말을 하지 않고 자기표현도 잘하지 않지만 자신이 어떻게 처신해야 하는지, 지금 자신이 해야 할 일이 무엇인지를 정확히 알고 실천하고 있었다. 이 정도라면 학교 공부를 따라가는 데 큰 문제는 없었다.

그럼 친구 관계는 어떨까? 나는 쉬는 시간에 놀고 있는 보름이를 살펴보기로 했다.

"야, 딱지치기하자."

딱지를 든 아이들이 우르르 교실 바닥에 자리를 잡고 모여 앉았다. 자기 자리에 앉아있던 보름이도 가방에서 조용히 딱지를 꺼냈다. 딱지는 남자아이들에게 가장 인기 있는 놀이 중 하나였다. 나는 보름이가 딱지까지 가져왔는데 무리에 끼지 못할까 봐 조금 걱정이 되었다. 하지만 보름이는 딱지를 손에 들고 천천히 친구들이 모여 있는 곳으로 다가갔다. 그리고는 무리 옆에 서서 딱지치기하는 것을 재미있게 바라보았다. 보름이가 한참을 그렇게 서 있자 놀고 있던 아이 중 한 명이 말을 건넸다.

"어, 보름이 너도 딱지 있네? 같이 할래?"

아이가 옆으로 비켜 자리를 내주자 보름이는 얼른 그 자리에 앉았다. 그리고 자연스럽게 친구들 무리에 끼어서 놀았다. 조금 지나서는 이마에 땀까지 송글송글 맺힌 모습으로 딱지치기에 열중하고 있었다.

"야, 안 뒤집어졌잖아. 이리 내놔."

늘 그렇듯이 반칙을 하는 녀석이 나왔다. 이럴 때는 시합을 잠시 중단하고 반칙한 녀석이 항복하고 가져간 딱지를 돌려 내놓을 때까지 버텨야 했다. 이럴 때 분위기 파악 못 하고 딱지치기를 계속하는 눈치 없는 아이는 다음번 딱지치기 놀이에서 친구들이 안 끼워줄 가능성이 높았다. 보름이는 어떻게 하고 있을까? 보름이는 자신의 손에 딱지를 꽉 움켜쥐고 친구들과 함께 반칙한 녀석의 얼굴을 빤히 쳐다보고 있었다. 됐다! 저 정도면 합격이었다.

나중에 들은 이야기지만, 보름이에게는 두 살 많은 형이 있었다.

"둘이서는 집에서 치고받고 싸우면서 잘 놀아요."

"보름이가 형이랑 싸워요?"

"그럼요. 막 소리 지르면서 얼마나 독하게 구는데요. 형이 만날 지는 걸요."

어머니가 해주는 이야기를 들으면서 나는 보름이가 지금까지 보여준 행동들이 이해가 되었다. 집에서 형이랑 있을 때 보이는 행동이 가장 자연스러운 상태에서 나오는 보름이의 진짜 모습인 것 같았다. 보름이를 살뜰히 챙기는 어머니도 그렇고, 주말마다 잘 놀아준 다는 보름이 아버지의 이야기를 들어봐도 특별히 심리적으로 위축될만한 요인은 보이지 않았다. 다만 보름이에게는 학교가 아직 많이 낯설고 긴장되는 곳인 모양이었다. 워낙 예민하고 긴장을 많이 하는 성격이다 보니, 낯선 상황에서 주변을 탐색하고 선생님이나 친구들이 어떻게 하는지를 살펴보는데 시간이 필요했을 것이다. 보름이는 자신이 뭘 어떻게 해야 하는지 알기까지 여느 아이들보다 시간이 오래 걸릴 뿐이었다.

나는 보름이에 대한 걱정이 한가득이셨던 어머니께 연락을 드렸다. 보름이 어머니도 흔쾌히 상담에 응하셨다.

아무리 물어봐도 아이가 대답을 안 하는 이유

"정말 우리 보름이가 그랬어요, 선생님?"
"네. 그동안 보인 모습은 보름이가 가진 기질적인 특성 때문인 것 같아요. 아마 시간이 좀 지나면 많이 나아질 거예요."

보름이 어머니는 안도의 한숨을 내쉬더니 다른 고민을 꺼냈다.
"그런데요 선생님, 왜 보름이가 학교 갔다 오면 아무리 물어도 도통 말을 안 할까요?"

보름이가 어떤 말에 대답을 안 하는지 물어보니 어머니는 아이들이 대답하기 힘들어하는 유형의 질문을 주로 하고 계셨다.

많은 학부모들이 학교생활을 물으면 아이가 대답을 하지 않아 답답해하고, 아이 속을 알 수 없다고 하소연한다. 하지만 알고 보면 대답하기 곤란한 질문을 해서 아이가 대답 자체를 기피하게 만드는 경우가 많다. 그런 유형의 대표적인 질문은 다음과 같다.

"학교는 재미있었니?"

학교에서는 쉬는 시간에 친구들과 놀 때 빼고는 재미있는 시간보다 어렵거나 힘든 것을 참고 인내해야 하는 시간이 더 많다. 그러니 재미있었다, 재미없었다 한 마디로 대답하기가 어려울 수밖에 없다.

"오늘 학교에서 뭐 배웠어?"라는 질문도 같은 맥락이다. 아침 자습 시간부터 하교 시간까지 하루에 적어도 네댓 과목을 배우다 보니, 아이는 뭘 어떻게 대답해야 할지 선뜻 떠오르지 않는 것이다.

"친구들과 사이좋게 지냈어?"

아이들은 하루에 열두 번도 더 친구들과 싸우고, 그랬다가도 언제 그랬냐는 듯 친하게 지내기도 한다. 또, 어떤 친구와는 사이좋게 지내지만, 나를 놀리는 어떤 친구와는 매일 싸울 수도 있다. 그러니 아이 입장에서는 이 복잡한 상황을 어떻게 대답해야 할지 알기가 어려운 것이다.

"선생님 말씀 잘 들었어?

이 질문을 받으면 대부분의 아이들은 마음 한 구석이 찔리기 마련이다. 어떤 아이도 수업 시간 내내 선생님 말씀을 잘 들을 수는 없다. 잘 들을 때도 있지만 딴짓할 때도 있다. 엄마의 이 질문에 뭐라고 답해야 할까? 당연히 정답은 '네'이다. '아니요'라고 대답하는 순간 그 뒤에 밀려올 후폭풍 - 엄마의 잔소리 - 을 아이들도 잘 알고 있기 때문이다.

내 설명을 듣고도 보름이 어머니는 속이 시원하지 않는 듯했다.

"그럼 '이건 이렇고, 저건 저렇다.'라고 찬찬히 설명하면 될 텐데, 왜 아예 대답을 안 하거나 우물쭈물하다가 마는 걸까요?"

어머니의 답답한 마음은 이해가 간다. 하지만 여덟 살 아이의 기억력은 그리 길지 않아서 자신의 하루 일과를 머릿속에 쭉 떠올리는 것 자체가 어렵다. 이것은 수민이처럼 주의력이 좋은 아이도 마찬가지다.

여기서 잠깐,

아이의 말문을 여는 대화법

아이에게 학교생활에 대해 물어볼 때는 좀 더 구체적인 상황으로 질문하는 것이 좋다. 예를 들어 친구 관계가 궁금하다면 "오늘 학교에서 괴롭히거나 놀린 친구는 없었어?"라고 물어보는 것이다. 누군가에게 놀림을 받으면 엄청 분한 마음이 든다. 그런 감정은 금방 떠올리기 때문에 아이의 말문이 쉽게 열린다.

주의할 점은 아이의 이야기를 듣다가 말고 "그럴 땐 이렇게 했어야지."라고 훈계하면 안 된다는 것이다. 그러면 아이는 다시 입을 다물어버린다. 일단은 아이의 감정을 충분히 수용하면서 들어주어야 한다. 훈계가 필요하다면 나중에 아이가 그 감정을 잊을 때쯤 조용히 불러 다시 이야기해도 늦지 않다.

2학기가 끝나갈 무렵, 보름이는 차츰 본색을 드러내기 시작했다. 친구들과 딱지치기하다가 반칙하는 녀석이 나오면 참지 못하고 먼저 소리를 쳤다.

"야, 안 뒤집어졌잖아. 이리 내놔."

운동장에서 축구하다가 수업 시간에 늦은 녀석들 속에서 땀을 뻘뻘 흘리며 벌게진 얼굴로 함께 야단맞고 있는 보름이 모습도 종종 눈에 띄었다.

'이젠 정말 사내 냄새 물씬 풍기는 녀석이 다 되었군.'

겉으론 야단쳤지만 속으론 기특한 생각이 들었다.

축구는 건강한 초등학교 남자아이들에게 가장 중요한 놀이이다. 수업 시간에 늦어 선생님께 야단맞을지언정 축구를 내팽개치고 교실로 먼저 뛰어들어올 수는 없는 노릇이다. 무엇보다 축구를 함께한다는 건 친구들 사이에서 평판이 나쁘지 않다는 걸 의미한다. 평소에 좋아하지 않는 친구는 축구할 때 잘 끼워주지 않는다. 또 공을 잘 차지 못하면 그 무리에 끼지 못한다. 우리 편이 그 아이 때문에 지게 생겼는데 그걸 참아줄 정도로 여덟 살 아이들은 사교적이지 않다. 바로 그 축구 무리에 보름이가 끼어있었던 것이다!

겨울방학을 코앞에 두었을 때쯤, 보름이는 건강한 남자아이의 아이콘을 하나 더 몸에 새겼다. 교실에서 친구와 함께 잡기 놀이를 하다가 넘어지는 바람에 이마에 큰 상처가 생겼다. 상처를 몇 바늘 꿰

매야 했는데 보름이 아버지는 그 소식을 듣고 깜짝 놀라 병원으로 달려오기까지 하셨다. 나중에 안 사실이지만, 그것이 보름이 몸에 난 최초의 상처였다. 아들을 파일럿으로 키우고 싶었던 아버지는 그래서 이마의 꿰맨 상처를 더욱 속상해하셨다.

보름이의 뽀얀 이마에 난 상처 자국을 자세히 들여다보기 힘들 만큼 나도 많이 속상했다. 하지만 보름이의 상처는 나에게는 또 다른 의미가 있었다. 말이 없고 내성적이라 은근히 신경 쓰이던 보름이가 이제는 건강한 남자아이로 성장하고 있다는 증거이기도 했기 때문이다.

우리 아이만 그런가요?
어떻게 가르쳐야 할까요?

　아이들의 기질과 특성은 천차만별이라 각각의 아이에게 가장 알맞은 교육법을 찾는 일은 쉽지 않습니다. 하지만 분명한 것은 아이가 문제 행동을 하거나 학습에 어려움을 겪거나 또는 친구 관계에서 힘들어 할 때, 어느 한 가지 해결책만 적용해서는 안 된다는 것입니다. 직접 나서서 해결해주어야 하는지, 야단쳐야 하는지, 기다려주어야 하는지가 상황에 따라 아이에 따라, 다르기 때문입니다.

공부를 제대로 즐길 줄 아는 아이를 위해
　공부 잘하는 아이보다는 공부를 즐길 줄 아는 아이가 긴 시간 싸움에서 더 유리합니다. 초등 1학년은 그 출발에 불과하지요. 지금 한글이 조금 부족하거나 연산 능력이 떨어져도 크게 걱정할 필요는 없습니다. 하지만 왜 아이가 그런 모습을 보이는지는 충분히 살펴보셔야 합니다. 주의가 산만한 것이 문제라면 집중하는 훈련을 조금씩 시켜야 하고, 그 정도가 심하다면 치료적 도움이 필요한지 고려해 보아야 합니다. 인지 발달이 조금 더딘 경우라면 아이가 자신감을 잃거나 좌절하지 않게 배려해주며 기다려주는 것이 필요합니다.

관계를 지혜롭게 맺을 줄 아는 아이를 위해

　대부분의 1학년 아이들은 친구 관계가 서툽니다. 시작점을 여기에 두면 아이가 싸우고 와도, 친구에게 맞고 들어와도, 설혹 따돌림 당하는 것 같아 보여도 일단 마음에 여유를 가지고 대할 수 있게 됩니다. 우선 아이가 친구 관계에서 무엇이 부족한지 살펴봅니다. 승호처럼 상대방의 입장과 감정을 잘 이해하지 못하는 것은 아닌지, 지나치게 자기감정만 내세우거나 반대로 자기감정 표현을 못 하는 것은 아닌지 파악해야 합니다. 그래야 그에 알맞은 해결책도 찾을 수 있으니까요. 그렇지 않고 부모가 감정에 휩싸이면 해결이 더 어려워질 수 있습니다.

몸과 마음이 건강한 아이를 위해

　치료적인 도움이 필요한 경우가 아니라면 대부분의 문제는 행동 수정을 통해 해결할 수 있습니다. 그러기 위해서는 명확한 기준이 필요합니다. 먼저, 어떤 사정이든 간에 반드시 야단쳐서 고쳐야 할 행동이 있습니다. 바로 '아이의 안전을 위협하는 행동'과 '남에게 피해를 주는 행동'입니다. 그렇지 않는 경우라면 아이의 감정을 읽어주어야 합니다. 화가 났는지, 불안한지, 억울한지 살펴보고 그에 맞게 반응하고, 해결책을 제시하는 것이 좋습니다.

　겉으로 드러나는 문제는 같아도, 조금만 살펴보면 아이마다 상황마다 접근법이 다르다는 것을 알 수 있습니다. 아이에게 올바른 교육을 하기 위해선 먼저 내 아이를 찬찬히 알아보고, 그에 따른 다양한 선택지를 활용할 줄 알아야 합니다.

2학기 말

서로 돕고
함께하는 즐거움

"선생님, 아파서 못하겠어요"

점심시간이 끝나고 아이들이 교실로 들어오고 있었다. 이 시간만 되면 나는 간호사로 변신하곤 했다. 운동장과 놀이터에서 마음껏 뛰놀다 보면 크고 작은 부상을 입은 환자가 속출했기 때문이다.

"선생님, 그네 타다가 여기 다쳤어요."

아이가 내미는 팔꿈치를 보니 살짝 긁힌 자국이 있었다. 30분 정도 지나면 사라질 게 분명했지만 그래도 연고를 살짝 발라주고 통과! 다음 녀석은 다리를 절뚝거리며 온몸으로 '나 아파요'를 외쳐댔다.

"태오야, 다리 아프니?"

"아니, 괜찮아요. 축구하다가 넘어졌거든요."

말만 그렇게 할 뿐 행동은 거의 중환자 수준이었다. 하지만 내가 다리를 만져주고 파스 한 번 뿌려준 것만으로도 아이의 다리는 씻은 듯이 멀쩡해졌다. 역시 통과!

"으아앙~."

"선생님, 승호 피나요."

"어디 보자. 넘어졌구나."

무릎에 빨간 피가 살짝 맺혔다. 이럴 때 최고의 처방전은 밴드를 붙여주는 것이다. 아이들은 아픔보다 빨간 피를 보고 더 놀라 우는 경우가 많았다. 하지만 일단 피가 안 보이면 아이들은 아픈 것도 금방 잊어버렸다. 자연스럽게 통과!

몸이 아프다는 것은 주관적인 느낌이라서 똑같이 넘어져 무릎에서 피가 나도 어떤 아이는 대수롭지 않게 여기고 넘어가지만, 어떤 아이는 피를 본 것만으로도 자지러지게 울며 뒤로 넘어갈 지경이 된다. 아이들의 이런 모습을 보면서 나는 아마 집에서 아플 때도 엄마한테 똑같이 행동할 거라는 생각이 들곤 했다.

실제로 교사 생활을 하면서 아이들을 만나보면 아픈 것에 대해 보이는 아이들의 반응은 부모의 반응과 관계가 깊었다. 아이가 아프다고 할 때 부모가 민감하게 반응하면 아이는 조그만 상처에도 아파하고 잘 참지 못했다. 반대로 부모가 조금 다친 것 정도는 '괜찮다.', '그럴 수도 있다.'고 반응하면 아이들은 작은 상처쯤은 대수롭지 않게 넘겼다. 내 경험에 비춰봤을 때, 그런 아이들은 상처가 나도 다른 아이들보다 더 의연하게 대처하고 아픔도 잘 참았다.

그런데 우리 반에는 지금까지 말한 것과는 조금 다른 양상으로 자주 아프다고 호소하는 아이가 하나 있었다. 키는 또래보다 큰 편이지만 마른 체구를 지닌 여자아이, 제이였다.

힘들면 포기하는 아이

제이는 말수가 적은 편에 다소 내성적인 성격이었다. 지능이 높고 성격도 꼼꼼해서 교실에서 자신의 장점을 곧잘 발휘하기도 했다. 처음엔 이런 제이가 듬직하게 느껴졌다. 그런데 시간이 지날수록 제이의 행동에 좀 이상한 구석이 있었다. 방금 전까지 교실에서 활발하게 잘 지내는 걸 분명히 봤는데 어떤 순간만 되면 제이가 갑자기 아프다고 호소하는 일이 많았다.

줄넘기 급수 시험을 보는 날이었다. 줄넘기는 아이들이 가장 쉽게 할 수 있는 운동이다. 그래서 학교에서는 줄넘기를 몇 번 넘느냐에 따라 급수를 매기는 인증제를 실시하고 있다. 이번 급수 시험은 줄넘기 50회에 도전하는 것이었다. 운동장 여기저기서 아이들은 열심히 연습에 열중하고 있었다.

줄넘기 급수 시험도 명색이 '시험'이라서 대부분의 아이들이 긴장하기 마련이다. 시험을 본다는 것만으로 잔뜩 긴장한 아이부터 급수 하나라도 더 올리고 싶은 아이까지 저마다 다양한 작전을 펼치며 시험에 참가한다.

줄넘기 급수 시험 날 아이들의 다양한 작전 엿보기

"매도 먼저 맞는 게 편해요"

"제가 먼저 할래요! 선생님, 저 좀 보세요. 저 지금 시작했어요."
나는 미처 준비를 못 했는데 급수 시험을 먼저 보겠다는 핑계로 저 혼자 줄넘기를 시작하는 녀석들이 있다. 빨리 시험을 끝내고 다른 아이들이 시험 볼 동안 편한 마음으로 놀려는 속셈인 것이다.

"연습하다가 힘이 다 빠졌어요"

반대로 시험을 나중에 보겠다고 빼는 아이들이 있다. 이 아이들은 더 높은 급수를 받기 위해 남들 시험 보는 동안 연습에 연습을 거듭한다. 하지만 줄넘기는 당일치기가 불가능한 종목이다. 연습하다 다리 힘이 풀려서 정작 시험 볼 땐 몇 번 해보지도 못하고 줄에 걸리는 안타까운 사례가 속출한다.

"다른 친구는 몇 번 했어요?"

나보다 다른 친구가 몇 번 넘었는지가 더 궁금한 아이들이다. 심지어 남들 시험 볼 때 옆에 서서 큰 소리로 숫자를 세기까지 한다.

"스물일곱, 스물여덟, 스물아홉, 마흔!"

"뭐? 마흔? 아니 서른이지. 서른하나, 서른둘……."

이런 아이들은 시험이 끝난 뒤에도 끊임없이 질문을 퍼붓는다.

"선생님, 우리 반에서 제일 잘한 애가 누구에요? 몇 번 넘었어요? 승호는 50번 넘었어요?"

"한 번만, 딱 한 번만"

"선생님~, 제발요. 한 번만 다시 할게요. 연습 때는 더 잘했단 말이에요."

기회를 더 달라고 애원하는 아이들은 늘 있다. 사정이 딱하니 기회를 주면 어떻겠냐고 할 수 있겠지만, 사실 이런 녀석들이 "딱 한 번만"을 외쳐서 얻은 기회는 다섯 번이 넘는 경우가 많다. 녀석들이 말하는 '딱 한번만'을 다 받아주다가는 열 번이 넘어갈지도 모른다.

드디어 시험이 시작되었고, 제이의 차례가 다가왔다. 그런데 제이는 여느 아이들과 달리 줄넘기를 하다가 숨이 조금 차오르자 그대로 주저앉아버렸다. 지레 못할 거라고 생각하고 포기하려고 했다. 나는 그런 제이가 안타까웠다.

"제이야, 힘들지? 그럼 조금 쉬었다가 다시 도전해볼래?"

나는 제이를 독려하기 위해 다른 아이들은 '한 번만 더 하면 안 돼요?' 하고 애원해서 간신히 얻는 기회를 제이에게 특별히 주었다. '힘들지만 다시 한 번 해봐야지.' 하며 도전하기를 바라는 나름의 배려였다. 하지만 그런 내 마음을 아는지 모르는지 제이는 약간의 망설

임도 없이 이렇게 대답했다.

"헉헉~, 아, 저 다리가 아파서 아무래도 못하겠어요."

입학 초기만 해도 이런 제이를 보면서 나는 몸이 약한 아이인 줄 알고 걱정을 많이 했다. 그래서 혹시 아픈 데는 없는지 제이의 학교생활을 자주 살펴보게 되었다. 그러다가 어느 순간 제이의 행동에서 한 가지 이상한 점을 발견했다.

제이는 수업 시간의 모습과 쉬는 시간의 모습이 판이하게 달랐다. 줄넘기 급수 시험을 본 날만 해도 숨차고 다리가 아파서 줄넘기를 못하겠다던 녀석이 바로 이어진 쉬는 시간에는 친구들과 잡기 놀이를 하며 운동장을 쉴 새 없이 누비고 뛰어다녔다. 이마에 땀이 송글송글 맺히고 얼굴이 발갛게 달아오른 제이는 마치 딴 사람 같았다. 내가 보기에 제이는 아무래도 어디 아픈 데가 있다거나 몸이 약한 아이가 아닌 것 같았다.

엄마의 불안이 아이에게 전달될 때

조금만 힘들어도 달라지는 제이의 행동에 대해 마땅한 답을 찾지 못한 채 2학기가 시작된 어느 날이었다. 학부모 상담 주간이 되어 학교에 온 제이 어머니가 내게 뜻밖의 이야기를 꺼내셨다.

"선생님, 사실은 우리 제이가 어릴 때 심장 수술을 했어요."

"어머, 어쩌다가……. 심려가 크셨겠네요."

"저도 처음엔 정말 많이 놀랐었어요. 어린 것이 수술을 받다 보니……."

어머니는 눈시울을 붉히며 말을 잇지 못했다. 그렇게 큰 수술을 받았다면 학교생활에서 조심해야 할 것이 많았을 텐데, 내가 미처 챙기지 못했다는 사실에 걱정과 미안함이 앞섰다.

"앞으로는 제이가 체육 시간에 뛰거나 운동할 때 제가 신경을 좀 더 써야겠네요."

"아뇨, 지금은 다 나아서 괜찮아요. 뛰어도 돼요."

"그래도 혹시 조심해야 할 것이 있으면 알려주세요."

"뭐… 별로 그런 건 없어요. 그래도 아이가 몸이 많이 약하니까 잘 좀 부탁드려요."

어머니는 제이가 몸이 약하다는 말을 끊임없이 하면서도 내가 구체적으로 어떤 것을 조심해야 하느냐고 물으면 딱히 대답을 하지 못하셨다. 나는 조금 이상한 생각이 들었다.

"혹시 제이가 수술을 언제 했나요?"

"두 살 때 했어요."

"그럼 6년이 지났네요. 완치는 된 건가요?"

"네. 지금은 괜찮아요."

나는 그제야 제이 어머니를 이해할 수 있었다. 제이 어머니의 눈에는 여덟 살이 된 제이가 여전히 어린 나이에 차가운 수술대 위에 올라야 했던 약하고 안쓰러운 두 살 아기로만 보였던 것이다. 6년 전의 일인데도 마치 어제 일처럼 생생하게 떠올리는 모습에서 그 마음을 충분히 느낄 수 있었다.

 어렸을 때 아이가 큰 수술을 했거나 크게 아팠다면 부모는 아이가 또 그렇게 아플까 봐 늘 노심초사한다. 아이가 감기에 걸려 콜록거리기만 해도 당장 전화해서 아이가 아파 며칠 학교를 못 간다고 말한다. 공부보다는 아이의 건강이 우선인 것이다.
 하지만 오랜 교사 생활을 돌아볼 때, 감기에 걸렸다고 특별 대우를 받는 아이들은 그렇지 않은 아이들보다 더 자주 감기에 걸린다. 스스로 몸이 약하다고 생각하는 경향도 강하다. 몸과 마음은 연결되어 있어서 스스로 몸이 약하다고 생각하면 뭔가를 해내야 할 때 자신감이 그만큼 줄어든다. 해보지도 않고 지레 못한다고 생각하며 포기하는 경우도 많아진다.
 나는 조심스럽게 나의 이런 우려를 말씀드렸다. 하지만 제이 어머니는 아이에 대한 불안과 걱정을 내려놓지 못하시는 듯했다.
 "선생님, 우리 제이를 누가 때렸대요. 좀 봐주세요."
 "선생님, 제이가 배가 아프다고 하는데 어떤지 좀 봐주세요."
 여덟 살 아이들은 감정이 분 단위로 바뀌곤 한다. 제이 어머니의 다급한 전화를 받았을 때 제이는 이미 방금 전까지 다투었다는 친구와 깔깔대며 장난 치고 있거나, 친구들과의 소꿉놀이에 정신이 팔려 자기가 배 아프다고 말한 사실조차 잊어버린 뒤였다.

어머니의 걱정에 나도 여러 차례 제이가 혹시나 건강에 문제는 없는지, 아픈 데는 없는지 신경 써서 자세히 살펴봤다. 하지만 결론은 역시 어머니가 걱정하는 것과 제이가 실제로 학교에서 지내는 모습이 아주 다르다는 것이었다. 내가 본 제이는 뭔가를 해내야 하는 수업에서는 체력이 약해서 여기저기 아픈 곳이 많았지만 신기하게도 쉬는 시간만 되면 환한 얼굴로 친구들과 재잘재잘 떠들어댔다. 아무리 봐도 몸이 아프거나 체력이 약해보이지는 않았다.

아무래도 어머니의 불안이 제이에게 고스란히 전해지는 것 같았다. 어머니가 아이에게 일어나는 작고 소소한 일에 예민하게 반응하다 보니, 제이도 자신에게 일어나는 모든 일에 예민하게 반응했다.

대부분의 부모는 어느 정도 불안한 마음을 견디며 아이를 세상으로 내보낸다. 불안하고 걱정된다고 끼고만 있으면 아이가 세상에 당당하게 나가서 스스로 느끼고 배울 수 있는 기회를 가질수 없다는 것을 알기 때문이다.

용기, 힘든 마음을 이겨낼 수 있는 힘

아이가 아픈 것을 크게 느끼느냐 작게 느끼느냐는 참고 견디는 능력과 관계가 있다. 새로운 일을 시작할 때는 누구나 두렵고 긴장된다. 그 힘든 마음을 감당할 수 있는 힘이 있어야 아이들은 다음 단계로 올라가 성장할 수 있다. 하지만 두려움과 불안에 압도된다면 아이들은 새로운 일을 배워볼 용기조차 내지 못하게 된다.

나는 지난번 줄넘기 급수 시험 때 그랬던 것처럼 제이에게 다시 한 번 성장의 기회를 주고 싶었다. 그러기 전에 문제의 심장 수술에 대해 한 번은 짚고 넘어가는 게 좋을 것 같았다.

"제이 두 살 때 수술했다며? 정말 힘들었겠네."

"네……."

제이는 심장 수술 이야기가 나오자 갑자기 풀 죽은 얼굴이 됐다.

"선생님은 제이가 참 대단한 것 같아. 두 살이면 애기였을 텐데, 그 힘든 수술을 잘 견디고 이렇게 건강하게 자랐잖아."

이런 말은 한 번도 들은 적이 없었는지 제이는 당황하면서 별 반응을 보이지 않았다. 하지만 얼굴을 살펴보니 이런 내 말이 딱히 싫지는 않은 표정이었다.

얼마 뒤, 다시 줄넘기 급수 시험 날이 다가왔다. 아이들의 도전이 차례차례 끝나고 드디어 제이의 순서가 왔다. 이번에도 제이는 줄넘기를 시작한 지 얼마 되지 않아 가슴이 아프다면서 더는 못하겠다고 했다. 나는 제이를 위해 준비한 전략을 실행했다.

"그래, 제이야. 힘들면 저쪽에서 쉬고 있어."

그 뒤로 나는 마치 제이가 없는 것처럼 수업을 진행했다. 예전 같으면 '괜찮은지' 눈길을 주고 "그래도 참고 한 번 더해 봐." 하며 말도 걸어주었을 텐데, 이날은 아무 관심도 주지 않자 제이는 심심해진 모양이었다. 어느 순간 스르르 아이들 무리에 끼어들더니 다시 줄넘기를 시작했다. 내가 기다리던 순간이었다.

"와~, 제이 줄넘기 실력이 많이 늘었네. 가슴이 아픈데도 참고 연습을 많이 했나 보구나. 얘들아~, 제이 정말 대단하지?"

나는 제이가 가장 좋아하는 친구들의 힘을 슬쩍 빌렸다. 친구들도 잘한다고 칭찬해주자 제이는 기분이 좋아진 모양이었다. 그 뒤로 제이는 줄넘기 연습하는 시간에 아프다고 말하는 횟수가 부쩍 줄었다.

이번에는 수학 공부하는 시간. 어려운 문제를 푸느라 끙끙대던 제이가 늘 그랬듯이 아프다면서 책상 위에 엎드렸다. 나는 그러려니 하며 특별히 신경을 쓰지 않고 가만히 내버려두었다. 그러자 제이는 잠시 엎드려있다가 슬그머니 일어나더니 다시 수업에 참여하기 시작했다. 제이는 어머니가 보는 것처럼 약한 아이가 아니었다. 다른 아이들 못지않게 잘하고 싶은 마음이 큰 아이였다.

아이들은 자신이 살아가야 할 세상이 어떤 곳인지 부모를 통해 느끼고 배운다. 그렇게 형성된 세상에 대한 태도는 학교라는 아이들의 또 다른 세상에서 그대로 드러난다. 세상이 위험한 곳이라고 느끼는 아이들은 눈앞에 새로운 도전이 펼쳐질 때 불안해한다. 하지만 세상에 대한 긍정적인 생각을 많이 가진 아이들은 똑같은 상황에서 눈을 반짝인다. 그 눈빛엔 이런 마음이 담겨 있다.

"와~, 재미있겠다."

"어디 한 번 도전해볼까?"

그런 마음으로 눈빛을 반짝이는 아이들은 그렇게 예뻐 보일 수가 없다. 그 순간만큼은 마치 보석 같은 존재처럼 느껴진다. 그 반짝이는 눈빛에 이끌려 나도 모르게 아이들에게 더 많은 관심을 주게 되고 더 많은 것을 가르쳐주고 싶어진다. 나는 그런 눈빛을 가진 건강한 제이를 만날 날을 기다린다.

"유치원 때는 상을 일곱 번이나 받았는데…"

"어머, 은지 담임 맡으셨어요? 은지는 정말 예쁘고 똑똑한 아이예요. 유치원에서 상을 얼마나 많이 받았는지 몰라요. 은지 어머니도 유치원 일에 항상 적극적이셨고요."

은지를 가르쳤던 병설 유치원 선생님이 내게 들려준 이야기다.

학교 부설 병설 유치원을 다녀서인지 은지는 초등학교에 입학하기 전부터 상장을 많이 받는 아이로 학교에 소문이 자자했다. 키도 커서 맨 뒤에 앉아도 다른 아이들보다 머리 하나쯤이 더 올라와 있었다. 인지능력도 제법 뛰어나 내가 하는 말을 다른 아이들보다 빨리 이해했고, 결과물도 늘 남들보다 좋았다.

특히 은지는 그림 실력이 굉장했다. 선천적으로 타고난 감각도 있었고, 아이 교육에 관심이 많은 은지 어머니가 일찌감치 유명한 미술 학원을 물색하여 아이가 그림을 잘 그릴 수 있도록 기회도 제공했다. 은지 역시 잘하고 싶은 마음이 커서 뭐든 가르쳐주면 그대로 흡수했다. 그러니 은지의 그림 실력은 다른 아이들에 비해 월등히 뛰어날 수밖에 없었다.

여덟 살 아이들의 그림 실력은 천차만별이다. 똑같이 사람을 그려도 머리는 크게 그리고 몸을 작게 가분수처럼 그리는 아이가 있는가 하면, 어떤 아이는 목 없이 몸통에 머리를 얹어놓은 모양으로 그린다. 손도 손가락 다섯 개를 모두 그리는 아이가 있는가 하면 그냥 둥그렇게 뭉뚱그려 표현하는 아이도 있다. 팔과 다리의 위치도 모두 제각각이다.

하지만 은지의 그림 실력은 남달랐다. 몸의 각 부분이 균형 잡혀있었고, 도화지 크기에 맞게 적당한 크기로 그릴 줄도 알았다.

가족을 주제로 그림 그리기를 할 때였다.
"선생님, 저 다 그렸어요."
눈 깜짝할 사이에 그림을 완성한 한 아이가 자랑스럽게 도화지를 흔들며 내 앞으로 달려 나왔다. 아이가 내민 그림을 보니 도화지에 사람과 집이 콩알만 하게 그려져 있었다. 그나마도 그림이 도화지의 아래쪽 한 귀퉁이에 몰려 있어서 나머지는 백지나 다름없었다. 하지만 아이의 표정은 아주 당당했다. 자신이 그리고 싶었던 장면을 그렸으니 그걸로 만족한 얼굴이었다.

하지만 은지는 좀 달랐다. 은지는 수업 시간 내내 딴짓 한 번 하지 않고 열심히 그림 그리는 데만 집중했다. 시간이 다 되어서 그림을 내라고 했지만 꿈쩍도 하지 않았다. 주어진 시간을 꽉 채워서 그림의 완성도를 높이는 데 최선을 다했다. 이런 은지를 따라갈 아이는 아무도 없었다.

그러던 어느 날 나는 이런 뛰어난 능력에 가려져 잘 보이지 않던 은지의 속마음을 엿보고 그만 고민에 빠졌다.

혼자만 잘하고 싶은 아이

도화지를 접어서 작은 책 만들기를 하는 시간이었다. 만드는 과정이 좀 복잡해서 나는 아이들에게 직접 시범을 보이면서 한 단계 한 단계 천천히 설명해주었다.

"자, 이렇게 접은 부분을 다시 펼친 다음, 여기 접힌 부분을 가위로 잘라주세요."

"네? 어디를 자르라고요?"

"선생님, 여기가 이상하게 접혔어요."

"으앙~, 잘못 잘랐다. 어떡해."

여기저기서 비상벨이 마구 울려댔다. 나는 다시 한 번 천천히 시범을 보였다. 아이들은 열심히 지켜보면서 어떻게든 따라 해보려고 애를 썼다.

"얘들아, 접힌 자국이 난 곳을 이렇게 자르라고!"

"아~, 접힌 자국! 그렇게 하는 거였구나."

"선생님, 못 봤어요. 다시 보여주세요."

천차만별인 아이들의 반응을 보면서 나는 아이들이 지식을 받아들이는 통로가 정말 다양하다는 걸 새삼 느꼈다. 어떤 아이들은 말로 설명하면 이해를 못 했지만 직접 눈으로 보고 나면 방법을 금방 깨우쳤다. 어떤 아이들은 눈으로 볼 때는 이해를 못 하다가 말로 설명하면서 하나하나 시범을 보이면 그제야 깨우쳤다.

이렇게 해도 여전히 도화지를 이리저리 뒤집어보며 난감해하는 아이들이 있었다. 이럴 땐 내가 직접 아이의 손을 잡고 도와주는 것이 효과적이었다. 하지만 정해진 시간 안에 아이들을 다 도와주려면 다른 방법도 필요했다. 바로 또래 선생님을 활용하는 것이었다.

"여기까지 다 만든 사람은 아직 하지 못한 친구를 좀 도와주세요."

아이들은 친구 도와주기를 좋아했다. 특히 자신은 금방 이해하고 다 해냈는데 다른 아이들이 못 하고 있으면 뿌듯한 마음으로 그 아이들을 기꺼이 도와주었다.

나는 또래 선생님들의 눈부신 활약을 흐뭇한 마음으로 바라보다가 은지를 보게 되었다. 똘똘한 은지는 내가 하는 설명을 한 번에 알아듣고 이미 작업을 마친 상태였다. 그런데 다른 아이들이 따라올 때까지 기다리기가 조금 답답했던 모양이었다. 혼자서 책을 보고 다음 단계로 진도를 나가고 있었다. 그러느라 옆 짝이 도화지를 들고 어쩔 줄 몰라 하며 헤매고 있는데도 내가 부탁한 또래 선생님의 역할을 하지 않았다. 좀 더 빨리 자신의 작은 책을 훌륭하게 완성하고 싶은 마음에 옆 짝이 힘들어하는 게 눈에 들어오지 않는 모양이었다. 그날 은지는 형형색색 아름답게 꾸며진 멋진 작은 책을 완성하였다.

"늘 상을 받지만 행복하지 않아요"

해마다 학교에서는 많은 교내 대회가 열렸다. 각 대회마다 전교생이 다양한 부문에 참가하여 저마다의 소질과 기량을 마음껏 뽐냈다. 하지만 아직 어리고 할 수 있는 게 많지 않은 1학년은 안타깝게도 그 기회가 적었다. 과학의 날을 맞이해서 열린 교내 대회만 하더라도, 고학년은 로봇 만들기, 글라이더 날리기, 과학 상자 조립하기 등 참가할 수 있는 부문이 많았지만 1학년은 '과학 상상화 그리기' 부문이 전부였다. 불조심 캠페인 기간에 열린 대회 역시 표어 짓기, 포스터 그리기, 글짓기 등에는 고학년만 참가할 수 있었다. 1학년에게 주어진 기회는 '그리기' 부문 하나뿐이었다. 그러다 보니 1학년에서는 그림을 잘 그리는 아이가 상도 많이 받았다.

　문제는 어떤 주제로 그림을 그리든 은지의 그림이 월등히 우수하다는 데 있었다. 아이들에게 주는 상에는 잘했다는 칭찬과 더불어 좀 더 잘하라는 격려의 메시지가 함께 담겨 있다. 그런 의미에서 본다면 그림을 잘 그린다고 해서 교내 대회에서 주는 모든 상을 은지에게만 줄 수는 없는 노릇이었다.

　그래서 은지가 첫 교내 대회에서 '과학 상상화 그리기' 부문 최우수상을 탄 이후로, 나는 여러 아이들에게 골고루 참가 기회를 나누어주고 상을 받을 수 있도록 배려하고 있었다. 물론 그런 와중에도 은지는 성적 우수상은 물론 학교 밖에서 열리는 각종 대회에 참가하여 많은 상을 받아왔다. 정보력이 뛰어난 은지 어머니가 은지를 데리고 다니면서 각종 대회에 참가시켰던 것이다.

　아이들은 매번 상을 타는 은지를 부러운 눈으로 바라보곤 했다. 하지만 정작 친구들에게 부러움의 대상이 된 은지는 늘 상에 목말라 했다.

　"유치원 때는 상을 일곱 번이나 받았는데……."

　통일 그림 그리기 대회에서 상을 받지 못하자 은지가 시무룩한 얼굴로 내게 이야기했다.

　"우와~, 정말? 은지 대단하구나."

　"우리 오빠 친구는 1학년 때 상장을 열 개나 받았대요."

　은지는 내 칭찬에는 아랑곳하지 않고 끊임없이 상장의 개수에 대한 이야기를 늘어놓았다. 그런 은지를 보니 걱정스러운 마음이 들었다. 이렇게 상장의 개수에 집착하게 되면 어떤 일을 즐기면서 할 수 있는 기회가 그만큼 사라지기 때문이었다.

앞서 말한, 가족을 주제로 그림 그리기를 하던 날이었다. 도화지의 대부분을 하얗게 비워두고 한 쪽 귀퉁이에 콩알만 하게 집과 사람을 그렸던 아이는 나에게 자신의 그림을 자신 있게 들이밀며 이렇게 말했었다.

"선생님, 여기 있는 사람이 나고, 옆에 있는 사람이 아빠예요. 우리 아빠 수염 좀 보세요. 완전 웃기죠. 하하하."

아이가 가리키는 그림 속 남자의 얼굴에는 까만 점이 여러 개 찍혀있었다. 아이가 말해주지 않았다면 누구도 그게 수염인지 모를 정도였다. 아이는 옆에서 계속 재잘댔다.

"이날 우리 아빠가 면도를 안 했거든요. 여기 있는 사람이 우리 엄만데요, 지금 아빠한테 막 뭐라 하고 있고요, 이건 아빠가 수염 난 얼굴로 뽀뽀할까 봐 내가 막 도망가는 그림이에요."

아이는 엄마 아빠와 함께 보낸 즐거웠던 시간 속으로 잠시 돌아간 듯했다. 아빠가 수염이 난 까칠까칠한 얼굴로 뽀뽀할까 봐 허둥지둥 도망치며 느꼈던 재미와 가슴 두근거림이 생생한지 아이는 쉴 새 없이 조잘대고 있었다. 그 모습에서 '그림을 잘 그려서 상을 타야지.' 혹은 '내 그림이 다른 사람보다 못한 건 아닐까?' 하는 마음은 하나도 느껴지지 않았다. 아이는 그림 그리는 시간을 아주 행복하게 즐겼고, 비록 상을 받지는 못했지만 결과에 대해서도 담담하게 받아들였다. 그림을 그리는 동안 즐거웠으면 그걸로 충분했던 것이다.

은지에게는 바로 이런 즐거움이 없었다. 은지의 그림은 훌륭했지만 그림을 그리는 은지의 얼굴에는 즐거운 빛이 없었다. 그저 진지한 표정으로 몰두할 뿐이었다. 물론 그런 자세를 갖는 것도 중요하다. 하지만 나는 아직 여덟 살밖에 안 된 은지에게 그림을 그리는 일은 즐겁고 행복한 작업이기도 하다는 것을 알려주고 싶었다.

얼마 뒤 환경 보존 그리기 대회가 열렸다. 수상자가 발표되던 날, 은지는 하루 종일 시무룩한 얼굴이었다. 나는 그런 은지를 잠시 위로한 뒤, 그동안 생각해온 이야기를 꺼냈다.

"선생님이 은지한테 꼭 해주고 싶은 말이 있어. 무슨 일이든 반드시 상을 받아야만 잘하는 것이 아니라는 거야. 은지가 정말 최선을 다해서 노력했으면 은지가 스스로에게 상을 주면 돼. 꼭 상을 받아야지 하는 마음을 조금 잊어버리면 그림 그리는 일이 얼마나 재미있는지 은지도 더 많이 느끼게 될 거야."

은지는 알 듯 말 듯한 표정으로 고개를 끄덕였다. 여덟 살 아이가 이해하기에는 조금 어려운 말이었지만 그래도 대충 어느 정도 의미는 전달된 듯했다.

'음… 무슨 소린지 잘 모르겠지만… 내가 상을 받지 못하는 게 선생님이 날 싫어해서는 아닌 것 같아. 선생님이 뭔가 나를 위해 이런 얘

기를 하시는가 보구나.'

그 뒤에도 나는 기회가 될 때마다 은지에게 상 자체가 중요한 게 아니라는 이야기를 자주 해주었다. 은지가 내 말을 이해하고 자신의 것으로 받아들일 수 있기를 바라서였다. 하지만 상에 대한 은지의 집착은 좀처럼 줄어들지 않았다.

협동과 배려, 서로 돕고 함께하는 즐거움

통합 교과 시간. 아이들이 책상 위에 학교 주변을 돌며 주워온 나뭇잎, 돌멩이, 꽃잎, 열매 등을 꺼내놓기 시작했다. 모둠별로 그 재료들을 가지고 예쁘게 가을 동산을 꾸며 협동 작품을 만들기로 한 날이었다. 나는 각 모둠에 커다란 도화지를 나누어주고 어떻게 꾸밀지 함께 의논하여 만들어보라고 했다.

수업 시간에 모둠 활동을 하는 이유는 아이들에게 협동심과 배려하는 마음을 키워주는 것이지만, 사실 이것만큼 어려운 일이 없었다. 협동심과 배려하는 마음을 배울 때까지는 전혀 예상치 못한 사건 사고가 벌어지고, 모둠 구성원 사이에 대립과 갈등이 일어나는 과정이 있기 마련이었다. 서로 의견이 안 맞아 싸우기도 하고, 편을 갈라 맞서기도 하고, 마음에 안 드는 아이를 은근히 따돌리기도 하면서 아이들은 아주 조금씩 배워나갔다. 그래서 모둠 활동이 목표로 하는 교육적 효과를 어느 정도 얻으려면 모둠을 나눌 때부터 우수한 실력을 가진 아이, 추진력이 좋은 아이, 실력이 좀 부족한 아이들을 적절히 배치하는 일이 필요했다. 그래야 서로 이끌어주고 배우며 활동이 원활하게 이루어지기 때문이었다.

"야, 거기엔 나뭇잎만 붙이기로 했잖아. 돌멩이는 이쪽에 붙이라고!"

아라가 신경질적으로 친구들에게 말하는 소리가 들렸다. 아라네 모둠은 원톱 체제였다. 아라가 앞에서 주도적으로 진두지휘하며 모둠 구성원들을 이끌고 있었다.

"이건 어디다 붙일까? 음~, 여기 어때? 다들 마음에 들어?"

이번에는 조곤조곤 친구들의 의견을 묻는 태오의 목소리가 들렸다. 태오네 모둠은 투톱 체제였다. 승아가 태오와 함께 리더 역할을 담당하고 있었다. 둘은 조용하고 긍정적인 성격이라서 서로의 의견을 물어가며 작품을 완성해나가고 있었다.

모둠 활동을 하다 보면 자연스럽게 아이들의 성향이 나오기 마련이었다. 물론 리더가 어떤 성격이냐에 따라 모둠의 분위기가 많이 달라지지만, 여러 사람이 함께하는 일인 만큼 모둠 구성원 모두의 협동이 무엇보다 중요했다. 그런데 막상 모둠 활동을 해보면 아이들이 모두 다 같이 참여하여 열심히 할 것 같지만, 실제로는 그렇지 않은 경우가 더 많았다.

모둠 활동 할 때 이런 아이, 꼭 있다!

책임감형

선생님이 하라고 시킨 일은 법이라고 생각하는 아이들이다. 선생님이 무서워서가 아니라 그래야 마음이 편하기 때문이다. 책임감형 아이들은 모둠 구성원들이 열심히 하건, 안 하건, 슬그머니 뒤로 빠져 장난만 치건 상관하지 않고 열심히 활동에 참여한다. 그러다 보니 나도 이런 책임감형 중에서 리더를 선발하는 일이 많다.

불만형

"선생님~, 우리는 열심히 하는데, 쟤들은 하나도 안 하고 놀기만 해요!"
자기가 손해를 보거나 피해 입는 일을 극도로 싫어하는 아이들이다. 누구는 열심히 하고 누구는 노는 데 강한 불만을 느끼기 때문에 모둠 활동만 하면 곧잘 감정을 폭발한다. 자기감정에 휩싸여서 모둠 구성원을 공격하는 일도 있어서 가끔은 모둠 활동에 악영향을 초래하기도 한다.

나몰라형

"자, 이제 모둠 활동을 시작해볼까요?"
선생님의 목소리가 이 유형의 아이들에게는 이렇게 들리는 모양이다.
"자, 이제 자유 시간이에요. 즐겁게 놀면서 공부해볼까요?"
나몰라형 아이들은 나머지 모둠 구성원들이 바쁘게 움직여도 상관하지 않고 킥킥대며 장난치기에 바쁘다. 모둠 구성원들이 뭐라고 하면 어쩔 수 없이 활동에 참여하지만, 그 와중에도 틈틈이 장난칠 궁리만 한다.

수동형

모둠 활동에 리더가 있다면 지시를 성실하게 따르는 수동형도 있다.
이 유형의 아이들은 시키는 대로 한다. 그런데 작품 전체를 보고 판단하거나 의견을 내는 법이 없고, 상황에 따른 융통성도 발휘하지 못한다. 속이 터지는 건 모둠의 다른 친구들이다.
"아이구, 답답해."

나는 기대감을 안고 그림을 잘 그리는 은지가 있는 모둠으로 다가갔다. 겉으로 보기에는 모둠 구성원 전체가 도화지 여기저기에 자리를 잡고 열심히 활동하는 것 같았다. 그런데 가만히 살펴보니 전체적인 계획 없이 각자 자기가 하고 싶은 대로 작업을 하고 있었다.
"얘들아, 서로 의논해서 해야지. 다들 똑같이 나무만 그리고 있잖아. 연못도 만들고, 들판도 꾸미면 어떨까?"
보다 못한 내가 거들고 나서자 민성이가 우물우물하며 말했다.
"나는 연못 못 그리는데……."
그리고는 다들 서로의 얼굴만 쳐다볼 뿐 누구 하나 나서려고 하지 않았다. 은지도 그중 한 명이었다. 나는 이 모둠의 리더로 은지를 넣었던 것이 기억나서 은지에게 나서보라고 독려했다.
"은지가 그림을 잘 그리니까 여기에 연못을 그려봐."
"아… 연못은 나도 잘 못 그리는데."
말도 안 되는 소리! 나는 얼마 전에 은지가 '독후 감상 그리기 대회'

에서 그렸던 예쁜 연못을 기억하고 있었다. 그런 은지가 이렇게 나오니 내 작전도 실패로 끝났다.

　은지는 자신의 그림을 그릴 때는 적극적이었지만, 남들과 함께하는 모둠 활동에서는 아주 소극적인 모습을 보였다. 은지는 열심히 해봤자 모두에게 공이 돌아가는 활동보다는 나 혼자 해서 빛이 나는 활동에 관심이 더 많은 것 같았다.

　그날 은지네 모둠은 시간 안에 작품을 완성하지도 못했고, 다른 모둠에 비해 훨씬 떨어지는 결과물을 내놓았다. 우리 반 그림 왕 은지가 있었는데도 말이다.

　사람이 살아가는 데는 여러 가지 즐거움이 있다. 그중에 한 가지가 다른 사람과 함께하면서 서로의 감정을 나눌 때 느끼는 즐거움이다. 나 혼자 잘하는 것도 기쁜 일이지만 다른 사람과 함께 결과물을 만들면 훨씬 더 뿌듯한 마음을 느낄 수 있다. 감정을 공유할 수도 있고 함께한다는 소속감도 들기 때문이다. 은지는 이런 삶의 중요한 순간들을 많이 놓치고 있었다.

　나는 은지가 자신도 잘하고 친구들도 잘할 수 있게 도와주고 싶다는 마음을 갖게 해주고 싶었다. 그래서 비록 상장을 못 받더라도 자신의 결과에 스스로 만족할 줄 알고 다른 사람들을 도와주면서 함께 기쁨을 나눌 수 있는 아이로 성장하기를 바랐다.

'세상에 이런 보배 같은 아이가 있다니'

 그날은 아이들이 입학 후 처음으로 컴퓨터실에 가서 수업을 받는 날이었다. 교실 밖을 나간다는 사실만으로도 흥분해서 날뛰는 아이들을 겨우 줄을 세워 컴퓨터실로 가는 길은 그야말로 험난했다. 서로 밀고 장난치는 아이, 노래를 부르는 아이, 앞에 아이가 너무 천천히 간다며 불만을 터뜨리는 아이……. 장난꾸러기 현수는 세 번이나 줄 밖으로 뛰쳐나갔다.
 "현수야, 그 소화기 내려놔!"

"현수야, 수도꼭지 물 잠그고 어서 이리 오지 못해!!"

그 틈을 타 무영이 녀석은 또 친구들을 괴롭히고 있었다.

"선생님~, 무영이가 자꾸 밀어요."

"무영이, 맨 앞으로 와. 선생님 손잡고 가자."

이렇게 한 손엔 무영이 손을, 한 손엔 현수의 손을 잡고 천신만고 끝에 컴퓨터실 문 앞에 도착하는 순간, 아뿔싸! 열쇠를 안 가지고 왔다. 그 고생을 하며 왔던 길을 되돌아갈 수도 없고, 사고뭉치 녀석들을 여기에 두고 나 혼자 다녀올 수도 없는 노릇이었다. 아, 어쩌지? 그때였다.

"선생님, 제가 열쇠 가져올게요."

입학한 지 얼마 안 된 3월이라 대부분의 아이들이 아직 학교 지리를 잘 몰랐다. 심부름을 시킬 엄두도 못 내고 있었는데 마치 나의 그런 마음을 읽은 것처럼 영은이가 돕겠다고 나섰다. 성격이 차분한 영은이라면 충분히 해낼 수 있을 것 같기도 했다.

"그럼, 선생님 책상 위에서 열쇠 좀 갖다줄래? 혹시 거기에 없으면 서랍도 한번 열어서 찾아봐 줘."

영은이는 야무진 얼굴로 알겠다고 하더니 교실로 달려갔다. 나는 여덟 살 아이가 열쇠를 잘 찾아올 수 있을지 반신반의하며 기다렸다. 잠시 뒤, 영은이가 컴퓨터실 열쇠를 손에 꼭 쥐고 숨을 헐떡이며 달려왔다. 어찌나 기특하고 대견하던지 나는 특급 칭찬을 아끼지 않았다. 옆에서 모든 걸 지켜본 보나는 그만 표정이 샐쭉해졌다.

"쳇~! 나도 할 수 있는데……."

이래서 아이들 앞에서는 냉수도 못 마시나 보다 싶었다. 그런데 정작 칭찬을 받는 주인공 영은이는 무덤덤했다. 그냥 할 일을 했다는 표정이었다.

그날 나는 난처한 상황에 빠진 나를 돕겠다고 나선 여덟 살 꼬마 숙녀에게 깊은 인상을 받았다.

잘 챙겨주는 든든한 맏언니 같은 아이

영은이가 도와주는 사람은 나만이 아니었다.

"어? 종합장이 없네. 안 가져왔나? 아…, 어떡하지?"

"내 것 한 장 찢어줄게. 여기다 써."

영은이는 조용하고 말이 없었지만 주위에 난처해하는 친구들이 있으면 선뜻 도움을 주었다. 요즘은 엄마가 아이의 모든 것을 챙겨주는 일이 많아서 교실에서 영은이와 같은 아이를 만나기가 쉽지 않았다. 나는 영은이가 집에서는 어떤 아이인지 궁금했다.

그러던 어느 날, 퇴근길에 영은이를 만났다.

"영은아, 어디 가니?"

"동생 데리러 가요. 어린이집 끝날 시간이거든요. 으아~, 늦었다."

학교 밖에서 선생님을 만나면 반가울 법도 한데 영은이는 뒤도 안 돌아보고 달려갔다. 어지간히 급한 모양이었다.

다음 날 영은이에게 집에서 어떻게 지내는지를 물어보았다. 영은이 부모님은 맞벌이로 가게를 운영한다고 했다. 그래서 영은이가 어린 동생을 대신 챙겨줘야 했다. 여덟 살 아이들은 아직 시간개념이 없어서 엄마가 옆에서 학원 가는 시간도 챙겨주기 마련인데, 영은이는 자기 학원 시간은 물론 동생까지 혼자 챙기고 있었던 것이다.

"영은아, 동생 돌보는 게 힘들지는 않아?"

"힘들 때도 있어요. 그래도 제가 언니니까 잘 돌봐줘야 해요."

시간이 갈수록 영은이는 나에게 보배와 같은 존재로 느껴졌다. 힘들거나 어려운 일이 생기면 언제나 든든한 지원군이 되어주었다. 친구들도 살뜰하게 챙겼다. 우리 교실에서 영은이는 맏언니 같은 존재였다.

운명과도 같은 형제 서열

쉬는 시간, 우리 반 복도에서 어슬렁대는 고학년 남자아이 몇 명이 보였다.

"민성아~, 너희 형 왔어."

아이들은 무슨 구경거리라도 생긴 듯 우르르 복도로 몰려나왔다.

"야, 민성이네 형은 3학년이래."

"우와~, 진짜?"

두 살 차이밖에 안 나지만 1학년에게 3학년은 하늘 같은 선배였다. 키도 크고 덩치도 커서 함부로 상대할 수 없는 존재이기도 했다.

그런데 고학년 아이가 동생을 보러 1학년 교실에 찾아올 때는 동생이 잘 있는지 확인하는 것 외에 다른 목적이 있었다. 형이 있다는 것을 동생 친구들에게 과시하여 함부로 못 건드리게 하려는 의도였다.

"누군데 고학년이 1학년 교실까지 왔지?"

"민성이 형인데요, 동생 좀 보러 왔어요."

"잘 됐다. 민성이 형이니까 혹시 동생네 반 친구들을 고학년 형들이나 다른 반 아이들이 못살게 굴지 않도록 돌봐줄 거지?"

엉겁결에 우리 반 수호의 임무를 맡은 민성이 형은 동생 친구들의 열렬한 환호를 받으며 자기 교실로 돌아갔다. 그날 이후 아무도 민성이를 함부로 건드리지 않았다. 누가 조금만 건드리려고 하면 주변에서 이 말이 나왔다.

"야, 조심해. 민성이는 3학년 형이 있어."

이렇게 든든한 형을 둔 민성이 같은 아이들도 있지만, 반대로 동생이 있어서 형이나 언니 노릇을 해야 하는 아이들도 있었다.

1학년 교과서에는 '동생이 내 공책에 낙서했을 때 어떻게 하면 좋을까요?'라는 질문에 각자가 생각하는 답을 적어넣도록 하는 단원이 있었다. 동생이 있는 아이들은 나름대로 쌓였던 억울한 마음을 답과 함께 쏟아냈다.

"저요! 엄마한테 일러요."

"야! 엄마한테 일러봤자 동생이 어리니까 참으라고 그래."

"저요! 동생한테 꿀밤을 한 대 때려요."

"동생이 울면 동생 때렸다고 엄마한테 또 혼나."

사실 이 수업의 목표는 동생의 입장을 이해하고 배려하는 것이었다. 하지만 지금 아이들 앞에서 그런 얘기를 꺼내봤자 선생님도 동생 편이냐는 소리만 들을 것 같았다. 아무래도 이번 시간의 학습 목표를 이루기는 힘들 것 같았다.

> 여기서 잠깐,

부모의 관심과 사랑을 빼앗길 위기에 처한 아이들의 대처법

아이들이 하는 행동을 보면 동생이 태어나면서 달라진 가족 간의 관계 구도에 어떻게 대처하는지 알 수 있다. 부모의 관심과 사랑을 빼앗길 위기에 처한 여덟 살 아이들은 나름대로 살아남는 방법을 모색한다.

관심 받기를 포기해요

아무리 애써봤자 애교쟁이 동생을 따라갈 수 없다는 걸 알고 귀여움 받기를 포기한 아이들이다. 어른들이 동생에게만 관심을 보이면 질투하는 대신 다른 관심사를 찾아 혼자 노는 방법을 찾는다. 자신이 좋아하는 장난감을 동생이 가지고 놀면 엄마를 부르는 대신 기회를 엿보다가 동생 손에서 장난감을 낚아챈다.

엄마 역할을 해요

부모의 사랑을 동생에게 빼앗긴 것 같아 속상하지만 아이는 그 마음을 표현해봤자 아무 소용없다는 걸 잘 알고 있다. 그런데 어느 날 동생을 잘 돌봤더니 뜻밖에도 엄마가 기특하다고 칭찬해주신다.
'아, 동생을 잘 돌보면 엄마가 나를 좋아하는구나!'
아이는 의젓하게 동생을 잘 돌보는 것으로 자신의 존재감을 찾는다.

동생에게 이기는 법을 알아요

엄마가 늘 동생 편만 들지만 공부와 관련된 일만큼은 자기편을 든다는 걸 알고 있는 아이들이다. 그래서 동생이 좀 얄미울 때는 일부러 책상에 앉아 공부하는 척 책을 펴고 이렇게 말한다.
"엄마~, 동생이 나 책 보는데 방해해."
그러면 십중팔구 동생이 혼난다.

동생이 태어난 뒤 더 어리광을 부려요

세상의 모든 부모가 동생을 더 예뻐하는 것은 아니다. 어떤 부모는 큰아이가 동생에게 치일 것을 걱정하여 더 각별한 애정을 쏟기도 한다. 그래서 동생이 생긴 뒤 어리광을 부리거나 짜증을 내는 일이 부쩍 느는 아이도 있다.

동생에 대한 이야기는 끝이 없었다. 아이들의 머릿속에는 이런 생각이 있는 것 같았다.
'엄마는 동생만 좋아해.'
그런데 영은이는 대화에 동참하지 않고 조용히 앉아만 있었다. 부모님 대신 동생을 챙겨주다 보면 속상한 일도 있을 법한데 영은이는 다른 아이들이 불만에 가득 차 하는 이야기를 듣기만 할 뿐이었다. 또, 동생을 둔 아이들의 얼굴에는 다양한 감정이 담겨 있었지만 영은이만은 표정이 무덤덤했다. 그런 모습을 보면서 나는 영은이가 동생과 어떻게 지내는지 둘의 관계를 알고 싶다는 생각이 들었다.

며칠 뒤, 아이들에게 나눠줄 인쇄물을 만드느라 교실에 혼자 남아 있을 때였다. 저 멀리 복도에서 여자아이 둘이 조곤조곤 말하는 소리가 들렸다. 아이들이 집으로 돌아간 뒤라 학교가 텅 비었을 텐데 누군가 하고 봤더니 영은이였다. 동생을 학교에 데리고 온 것이었다. 영은이 말로는 어린이집에서 동생을 데리고 집에 가다가 동생이 학교 구경을 하고 싶다고 해서 잠깐 들렀다고 했다.

"영은이 동생이구나. 반가워. 이름이 뭐니?"

"난 정은인데……."

어린아이들은 학교 선생님이라고 하면 겁부터 먹기 마련인데 동생 정은이는 내가 묻는 말에 반을 뚝 잘라먹고 대답하더니 교실에 있는 물건에 관심을 보였다. 처음 와보는 교실이고, 처음 보는 어른 앞인데도 정은이는 주눅 들거나 긴장하는 기색이 없었다. 오히려 자기 마음대로 교실 안을 돌아다니며 이 물건 저 물건을 만지고 다녔다. 영은이는 그런 동생을 따라다니며 뒷수습하느라 정신이 없었다.

"정은아, 그렇게 하면 안 돼. 망가져."

"싫어! 나 이거 가지고 놀 거야."

지켜보던 나도 더 이상 안 되겠다 싶어 아이에게 한마디 했다.

"정은아, 그만! 언니 교실에 있는 물건은 마음대로 만지면 안 돼."

내가 일부러 엄한 표정을 짓고 천천히 힘주어 말하자 정은이는 나를 흘긋 쳐다보더니 교실 밖으로 뛰어나갔다.

"에이, 여기 재미없어. 나 갈 거야."

영은이는 그런 동생이 걱정되어 후다닥 뒤를 따랐다.

동생 정은이는 언니 영은이와 완전 딴판이었다. 영은이와 동생은 한 살밖에 차이가 안 났고, 덩치도 누가 언니이고 누가 동생인지 구분하기 어려울 정도로 비슷했다. 그런데도 행동하고 말하는 것은 영은이가 훨씬 어른스러웠다. 한 부모 밑에서 자랐는데도 두 아이가 이렇게 다르다니 참 신기할 정도였다.

대부분의 부모가 첫째에게는 의젓한 모습을 많이 요구하게 된다. 그러니 연년생인데도 부모 눈에 영은이는 동생과 비교하면 늘 '큰아이'였다. 같은 실수를 해도 동생 대신 언니인 영은이가 혼나는 일이 더 많았다. 그렇게 몸에 배인 태도가 학교에서도 그대로 표현된 것이리라 짐작이 갔다.

반대로 둘째로 태어난 정은이는 부모의 눈에 마냥 어리고 귀엽게만 보였다. 자기 대신 언니가 혼나는 걸 옆에서 지켜보면서 어떻게 하면 엄마에게 혼나지 않는지 요령도 배웠을 것이다. 또, 부모님의 배려 덕분에 언니에게 당당하게 돌봄을 받을 수 있는 자격도 주어졌다.

그러다 보니 동생 정은이는 무엇을 해도 당당하고 자신감이 넘쳤다. 물론 다소 예의 없고 천방지축인 태도도 덤으로 지니고 있었지만.

태어나는 서열은 아이들에게 운명과도 같다. 그래서 똑같은 여덟 살이라도 주어진 환경과 조건에 따라 어떤 아이는 제 나이보다 어른스럽게 자라고, 어떤 아이는 제 나이보다 어려진다. 한 부모 밑에서 자랐는데도 영은이와 정은이 두 자매가 이렇게 다른 것은 서열의 차이에서 비롯된 결과인 것 같았다.

나는 영은이가 요즘 보기 드문, 보배 같은 존재로 느껴졌다. 하지만 한편으로는 집에서 하던 맏언니의 역할을 학교에서 그대로 하고 있는 것 같아 왠지 마음 한구석이 짠했다.

책임감, 맡은 일을 묵묵히 해내는 힘

아이들의 책상을 교실 한쪽으로 밀고 국악 수업을 하던 날이었다. 책상을 옮기고 보니 교실 바닥 여기저기 휴지 조각이며 쓰레기들이 굴러다녔다.

"얘들아, 바닥이 너무 지저분하다. 이 쓰레기들 좀 치우자."

하지만 교실은 이미 광란의 분위기였다. 책상을 치우고 만들어진 널찍한 공간에서 아이들은 신이 나서 뛰어다녔다. 교실 한쪽에서는 국악 수업에 쓰려고 가져온 장구며 꽹과리를 두드려대고 난리가 났다.

"악기는 아직 건드리면 안 돼! 수업 준비가 다 되면 나눠줄 거야."

서너 명의 손에서 장구채와 소고를 뺏은 뒤 고개를 돌리는 순간,

야단법석인 아이들 사이에서 혼자 묵묵히 교실 바닥을 쓸고 있는 아이가 보였다. 영은이였다. 이 힘든 순간에 조용히 나를 도와주는 녀석이 눈물 나도록 고마웠다.

영은이에게는 무엇을 시켜도 듬직하고 믿음직스러웠다. 가끔 출장이 있어 학교에서 일찍 나가야 할 때도 마지막 교실 문단속을 영은이에게 부탁하면 안심이 되었다.

그러던 어느 날, 나는 문득 영은이가 지나치리만큼 자기 의사를 표현하지 않는다는 생각이 들었다. 가만 보니 친구들 사이에서 작은 시비가 붙으면 먼저 양보하고 물러서는 쪽은 늘 영은이었다.

찰흙으로 만들기를 하는 시간이었다. 밋밋한 찰흙 작품에 포인트를 주기 위해 나는 알록달록한 고무찰흙을 모둠별로 나눠줬다.

"야, 고무찰흙이 모자라잖아. 조금만 써."

이런! 각자 필요한 만큼만 떼어서 사용하라고 했는데 한 녀석이 욕심을 내고 많이 가져간 모양이었다.

"나도 이만큼 필요하단 말이야."

두 녀석의 실랑이에 같은 모둠에 있는 영은이는 고무찰흙을 하나도 쓰지 못하고 있었다. 영은이는 조용히 주변을 둘러보더니 고무찰흙이 남는 모둠에 가서 자기 것을 구해왔다. 친구들 사이에 시비가 붙었을 때 영은이처럼 행동하는 아이는 거의 없었다. 보통은 선생님에게 친구의 잘못을 이르는 경우가 대부분이었다.

친구의 잘못을 이르는 기술

자신이 피해를 보는 일이 아니라면 그 친구 앞에서 대놓고 선생님에게 이르기가 곤란하다. 그래서 아이들은 저마다 다양한 '이르기 기술'을 펼친다.

귓속말형

쉬는 시간 슬쩍 다가와 주위를 살펴보고는 내게 소곤소곤 이야기한다.
"선생님, 무영이가 화장실에서 변기 물로 장난치고 있어요."
무영이의 보복이 두려워 자기가 일렀음을 굳이 밝히고 싶지 않은 경우이다. 그래서 '선생님께서 알아두셔야 할 것 같은데요.'라는 식으로 넌지시 일러만 주고 스르륵 사라진다.

시침 뚝형

"선생님, 고무찰흙은 똑같이 나눠 쓰는 거죠? 한 사람이 다 쓰면 안 되죠?"
"그럼, 안 되지. 왜? 누가 혼자 다 가져간 사람이 있어?"
아이는 처음부터 이런 반응을 겨냥하고 질문한 것이다. 규칙에 대해 물어 선생님이 친구가 잘못한 행동에 대해 알아차리도록 하는 것이다. 이렇게 하면 '네가 일렀지?' 하는 친구의 공격에 시치미를 뚝 뗄 수 있다.

어이쿠형

"어이쿠~, 독서록 안 가져오면 어떡해. 그거 오늘 검사하는 날이잖아."
마치 친구를 걱정하는 말처럼 들리지만 사실은 그렇지 않다. 아이의 목소리가 너무 크다. 교실에 있는 모두가 그 말을 들을 정도였으니까. 나까지 그 친구가 독서록 안 가져 온 것을 알게 되면 작전 성공이다.

분명 자기 몫의 고무찰흙을 남들이 다 써버렸는데도 영은이는 불평 한마디 없었다. 나는 그런 영은이가 안쓰럽기도 하고 내심 걱정스런 마음도 들었다.

점심시간, 한적한 틈을 타 아이에게 슬쩍 말을 걸어보았다.

"영은이는 뭘 할 때가 제일 좋아?"

"음… 뭐 별로 없어요."

잠시 생각하더니 영은이는 배시시 웃으며 말을 얼버무렸다. 생각해보니 영은이가 뭔가를 원하거나 좋다고 말하는 것을 본 기억이 없었다. 그러다 보니 누구와 짝을 하고 싶어 하는지, 어떤 과목을 재미있어 하는지, 급식 반찬 중 좋아하거나 싫어하는 것은 무엇인지, 내가 영은이에 대해 알고 있는 것이 하나도 없었다. 아니, 영은이도 자신이 뭘 좋아하고 원하는지 알지 못했다. 항상 자기주장이 강한 동생의 요구를 받아주고 맞춰주는 일에만 익숙했을 테니까. 어쩌면 누군가로부터 그런 질문을 받아본 적이 별로 없을 수도 있었다.

나는 영은이에게 심부름이나 맏언니 같은 역할을 시키지 않기로 했다. 그리고 솔선수범해서 혼자 궂은일을 도맡아 하는 영은이를 보게 되면 이렇게 말해주었다.

"아냐, 그건 영은이가 안 해도 돼."

"영은아, 고맙다. 하지만 다음부터 이런 건 신경 안 써도 돼."

이런 나의 마음을 아는지 모르는지 영은이는 그저 배시시 웃을 뿐이었다.

그로부터 2년 뒤, 영은이가 3학년이 됐을 때의 일이었다. 동료 교사끼리 모여서 이런저런 잡담을 하다가 영은이 이야기가 나왔다.

"맞다. 그 반에 영은이 있죠? 좋겠다!"

"영은이? 아, 정말 착하고 예쁜 아이죠. 선생님도 정말 많이 도와주고, 아이들한테도 잘하고. 정말 그런 아이가 없어요."

2학년 때 영은이를 맡았던 담임 선생님도, 영은이의 3학년 담임 선생님도, 영은이를 아는 사람들은 너도나도 칭찬 일색이었다.

비록 영은이의 모습에 마음이 짠한 구석도 있었지만 이렇게 여러 선생님들에게 칭찬받고 사는 녀석을 보니 한편으로 마음이 뿌듯하기도 했다. 이것이 영은이 인생의 큰 장점이 되겠구나 하는 생각에 마음 한편이 따뜻해졌다.

자기표 백 점 VS 엄마표 백 점

시험이 얼마 남지 않은 날, 교실 풍경이 평소와는 사뭇 달랐다. 점심시간인데도 밖에 나가서 놀지 않고 자리에 앉아 책을 보고 있는 아이들이 꽤 눈에 띄었다.

점심시간은 아이들이 학교생활에서 가장 기다리는 시간 중 하나였다. 급식을 빨리 먹기만 하면 남은 30분 정도의 시간 동안 운동장에서 축구나 술래잡기 등의 놀이를 하거나, 학교 건물 구석구석을 살피며 탐험을 즐기거나, 단짝 친구와 소곤소곤 수다를 떨 수 있었다.

하지만 여덟 살 아이들에게도 시험은 부담이 되는 모양이었다. 대부분은 스스로가 아닌 주위의 반응 때문에 느끼는 부담이지만 말이다.

"시험 때니까 학교 가서 선생님 말씀 잘 듣고 공부 열심히 해."

아침에 엄마는 학교 가는 아이의 뒷모습을 향해 이런 말을 했다. 학교에서 돌아온 아이가 평소처럼 동네 한 바퀴 돌려고 자전거를 끌고 나갈 때도 엄마는 현관에서 이런 소리를 했다.

"시험이 코앞인데 놀기만 하면 어떡해. 공부 좀 해야지."

수업 시간에 선생님도 이런 말씀을 자주 하셨다.

"이건 아주 중요해요. 시험에 나올지도 모르니 잘 알아두세요."

그러니 뭔지는 모르지만 아이들은 시험 때는 책상에 앉아서 공부를 해야 하는 모양이라고 느낀 것이다.

스스로 공부하는 아이

물론 주위의 반응에 전혀 부담을 느끼지 않는 아이들도 많았다. 점심시간에 자리에 앉아 책을 보는 아이들이 교실 자리의 절반 정도인 걸 보면 나머지 아이들은 부담 제로인 상태로 교실 밖 어디에선가 즐겁게 놀고 있었다.

그렇다면 교실에 남아 있는 아이들 중 스스로 공부하는 아이는 얼마나 될까? 나는 아이들이 어떻게 공부하고 있는지 좀 더 들여다보기로 했다.

아라는 한눈에 보기에도 매우 두꺼워보이는 문제집을 풀고 있었다. 표지가 반짝이는 것을 보니 새로 나온 문제집 같았다.

"아라는 문제집을 풀고 있구나. 누가 사주셨어?"

"엄마가요. 그런데 문제가 너무 어려워요. 심화 문제가 많거든요."

아라 어머니가 서점을 누비며 요즘 가장 잘 나가는 문제집을 골라서 사오신 모양이었다. 심화 문제 풀이를 위주로 고득점을 노린 전략인 듯 싶었다.

문제집 똑똑하게 활용하기

많은 부모님들이 아이에게 시험공부를 시킬 때 문제집을 많이 활용한다. 문제집으로 하는 시험공부의 장단점을 살펴보도록 하자.

문제 풀이 식 공부의 장점

시험을 처음 보는 1학년 아이들은 시험 문제의 형식을 몰라서 틀리는 경우가 많다. 예를 들면 ㉮ ㉯ ㉰ ㉱ 네 개의 보기 중에서 정답을 고른 다음 답란에 반드시 기호를 적어야 하는데, 1학년 아이들은 한글로 답을 적는 경우가 많다. 또는 틀린 답을 고르라고 했는데 거꾸로 맞는 답을 고르기도 한다. 따라서 문제집을 풀어 아이가 시험 문제의 유형에 익숙해지도록 하면 시험공부에 도움이 된다.

문제 풀이 식 공부의 단점

1학년 교과서를 보면 절반이 그림이고 내용도 많지 않다. 아이들의 발달 수준에 맞게 이해하기 쉽도록 교과서를 편성한 것이다. 하지만 시중에 나와 있는 문제집을 보면 두께부터가 만만치 않다. 교과서에 나오지 않은 내용도 많고, 1학년 수준보다 어려운 문제도 많다. 학교에서 시험문제를 내는 교사들은 교과서에 없는 내용을 출제하지 않는다. 교육과정에 한정된 내용만을 출제하도록 되어 있기 때문이다.

문제집으로 시험공부 하는 방법

일단 문제집을 처음부터 끝까지 다 푼다는 생각을 버리고 문제를 선별해서 활용한다. 대부분의 문제집에는 앞에 교과서의 핵심 내용을 정리한 부분이 있으므로 이것을 가장 비중 있게 이해하도록 한다. 그 다음에 기본 문제 풀이를 한다. 사실 여기까지 해도 충분하지만 좀 더 난이도 있는 문제를 공략하고 싶다면 심화 단계로 넘어가도 좋다. 하지만 교과서에 나오지 않은 내용이나 정답이 이해되지 않는 문제가 나온다면 매달려 고민하지 말고 과감히 넘어가도 된다. 문제집으로 공부할 때에도 자기 주도적으로 선택하여 공부할 줄 아는 지혜가 필요하다.

승아는 다른 아이들이 어려워하는 문제를 찬찬히 설명해 주고 있었다. 제법 설명을 잘하는 것으로 보아 문제를 잘 이해하고 있는 것 같았다.

우리 반의 1등인 주연이 역시 자리에 앉아 조용히 책을 보고 있었다. 옆으로 다가가 살펴보니 주연이가 보고 있는 것은 문제집이 아니라 수학 교과서였다.

"주연이 수학 공부하니?"

"네. 지난번에 틀렸던 문제를 다시 풀어보려고요."

"어떤 문제를 틀렸었는데?"

"10을 가르기와 모으기에서 탐구 활동 문제가 어려웠어요. 이 그림이 자꾸 이해가 안 되서……."

초등학교 1학년 수학 교과서에는 그림이 많이 나온다. 간단한 덧셈 뺄셈을 가르치더라도 요즘은 과거와 달리 다양한 그림을 활용하여 가르치기 때문이다. 그런데 시험문제를 내보면 이 그림을 이해하지 못해서 틀리는 아이들이 많다. 예를 들어 '13+52'처럼 숫자로 더하기 문제를 내면 아이들은 쉽게 답을 맞힌다. 하지만 똑같은 문제를 그림으로 표현하고 수식에서 비어있는 네모 칸에 답을 적어넣도록 하면 상황이 달라진다. 그림이 무엇을 나타내는지 이해해야만 답을 맞힐 수 있기 때문에 이런 문제 풀기를 어려워하는 아이들이 많다. 그래서 수학 공부를 잘하려면 교과서에 나온 그림을 많이 봐두어야 한다.

주연이는 다른 친구들이 문제집으로 공부할 때 혼자 교과서의 그림들을 다시 한 번 찬찬히 살펴보고 있었다. 그렇다고 누가 주연이에게 그렇게 하라고 가르쳐준 것은 아니었다. 주연이는 그냥 수업 시간에 공부한 내용 중에서 자주 틀렸던 문제를 기억하고 교과서에서 그 부분을 다시 살펴보고 있었다. 평소 자주 틀린 문제야말로 시험에서 아이들이 가장 많이 틀리는 어려운 문제였다. 주연이는 바로 그 지점을 제대로 파악하고 있었던 것이다.

늘 우리 반 1등을 유지하는 비결

드디어 성적표를 나눠주는 날이 왔다. 처음 성적표를 받게 된 아이들은 마음이 기대 반 걱정 반이었다.

"이번 시험에서 백 점 받으면 우리 엄마가 최신 게임기 사준댔다."

"나 틀린 문제 있으면 엄마가 가만히 안 둔다고 했는데……."

1학년 아이가 틀릴 수도 있지 그런다고 혼내는 부모도 있냐고 하는 분들이 있을까 봐 사실을 말하자면, 지금 아이는 자신의 불안한 마음을 그렇게 표현하고 있을 뿐이다. 불안한 기질이 강하거나 성취욕구가 강한 아이들은 실제 부모의 태도와 상관없이 아무리 맞힌 문제가 많아도 틀린 문제에 집착하고 강하게 반응한다.

"자, 이제 선생님이 성적표를 나눠줄 거예요. 그런데 한 가지 약속할 일이 있어. 다른 사람의 성적은 보지 말 것! 시험 성적은 다른 사람과 비교하는 것이 아니라 자기가 어느 부분이 부족한지 알아보는 것이에요."

아이들이 이해할 거라고 기대하지는 않았지만 성적표 받고 난 뒤의 몇 가지 행동이 걱정되어 미리 해둔 말이었다. 그런데 벌써 문제가 발생하고 있었다.

"싫어! 싫다니까~."

"야, 한 번만 보자. 몇 점인데?"

싫다고 하는 친구의 성적표를 굳이 보려고 하는 녀석이 있었다. 성적이 비슷해 서로 경쟁하는 것처럼 보일 수 있지만 사실 이 아이들에게는 '보여줘~.' '싫어~!'가 하나의 놀이일 뿐이었다.

"괜찮아. 너무 속상해하지 마."

한 개 틀리고 속상해하는 친구를 한 아이가 위로해주고 있었다. 하지만 정작 위로받아야 할 사람은 문제를 열 개나 틀린 그 아이였다. 이런 경우 '하나 틀리고도 속상해 죽겠다.'고 하는 아이가 반 친구들의 눈에 밉상으로 보이지 않을까 싶지만 다행히 1학년 교실에는 그런 감정이 별로 존재하지 않는다. 1학년 아이들은 아직 시험을 많이 경험해보지 않았고, 한 개를 틀리고 속상해하는 친구의 점수와 내 점수를 비교해보는 일 자체가 익숙하지 않은 것이다. 그냥 친구가 속상해하면 속상한가 보다 생각한다.

하지만 진짜 공부를 잘하고 성적이 좋은 아이들은 조금 다른 방식으로 성적을 비교한다. 슬쩍 경쟁 상대에게 다가가서는 몇 점이냐고 물어본 뒤 재빠르게 자리를 피한다. 그리고 후폭풍의 감정을 혼자 감당한다.

방금 전, 동규가 자신의 최대 라이벌인 주연이에게 다가가 그런 방식으로 성적을 확인했다. 그런데 동규의 표정이 영 좋지 않았다. 주연이의 성적이 동규보다 더 높았기 때문이다.

동규의 시험 성적이 오르락내리락 시소를 타는 동안 주연이는 변함없이 1등을 유지해왔다. 주연이는 동규처럼 지능이 높은 아이도 아니었고, 처음부터 공부를 잘하던 아이도 아니었다. 어떤 때 보면 쉬운 개념도 여러 번 설명해주어야 겨우 이해했다. 하지만 기복이 심한 동규와는 달리 주연이는 시간이 갈수록 성적이 꾸준하게 향상됐다. 주연이는 어떻게 해서 공부를 잘하게 된 것일까?

나 역시 그 비결이 궁금해서 한동안 주연이를 지켜보았다.

받아쓰기 시험 볼 내용을 집에서 세 번씩 써오라는 숙제를 내준 다음 날이었다. 검사를 하는데 무영이의 숙제 공책이 뭔가 이상했다.

"잠깐만, 무영아. 이거 두 번만 쓴 것 같은데?"

"저, 세 번 썼는데요."

내가 공책을 다시 보려고 하자, 무영이가 공책 잡은 손에 갑자기 힘을 주었다.

"이리 줘봐. 한 번, 두 번. 봐. 두 번밖에 안 썼잖아."

"이상하다. 세 번 썼는데……."

여기서 거짓말이네 아니네를 따져봤자 힘만 들고 시간만 낭비할 뿐이었다. 우리 반에는 이런 일에 대비한 규칙이 있었다.

"지금 당장 한 번 더 써. 그리고 숙제를 안 해왔으니까 점심시간에는 운동장에 못 나가 놀아. 규칙 알고 있지? 교실에서 책 읽기야."

축구하는 것을 좋아하는 무영이에게 이보다 더 큰 벌은 없었다. 무영이는 낭패라는 표정으로 공책을 들고 힘없이 자리로 걸어갔다.

다음은 주연이 차례. 그런데 이번에도 느낌이 이상했다.

"잠깐만, 주연아. 이거 세 번 쓴 것 맞아? 더 쓴 것 같은데?"
"좀 어려운 문장이 많아서 외우려다 보니까 다섯 번 썼어요."
"그랬어? 무슨 문장이 제일 어려웠어?"
"8번 '상처가 곪았습니다'에서 받침 두 개 있는 '곪'자가 헷갈려서요. 자꾸 받침 순서를 바꾸어서 쓰는 거예요. 아~, 어려워요."

주연이는 자신이 잘 모르거나 헷갈리는 부분을 잘 파악하고 있었다. 공부하는 시간이나 문제집 몇 쪽 풀기 같이 공부의 '양'을 따로 정하지 않고 자신이 모르는 것을 이해하는 데 중점을 두고 있었다.

주연이는 학교생활 전반에서 무엇이든 스스로 해내려는 모습이 많았다. 공부할 때도 자신이 무엇을 알고 있고, 무엇을 모르는지, 어떤 부분을 헷갈리는지 스스로 파악했고, 모르는 것을 알기까지 스스로 고민하며 배워나갔다. 이것이 바로 주연이의 저력이었다. 주연이가 늘 우리 반 1등을 유지할 수 있었던 비결은 스스로 공부하는 태도에 있었다.

자립심, 자신의 노력으로 헤쳐 나가는 힘

나는 주연이가 스스로 공부하는 것이 대견해서 기회가 될 때마다 이것저것 물어보았다.
"주연아, 학교 끝나면 학원에 가서 공부하니?"
"아뇨. 공부방에서 한 시간 정도 공부하고 집에 가요."

"다른 학원은 안 다녀?"

"얼마 전까지 태권도 학원을 다녔었는데 제가 싫다고 해서 지금은 안 다녀요. 대신 방학하면 수영 다닐 거예요."

"엄마는 주연이가 싫다고 하면 학원 그만 둘 수 있게 해주셔?"

"음…, 처음엔 왜 그러냐고 물어보시고요, 제가 계속 이유를 말씀드리면 나중엔 내가 하고 싶은 대로 하게 해주세요."

"수영은 왜 하고 싶은데?"

"태권도 학원은 아이들이 너무 심하게 장난을 쳐서 화가 날 때가 많아요. 수영은 물에서 하는 거니까 괜찮을 것 같고, 여름에 더울 때는 피서도 되잖아요. 헤헤."

1학년 아이가 학원에 왜 다니느냐는 질문에 이렇게 대답하기란 쉽지 않았다. 무엇보다 주연이의 대답에는 '엄마가'는 없고 '내가'만 있었다. 어떤 학원을 다니고 무엇을 배울 것인가를 결정하는 주체가 주연이 자신이라는 뜻이었다.

주연이 부모님은 학교에 자주 오시는 편이 아니었다. 아이가 별 문제 없이 학교생활을 잘하고 있으니 그럴 필요성을 못 느끼시는 것 같았다. 그래도 아이의 첫 학교생활을 궁금해하고 잘하고 있을지 걱정하는 다른 부모들과는 많이 달라서 처음엔 아이에게 별로 관심이 없는 분인가 했다. 그런데 이제 보니 학원에 다닐지 말지를 '엄마가' 아닌 '아이가' 스스로 생각하고 선택하도록 해주는 분들이셨다. 관심이 없는 게 아니라 주연이를 믿는 마음이 컸던 것이다.

주연이 부모님은 아이의 학교 공부에 대해서도 적극적으로 개입하여 이끌어주려고 하지 않으셨다. 잘했느냐 못했느냐 보다는 아이가 스스로 해내는 것을 더 중요하게 생각하고 격려해주셨다. 덕분에 주연이는 시험 문제의 틀린 개수에 연연하지 않고 자신이 모르는 것을 정확하게 아는 데에 집중할 수 있었다. 주연이의 성적은 '엄마표 백 점'이 아닌 '자기표 백 점'이었던 것이다.

여기서 잠깐,

자기표 백 점 VS 엄마표 백 점

초등 1학년 아이들의 성적은 엄마의 영향력에 따라 많이 달라진다. 엄마가 집에서 가르쳐주고 문제를 많이 풀어보게 하면 확실히 성적이 잘 나온다. 하지만 이런 경우를 자기 주도 학습이라고 말할 수 있을까?

시험 점수에 대한 태도

시험 점수가 낮게 나왔을 때 더 속상해하는 쪽이 학습을 주도하는 쪽이다. 아이가 스스로 자기 점수를 속상해하면 자기 주도 학습을 하는 아이이고, 아이의 점수에 엄마가 더 속상해하면 엄마 주도 학습을 하는 아이일 확률이 높다.

숙제를 안 해왔을 때의 태도

숙제를 안 해왔을 때 아차 싶어서 선생님이 검사하기 전까지 틈틈이 숙제를 한다면 자기 주도 학습을 하는 아이이다. 반대로 숙제 검사 시간에 엄마가 선생님께 써준 쪽지 – 대부분 아이가 숙제를 못 하게 된 사유가 적혀 있는 - 를 당당하게 내미는 아이는 엄마 주도 학습을 하고 있을 확률이 높다.

준비물을 안 가져왔을 때의 태도

실로폰 가져오기를 깜박 한 경우, 쉬는 시간에 옆 반 친구에게 가서 빌려 올 줄 안다면 자기 주도 학습을 하는 아이이다. 실로폰을 꺼내라는 선생님 말에 "엄마가 안 챙겨줬는데요."라고 말한다면 엄마 주도 학습을 하는 아이다.

사실 공부 잘하는 초등학생 중에는 '엄마표 백 점'이 많다. 초등학교에서 배우는 학습 내용은 양이 많지 않기 때문에 엄마가 아이에게 비슷한 문제를 많이 풀게 하고, 중요한 것을 강조하여 외우게 하면 어느 정도의 성적을 받을 수 있기 때문이다. 하지만 이런 경우 저학년까지는 괜찮지만 고학년이 되어 학습량이 많아지면 어느 순간 '엄마표 백 점'에 한계가 오게 된다.

공부는 학습한 내용을 자신의 것으로 만드는 것을 말한다. 그래서 공부한다는 것에는 아는 것과 모르는 것을 정확히 파악하고, 모르는 것을 알기 위해 무엇을 해야 하는지 방법을 찾고, 계획을 세우고, 그것을 실행하는 과정이 따르게 된다.

시험 점수나 성적은 이 과정을 얼마나 잘 해냈느냐를 말해주는 결과인 동시에, 그 과정에서 무엇이 부족했는지를 알기 위해 새로운 과정을 시작하는 출발점이 된다. 그런데 만약 아이가 아직 어리고 서투르다고 해서 엄마가 이 과정을 대신해주고 아이를 따라오게 한다면, 결과적으로는 아이가 스스로 공부할 수 있는 기회를 빼앗는 꼴이 되고 만다. 시험 점수나 성적과 같은 결과보다는 과정이 중요하다고 말하는 이유가 여기에 있다.

받아쓰기 시험을 본 다음 날의 일이었다. 채점한 시험지를 받아든 아이들의 다양한 반응을 보면서 나는 공부는 결과보다 과정이 중요하다는 사실을 다시 한 번 확인할 수 있었다.
"아…, 아깝다. 받침 한 개가 틀렸네. 이것만 아니면 백 점 받을 수 있었는데……."
도빈이는 백 점이 아닌 것을 무척 아까워했다. 그리고 자신이 백 점을 맞지 못한 것이 작은 실수 때문이라는 것을 강조했다. 끊임없이 교실을 돌아다니며 '아, 아깝다.'를 큰 소리로 외치는 도빈이에게서 그런 마음이 느껴졌다.
교실 저쪽에서는 주연이가 도빈이처럼 실수로 아깝게 한 개 틀린 것을 알고는 제자리에서 팔짝팔짝 뛰고 있었다. 하지만 도빈이처럼 남들이 들을 수 있게 '아, 아깝다.'는 말을 외치지는 않았다. 대신 틀린 글자의 받침을 허공에 몇 번씩 써보면서 입으로 중얼중얼 외우기 시작했다. 주연이는 도빈이처럼 자신이 실수로 아깝게 틀린 것을 남들이 알아주는 게 중요하지 않았다. 다음에 이 글자를 다시 틀리지 않도록 잘 알아두는 게 더 중요했다.

주연이를 보면서 나는 아이들에게 결과보다 과정을 칭찬하는 것이 얼마나 중요한지를 새삼 깨닫게 되었다. 주연이는 자신이 실수를 하더라도 다음에 잘하면 된다는 것을 알고 있었고, 남들이 자신을 어떻게 생각하느냐보다는 스스로 그 일을 잘해내는 과정에 더 집중하고 있었던 것이다.

빨간 봉투 속 카드의 감동

민성이가 입학 후 처음 학교 화장실에서 맞닥뜨린 '난감한 화장실 두 줄 사건'을 기억하시는지. 볼일을 보기 위해 민성이가 서 있던 줄 옆으로 난데없이 또 한 줄이 생겨 모두가 난감해하던 그때 "우리도 급해. 한 줄에서 한 명씩 번갈아가며 하자."라고 현명한 제안을 한 아이가 있었는데, 그 아이가 바로 태오였다.

태오와 민성이는 같은 여덟 살이고 체구도 비슷하지만 교실에서 지내는 모습을 보면 1학년과 5학년만큼이나 크게 차이가 났다. 생활 전반에서 보이는 대처 능력, 언어 구사력, 상황 판단력 등에 있어서는 태오가 훨씬 어른스러웠다.

'난감한 화장실 두 줄 사건'에서도 어쩔 줄 몰라 하는 민성이와 달리 태오는 얼른 해결 방법을 떠올렸다. 하지만 그걸 말하기 전에 주위에 자기보다 힘센 아이가 있는지 재빠르게 살펴보는 것을 잊지 않았다. 그래서 무영이가 볼일을 보고 나간 시점에서야 아이들에게 '한 줄에서 한 명씩 번갈아하자.'고 제안했다. 여덟 살 아이가 웬만해선 갖추기 어려운 고도의 사회성을 발휘한 것이다.

선생님을 눈치 보게 만드는 아이

하지만 입학 초만 해도 나는 태오가 뛰어난 사회성을 가진 아이라고는 전혀 생각하지 못했다. 내가 처음 본 태오는 많이 긴장한 표정을 하고 있는 아이였다. 내가 교실에서 지켜야 할 생활 규칙을 이야기하면 태오는 내 눈을 똑바로 바라보며 집중해서 들었다. 내가 다른 아이들을 야단칠 때도 태오는 그 아이가 무엇 때문에 혼나는지를 주의 깊게 살펴보았다. 내가 조금이라도 큰소리를 내면 태오도 덩달아서 흠칫 놀라곤 했다.

그런데 언제부턴가 태오의 그 진지하고 긴장한 눈빛과 마주치게 되면 내가 흠칫 놀라는 상황이 벌어졌다.

입학 초가 지나 4월에 접어든 어느 수업 시간의 일이었다. 두 아이가 서로 치고받고 싸운 일을 놓고 아이들에게 친구를 때리면 안 된다고 훈육하던 중이었다. 우연히 태오와 눈이 마주친 나는 잔뜩 긴장한 태오의 눈빛을 보고 잠시 당황했다.

'가만, 내가 무슨 말을 했지?'

순간, 방금 전에 내가 한 말이 메아리가 되어 다시 내 귓가에 들렸다.

"다음에도 또 친구 때리면 선생님이 회초리를 들 거야."

'이런, 교단에서 체벌이 금지된 것이 언제인데 내가 무슨 소리를 한 거지?' 하며 태오를 슬쩍 보니, 역시나 태오의 얼굴이 사색이 되어있었다. 태오는 다음에 그런 일이 생기면 선생님이 진짜로 회초리를 드실 거라 생각하고 잔뜩 긴장하고 있었던 것이다.

태오는 내가 한 말을 절대 잊어버리지 않는 아이였다. 다른 아이들은 열 번을 말해줘도 잊어버리는 규칙을 태오한테는 한 번만 말해도 충분했다. 심지어 태오는 내가 다른 아이에게 하는 말도 자신의 것으로 받아들이고 기억했다. 그러니 회초리 이야기도 빨리 무마하지 않으면 태오가 1년 내내 긴장하고 살지도 모를 일이었다.

"흠흠. 그러니까 선생님 말은 다음엔 절대로 친구를 때리면 안 된다는 말이야. 진짜로 회초리를 든다는 이야기가 아니라."

태오는 그제야 알았다는 듯이 고개를 끄덕였다. 정작 내 말을 새겨들어야 할 '친구 때린 녀석'은 앞의 친구와 눈짓을 주고받으며 장난치고 있었는데 말이다.

그런데 내가 태오의 눈빛을 볼 때마다 긴장하게 된 데에는 또 다른 이유가 있었다. 태오가 한 번 들은 말은 반드시 행동으로 옮기는 아이였기 때문이다. 예를 들어 내가 "수학 시간에는 항상 자를 준비하세요."라고 말하면 어김없이 자를 책상 위에 가지런히 올려놓았다.

초등학교 저학년은 사고의 융통성과 유연함이 부족하다. 선생님이 한 말은 아이들에게 곧 법이요, 진리이다. 그래서 저학년 아이를 둔 학부모들은 종종 이런 일을 겪게 된다.

"엄마, 선생님이 일기장에 일기 써오라고 하셨어요."

"일기장이 없는데 어떡하지? 그럼 오늘만 공책에 써가자."

"안 돼요! 선생님이 꼭 일기장에 써오라고 하셨단 말이에요."

"엄마가 내일 사줄게. 지금은 문구점도 문 닫았는데 어떡해."

"안 돼요! 일기장에 꼭 써야 한단 말이에요. 엉엉~."

밤늦게 일기장을 구할 수 없는 엄마는 답답한 마음에 목소리가 커지고, 아이는 아이대로 불안한 마음에 더 크게 떼를 쓴다. 그렇게 아이와 실랑이하다 지친 학부모로부터 저녁 늦게 전화를 받게 되면 나도 괜히 미안해진다. 가끔은 아이와 싸우느라 지친 학부모에게서 '일기장이 없는 아이들은 공책에 써와도 된다고 말해주시지.' 하는 원망의 마음이 느껴졌지만 아이들의 특성상 어쩔 수 없는 일이었다.

태오는 그런 아이들 중에서도 내 말을 가장 곧이곧대로 실천하는 아이였다. 심지어 내가 해놓고도 잊어버린 말까지 기억하고 실천해서 가끔은 나를 감동 반, 놀라움 반의 마음까지 갖게 했다.

그래서인지 학교 적응 시기에 다른 아이들이 이런저런 실수를 할 때 태오는 놀랍도록 빠른 속도로 적응했다. 자잘한 문제들을 해결하는 능력도 무척 뛰어났다. 집에서 많이 해보았던 솜씨가 분명했다.

나는 태오의 부모님이 아이를 어떻게 키우셨는지 궁금했다. 초등학교 저학년 담임을 하면 웬만한 학부모들은 한 번씩 접촉하게 되었다. 부모님이 전화하는 경우도 많았고, 알림장을 통해 내게 메모를 전하거나 직접 상담하러 오는 경우도 많았다. 하지만 태오 부모님의 얼굴을 뵐 기회가 통 없었다. 조금 이상했지만 태오가 워낙 매사에 반듯하고 자기 할 일도 스스로 야무지게 하는 아이라서 그러려니 했다.

그런데 1학기가 끝나갈 무렵, 나를 눈치 보게 만들던 바른생활맨 태오가 실수하는 일이 발생했다.

규칙은 반드시 지키는 바른생활 맨

"참! 수학 책을 깜박했네."

등교하는 아이들이 서로 인사를 나누느라 조금은 산만하고 활기찬 아침 시간, 누군가 미안한 마음이 잔뜩 배인 목소리로 말하는 소리가 들려왔다. 돌아보니 태오였다. '웬일로 바른생활 맨 태오가 교과서를 안 가져왔지?' 하는 생각과 동시에, 그동안 태오의 태도로 봤을 때 처음 하는 실수에 더 많이 긴장할 것이라는 짐작이 들었다.

하지만 태오는 의외로 담담하게 행동하고 있었다. 선생님한테 혼날까 봐 주눅 들거나 무서워하는 기색이 전혀 없었다. 예상과 다른 태오의 태도에 잠시 어리둥절했지만 이어지는 수업 준비와 아이들의 재잘거림에 나는 태오를 잊고 말았다.

드디어 3교시 수학 시간. 수업을 시작하려고 교실을 쭉 둘러보다가 태오가 눈에 들어왔다. 그제야 오늘 태오가 교과서를 안 가져왔다는 게 떠올랐다. 책상 위를 보니 역시나 교과서가 없었다.

교과서를 스스로 챙길 줄 알면 1학년에 배워야 할 과업의 절반은 이룬 셈이다. 그래서 나는 교과서와 준비물 챙기기에 대해 잔소리하고 다소 엄격하게 점검하는 편이다. 그러다 보면 교과서를 안 가져왔을 때 보이는 아이들 반응이 저마다의 생각에 따라 다르게 나타났다.

교과서 안 가져왔을 때 아이들의 반응

당연히 엄마 일이라고 생각하는 아이들
수학 책이 없는 걸 아는 즉시 앞으로 달려 나와 너무도 당당하게 말한다.
"선생님~, 교과서를 안 가져왔는데요?"
미안한 마음이나 잘못했다는 표정은 없다. '어떡해요? 빨리 해결해주세요.' 하는 태도이다. 이 아이의 속마음은 지금 이렇다.
'어? 수학 책이 없네. 엄마가 안 넣었구나. 어휴~, 어떡해. 학교에는 엄마가 없으니 엄마 대신인 선생님한테 말해야지.'

내가 '알았다'고 간단히 대답하면 아이는 생각한다.
'어? 대답만 하고 선생님이 내 수학 책을 안 구해주시네? 그럼 난 수학 시간에 어떻게 공부하지? 혹시 선생님이 내 말을 못 들으셨나?'
아이는 답답한 마음에 내 책상을 탕탕 치면서 말한다.
"수학 책 어떡해요?"

엄마 일 반, 내 일 반이라고 생각하는 아이들

가방을 열어보고 교과서가 없다는 것을 확인하면 처음에는 당황한다. 그러다 조용히 핸드폰을 꺼내어 엄마에게 전화한다.
"엄마! 왜 수학 책 안 넣었어. 빨리 갖다줘. 나 선생님한테 혼나."
아이가 선생님께 혼난다는데 어느 부모가 마음 편하겠는가. 이런 전화를 받은 부모님은 십중팔구 헐레벌떡 교과서를 들고 학교로 뛰어오신다.

자신의 일이라고 생각하는 아이들

수학 책이 없는 것을 알고 잠시 고민하다가 조용히 나에게 와서 말한다.
"저…, 선생님, 수학 책을 안 가져왔어요. 지금 빨리 집에 다녀올게요."
교과서를 안 가져온 건 잘못이지만 그 문제에 대해 자신의 의사를 적절한 태도로 정확하게 표현하고, 스스로 문제 해결 방법까지 찾아서 이야기하는 것은 어찌 보면 칭찬해줄 만한 일이다.
"한 번만 봐줄 테니까 다음엔 꼭 챙겨와. 오늘은 선생님이 책 빌려줄게."

태오는 교과서 챙기기를 자신의 일이라고 생각하는 아이들 중에 하나였다. 수학 교과서를 안 가져온 태오는 대신 다른 것들을 책상

위에 올려놓고 있었다. 반듯하게 펼쳐진 하얀 종합장, 그 옆에 가지런히 놓여있는 필통과 연필, 지우개. 그리고 그에 뒤질세라 더 반듯하게 앉아있는 모습까지. 예전에 내가 교과서를 안 가져왔을 때 어떤 태도를 갖춰야 하는지 말해준 적이 있었는데, 태오는 그것을 기억하고 있다가 책상 위에 반듯하게 수업 준비를 해놓고 미안한 마음을 대신 전하고 있었던 것이다.

기특한 마음 반, 안쓰러운 마음 반으로 태오를 바라보다가 나는 잠시 이 문제를 어떻게 해야 할까 생각해보았다. 태오는 1학기 동안 한 번도 이런 실수를 한 적이 없었다. 그런 태오를 야단치는 것으로 끝내기보다는 이 일을 교과서 안 가져오는 일이 비일비재한 우리 반 아이들 모두를 위해 교육의 기회로 삼는 것도 괜찮겠다는 생각이 들었다.

"애들아, 오늘 태오가 수학 교과서를 가져오지 않았는데, 선생님은 지금 태오를 보고 야단치고 싶은 마음이 좀 없어졌어."

아이들은 무슨 소리인지 몰라 멀뚱히 태오와 나를 번갈아 바라보았다.

"태오는 교과서를 안 가져왔지만 선생님이 전에 해준 말을 잊지 않고 기억해서 저렇게 종합장을 준비해놓았어. 그리고 선생님에게 미안한 마음이 들어서 다른 때보다 더 바른 자세로 수업 준비를 하고 앉아있거든. 태오가 이렇게 노력하는 모습을 보니까 선생님도 속상한 마음이 저절로 풀려버렸어."

아이들은 한번 정한 규칙은 반드시 실천하는 내 성격을 잘 알고 있었다. 그런데 평소와 달리 태오의 실수를 너그럽게 대하는 것을 보고는 '교과서를 가져오지 않았을 때 구제되는 방법'에 대해 확실하게 배운 것 같았다. 그 뒤로 우리 반에서는 이런 말을 쉽게 들을 수 있었다.

"아차, 큰일 났다. 읽기 책을 안 가져왔네."
"그럼 빨리 종합장 꺼내. 바르게 앉고."

사실 1학년 아이들은 아무리 여러 번 가르쳐주어도 돌아서면 금방 잊어버린다. 그래서 복도에서 뛰고 교실에서 뛰어다녀서 하지 말라고 여러 번 주의를 주어도 반성하지 못한다. 꾸중 들을 때만 잠자코 있다가 돌아서면 금방 잊어버리는 것이다. 심지어 다른 아이들이 혼나면 즐거워하기까지 한다. 이것은 여덟 살 아이들 발달단계의 특성이기도 하지만 아이에 따라 조금씩 차이를 보이는 모습이 있다. 바로 선생님에게 꾸중을 들을 때 대처하는 자세다.

보통 아이들은 꾸중을 들으면 기가 죽는다. 그 표정을 보면 측은해서 선생님도 오래 야단치지 못한다. 이미 잘못을 인정하는 아이를 야단칠 필요가 없기 때문이다. 또, 이런 아이들은 야단치는 선생님의 마음도 어느 정도 헤아린다. 비록 미숙하지만 사회성의 작은 싹을 보이는 것이다.

교과서를 가져오지 않았을 때 태오가 대처하는 자세에서 내가 본 것은 이제 막 무럭무럭 자라나기 시작하는 사회성의 싹이었다. 사회성의 발달은 상대방의 표정을 읽고 마음을 헤아리는 일에서 시작되기 때문이다.

그랬던 태오가 2학기에 접어들면서 조금씩 달라지기 시작했다. 1학기 내내 잔뜩 긴장하고 규칙에 민감한 반응을 보여 나를 눈치 보게 했던 태오가 조금씩 당당하고 자신감 있는 모습을 보이기 시작했다. 무엇보다 태오는 교실 생활에서 또래보다 뛰어난 대처 능력과 사회성을 보여주었다.

아침 활동 시간, 아이들이 시끄럽게 떠들면 나는 교탁 위의 종을 '땡~!' 치고는 아무 말 없이 레이저를 쏘아보내곤 했다. 나와 눈이 마주친 아이들은 잠시 당황하여 어쩔 줄 몰라 하기 마련이었다. 그런데 태오는 이 시간에 무엇을 해야 하는지 정확하게 기억하고 아이들에게 이렇게 속삭였다.

"야! 선생님이 아침 활동 시간에는 책 읽으라고 하셨잖아."

태오의 귀뜸에 아이들은 '아~!' 하고 그제야 학급 독서 코너로 달려가 너도나도 손에 잡히는 책을 들고 와서 조용히 자리에 앉았다.

또, 점심시간에는 급식실에 가기 전에 아이들은 손을 씻기 위해 교실 앞에 줄을 서야 했다. 빨리 손을 씻으면 밥도 빨리 먹을 수 있기 때문에 점심시간의 줄서기는 치열했다. 그러다 보니 급한 마음에 책상 정리는 뒷전인 경우가 많았다.

"김민성!"

책상 주인인 민성이는 영문을 모르고 내 얼굴을 빤히 쳐다보기만 했다. 이때도 태오는 상황을 신속하게 파악했다. 재빠르게 민성이의 책상 위를 훑어보고는 조용히 민성이 옆구리를 찌르면서 이렇게 말했다.

"책상 위에 책 정리 안 했잖아."

"아~! 깜박했다."

민성이는 재빠르게 달려가 책상 위를 정리하기 시작했다. 그러면서 태오를 돌아보더니 씨익 하고 웃기까지 했다.

이 상황을 민성이 입장에서 본다면 어쩌면 태오의 행동이 그리 고맙지만은 않을 수도 있었다. 반 아이들이 모두 있는 데서 선생님에게 이름이 불렸으니 민성이는 많이 당황했을 것이다. 게다가 뭘 잘못해서 선생님이 부른 것 같은데 정확한 이유가 떠오르질 않았다. 이런 때에 태오가 불쑥 자신이 한 실수를 지적한다면 자칫 그 행동이 얄미울 수도 있었다.

실제로 교실에서 이런 식으로 친구들 앞에서 잘난 척하는 아이들이 있다. 그런 아이들은 친구의 실수를 보면 '기회는 이때다.' 하며 큰 소리로 외친다.

"야, 너 책상 정리 안 했잖아."

여덟 살 아이들도 표정과 말투, 억양 등을 통해 말하는 사람의 의도를 읽는다. 나를 배려하는 마음에서 하는 말인지, 나의 실수를 빌미로 자신이 잘난 척하고 싶은 마음인지를 본능적으로 알아차리는 것이다. 그런데 민성이는 오히려 태오에게 씨익 웃어주기까지 했다는 건 태오의 행동에서 자신을 '배려'하는 마음을 읽었기 때문이었다.

이런 일들이 조금씩 반복되고 쌓이면서 아이들은 어느새 태오를 신뢰하기 시작했다. 뭘 잘 모를 때도 태오에게 물어보고, 모둠 활동을 할 때도 태오와 같은 팀이 되면 은근히 반겼다.

친구들의 신뢰가 쌓이자 태오도 전에 없던 자신감을 얻은 것 같았다. 2학기가 끝나갈 즈음엔 그 자신감이 넘쳐흘러 교실에서 종종 태오의 목소리가 시끄럽게 들려오는 일까지 생겼다.

"야, 그건 처음 규칙하고 다르잖아."

목소리는 화가 나서 금방이라도 싸울 듯 힘이 넘치고 쩌렁쩌렁했지만 그래도 규칙 운운하는 것만은 여전히 태오다웠다.

나는 친구들 사이에서 점점 자신의 존재감을 드러내는 태오를 보면서 다시 한 번 태오가 집에서 어떻게 자랐는지가 궁금해졌다. 하지만 2학기가 다 끝나가도록 태오 부모님의 얼굴을 뵙고 여쭤볼 기회는 찾아오지 않았다.

성실함, 생활 속에서 실천하며 배운 힘

겨울방학이 다가올 즈음, 태오는 한자 공부에 빠져있었다. 태오가 1년 내내 학교 공부 외에 꾸준하게 시도한 일이 하나 있었는데 바로 한자 자격 시험이었다. 공식적으로 하는 교육 활동은 아니었지만 학교도 아이들에게 시험 일정을 안내해주고 학교를 시험 장소로 빌려주는 등 아이들이 한자 자격 시험에 도전할 수 있도록 기회를 열어주었다. 태오는 시험이 있을 때마다 꾸준하게 응시하여 자격증을 하나씩 획득하며 급수를 올려가고 있었다.

"태오야, 학원에서 한자를 배우니?"

"아니요. 저 혼자 해요."

"그래? 어디 보자. 이번엔 5급에 도전하네? 우와~, 대단한 걸."

"헤헤. 글자가 점점 갈수록 어려워져요."

나는 한자 공부가 그리 재미있지는 않을 것 같은데 태오가 꾸준하게 하는 것이 신기하기도 하고, 기특하기도 해서 이것저것 물어보게 되었다.

"한자 공부하기 힘들지 않아?"

"아니요. 좀 어려워도 공부하면 다 잘할 수 있어요."

여덟 살 아이가 이런 말을 하기는 쉽지 않았다. 혹시 집에서 엄마가 자주 하는 말을 태오가 그대로 따라하는 것이 아닐까 하는 생각이 들었다. 만일 그렇다면 한자 공부도 사실은 엄마가 태오에게 매일 일정한 분량을 외우게 시킬 수도 있었다. 그런데 이상했다. 엄마가 한자 공부를 시킨다면 분명 티가 나게 마련인데, 태오의 말과 태도에서 그런 흔적을 찾아볼 수 없었다. 나는 혹시나 하는 마음에 다시 물어봤다.

"태오야, 집에서 엄마랑 같이 한자 공부하니?"

"음…, 하다가 모르면 물어보기도 하는데, 그냥 혼자 해요."

"혼자 하는데 한자 공부가 재미있어?"

"어떤 때는 그렇고, 어떤 때는 힘들어요."

태오의 대답으로 봐서는 한자 공부를 누군가 스케줄을 짜서 관리하고 있는 상황은 아닌 것 같았다. 정말 태오 혼자 하는 모양이었다. 그런데 어떻게 그게 가능할까?

나는 두 가지 가설을 세워봤다.

첫째, 부모님이 워낙 무섭고 엄격해서 스스로 알아서 해야 인정받을 수 있기 때문이다. 즉, "한자 공부 해야지."라고 한 부모의 말에 아이가 알아서 열심히 하고 있는 것이다.

둘째, 한자를 꾸준하게 익히고 급수 올리는 일 자체가 재미있기 때문이다. 물론 처음부터 이런 능력을 갖고 태어나지는 않았겠지만 아이의 기질이나 가정 분위기가 이런 성실함을 중요하게 여기는 환경이라면 가능할 수도 있을 것 같았다.

나는 두 가지 가설 중 무엇이 맞는지 판단을 내리기 어려웠다.

1학년 마지막 날이 다가왔다. 마음도, 교실도 어수선한 종업식 날 아침에 태오가 나에게 다가오더니 책상 위에 뭔가를 올려놓았다.

"엄마가 선생님 드리래요."

작은 선물과 빨간 카드 봉투였다. 빨간 봉투 속의 카드를 펼쳐보니 수려한 글씨체로 쓴 태오 어머니의 짧은 편지가 있었다.

> 담임 선생님께
>
> 태오 엄마입니다.
> 일년 동안 고생 많으셨습니다.
> 그동안 많이 뵙지는 않았지만,
> 아이 통해 좋은 분이란 걸 알았습니다.
> 그리 좋은 건 아니지만 1년 동안 감사한 마음을 전합니다.
> 고맙습니다.
>
> — 태오 모 OOO —

   순간 가슴이 따뜻해지는 감동이 밀려왔다. 무엇과도 바꿀 수 없는 선물을 받은 기분이었다.

   태오 어머니의 카드가 내게 특별하게 느껴진 것은 학년 말 마지막 날에 보낸 편지이기 때문이었다. 나도 학부모이다 보니 아무래도 학년 초에 담임 선생님이 더 신경 쓰이기 마련이었다. 그러다 학년 말이 되면 감사의 편지라도 드려야지 하는 마음이 있어도 막상 실천에 옮기기가 쉽지 않았다. 그런데 태오 어머니는 반대로 1년 내내 거의 학교에 오지 않다가 맨 마지막 날 편지를 보내셨다. 우리 아이를 잘 부탁한다는 의미는 쏙 빠지고 오롯이 감사의 마음만 담긴 편지인 셈이었다. 그리고 그 카드 한 장으로 나는 태오가 교실에서 친구들에게 보여주었던 배려의 마음과 또래보다 뛰어난 사회성을 어떻게 배웠는지를 짐작할 수 있었다.

아이들의 생활 태도와 가치관은 말이나 글로 교육되는 것 보다 잠재적으로 교육되는 것이 훨씬 더 많다. 즉, 말로만 하는 교육보다 부모 스스로 생활 속에서 남을 배려하는 행동을 보여줄 때 아이도 진심으로 '배려'의 의미를 알고 실천하게 된다. 바로 그런 아이가 친구 관계에서도 적절한 사회성을 갖추며 자신의 존재를 당당하게 드러낼 줄 알게 되는 것이다.

태오의 한자 공부에 대해 가졌던 의문도 저절로 풀렸다. 나는 두 번째 가설에 더 심증을 두었다. 아마도 태오는 성실함을 글이 아닌 생활 속 곳곳에서 몸소 실천하며 배우고 있는 것이리라.

 가정 통신문

겨울방학 알차게 보내는 법

 1학년을 마무리하고 2학년의 새로운 시작을 준비하는 겨울방학. 1년 동안 학교생활을 잘 마무리 한 아이에게 칭찬도 해주고, 부족한 부분이나 도와줄 점은 없는지 점검해볼 수 있는 유익한 시기입니다. 겨울방학 동안 아이와 함께 살펴보면 좋은 몇 가지 사항들을 안내드립니다.

학습을 잘 따라가고 있나요?
 학년 말에 나가는 통지표와 담임 선생님과의 상담을 통하여 1학년 동안 배운 학습 내용을 잘 이해하고 있는지, 방학 동안 보충해주어야 할 내용은 없는지 알아봅니다. 보통 통지표에는 1년 동안 공부한 내용 중 아이가 가장 잘 하는 활동에 대해 평가하므로 이를 통해 아이의 수준을 어느 정도 가늠해볼 수 있습니다. 특히 수학 과목은 개념을 이해하지 못하면 다음 학년에서도 어려움을 겪을 수 있으므로 주의해서 살펴볼 필요가 있습니다.

신체와 인지 발달이 잘 이루어지고 있나요?
 아이에 따라 신체와 인지 발달 정도가 조금씩 차이날 수 있습니다. 보통

또래보다 6개월 정도 빠르거나 느린 것은 일반 범위로 간주합니다. 하지만 키와 몸무게, 또는 언어 이해력 등이 학급에서 가장 낮은 편에 속한다면 좀 더 꼼꼼히 점검해볼 필요가 있습니다. 이런 경우 난독증과 같은 학습 장애나 발달 장애 등도 점검해보는 것이 좋습니다. 아이에게 도움을 줄 수 있는 결정적 치료 시기를 놓치면 안 되기 때문입니다. 또래와 비교한 발달 수준은 아무래도 여러 아이들을 한 눈에 보는 담임 선생님의 의견을 일차적으로 참고하여 판단하시는 것이 가장 정확합니다.

친구 관계는 원만한가요?

1학년 아이들은 아직 상대에 대한 이해와 공감 능력이 미성숙해서 친구와 잘 놀다가도 사소한 일로 자주 다투곤 합니다. 친구 관계에서 어느 정도 마찰은 당연한 일이지만 특정 친구와 지속적으로 다투거나 힘들어하는 일이 반복된다면 문제가 좀 달라집니다. 이런 경우는 부모가 적당히 개입하여 문제를 해결해주는 것이 필요합니다. 또, 평소 친구를 잘 사귀지 못하였다면 겨울방학이 새로운 친구를 만들기에 가장 좋은 기회가 되기도 합니다. 새 친구와 같은 학원을 함께 다닐 수도 있고, 집에 초대해 놀면서 자연스럽게 친분을 쌓을 수도 있기 때문입니다.

이처럼 겨울방학을 아이의 학습과 발달, 친구 관계 등을 점검하고 부족한 부분을 보완해주는 시간으로 채운다면, 1학년을 훌륭하게 잘 마무리하고 좋은 결실을 맺을 수 있을 겁니다. 더불어 새로 시작하는 2학년을 잘 보낼 수 있는 좋은 밑거름이 될 것입니다.

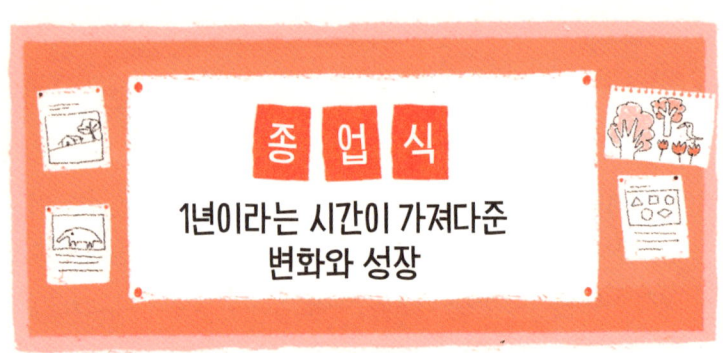

종업식은 나와 아이들이 1년 간 지내온 교실에서 함께 있는 마지막 날이기도 했다. 하지만 여느 아침처럼 교실 안은 아이들이 떠드는 소리로 시끌벅적했다. 아이들은 전혀 섭섭한 표정이 아니었다. 이제 막 아홉 살 문턱에 들어선 아이들이니 지금 이렇게 서로 얼굴을 맞대고 있으면 그만이지 헤어진다는 게 실감이 날 턱이 없었다. 나는 1년 전 3월 3일, 이 교실에서 처음 만났던 그날처럼 아이들과 인사를 나눴다.

"자, 조용히 하고! 차렷, 열중 쉬어. 앞으로 나란히……."

3월 초만 해도 '앞으로 나란히'를 하라고 하면 두 팔로 앞 사람을 거의 껴안다시피 다닥다닥 붙어섰던 녀석들이 1년이 지난 지금은 제법 앞뒤좌우의 거리를 맞추며 그럴싸하게 줄을 맞출 줄 알았다. 그런 아이들의 얼굴에는 지난 1년이라는 시간이 가져다준 변화와 성장이 고스란히 담겨 있었다.

등교 첫날부터 울음 시위를 하며 교실에 들어오지 않겠다고 버티던 도빈이는 제법 왕자님 티를 벗고 학교라는 야생 생활에 잘 적응하고 있었다. 눈치만 좀 더 있으면 좋을 텐데, 그건 시간이 좀 더 필요한 일일 것 같았다.

혼자 공룡 책 읽기를 좋아했던 재민이는 조금씩 자기 무리를 만들기 시작했다. 일찌감치 2학년 교실 답사를 마치더니 어느새 같은 반이 될 친구들도 몇 명 파악해둔 눈치였다. 재민이 어머니는 벌써부터 아이가 말을 듣지 않는다며 예전과는 달라진 걱정을 하고 있었다. 그런 점에서는 보름이 어머니도 마찬가지였다. 반에서 늘 긴장하고 예민했던 보름이도 이마에 영광에 상처를 남기지 않았던가. 재민이와 보름이는 앞으로의 변화가 더욱 기대되는 녀석들이었다.

민성이는 이제 학교 화장실을 제 방 드나들 듯 편안하게 다녔다. 1년 동안 학교생활의 기본을 잘 닦았으니 앞으로 쭉 성장할 일만 남았다.

아라와 세나, 그리고 보나는 이제부터가 중요했다. 학년이 올라갈수록 아이들은 친구 관계에 무척 민감해진다. 어쩌면 이 세 명은 다른 친구들과 갈등을 겪게 되는 일이 많아질 수도 있었다. 부디 내가 했던 말들을 기억하고 잘 적응해나가기를 바랐다.

승아, 태오, 주연이는 사실 어떤 선생님을 만났더라도 잘했을 녀석들이었다. 나의 수고로움을 덜어주어 고맙고, 그들이 갖고 있는 긍정적인 에너지를 통해 나도 많이 배울 수 있어서 기쁜 시간들이었다.

무영이는 아직도 붙들고 해주고 싶은 것들이 많은데, 우리에게 한정된 시간이 아쉽기만 했다. 아직 좀 아슬아슬한 면이 있긴 하지만, 그래도 녀석은 분명히 잘해낼 거라고 나는 믿었다.

그 밖에도 아이 하나하나를 볼 때마다 내 마음의 감정은 수시로 변했다. 찬솔이를 보면 아직도 마음 한 구석이 짠하고, 동규를 보면 안타까운 마음이 들었다. 1년이란 짧은 만남에서 내가 해줄 수 있는 게 많지 않았지만, 그 또한 아이들 인생의 몫이라는 생각이 들었다.

마지막 인사를 마치고, 아이들이 모두 자리에서 일어나 교실 문을 나갈 때였다. 갑자기 보나가 내게 다가오더니 나를 꼬옥 끌어안고 눈물을 훌쩍였다. 역시 감정이 늘 뜨겁게 넘치는 녀석다웠다. 세나와 아라, 민정이 등, 몇 명의 여자아이들도 내게 다가와 그제야 헤어짐이 아쉬운 표정으로 작별 인사를 내게 건넸다. 승호는 멋모르고 교실 문을 나서다가 뒤늦게 그 상황을 보고는 옆의 친구에게 '대체 무슨 일이냐?'고 묻는 눈치였다.

매년 되풀이해서 맞는 순간이지만, 나는 1년간 함께 지낸 아이들을 떠나보낼 때마다 마음속에서 뿌듯함과 고마운 감정이 뒤엉켰다.

못다 한 이야기

아이들은 잊었고, 나는 기억하는 그때 그 모습

초등 1학년 아이들은 1년 사이에 엄청난 변화를 겪는다. 재미있는 것은 대부분의 아이들이 학교 적응 기간 동안 자신이 했던 실수를 잊는다는 것이다. 마치 자신은 처음부터 학교에 잘 적응했다는 듯이 행동한다. 하지만 나는 또렷하게 기억한다. 그때 아이들의 모습을. 그리고 가끔은 이들이 동일 인물이라는 것이 놀랍기까지 하다.

바지에 실수 했어요
"선생님, 이상한 냄새가 나요."
"아, 누가 방귀 뀌었나 봐."
갑자기 교실에서 아이들이 술렁였다. 냄새가 난다는 곳으로 다가가 보니, 뭔가 수상한 냄새가 코를 찔렀다. 나는 직감적으로 누군가 실수를 했다고 느꼈다. 방귀 정도면 그냥 순순히 인정했을 텐데, 냄새의 장본인이 나서지 않는 걸 보니 아무래도 이건 좀 큰 건인 것 같았다. 나는 아이들의 얼굴을 하나씩 살펴보기 시작했다. 그때 한 녀석이 용의 선상에 올랐다. 겉으로는 아무렇지 않은 척 앉아있지만, 하얗게 질린 얼굴과 불편한 표정이 눈에 걸렸다. 무엇보다 본인은 아무 냄새도 나지 않는 척 행동하는 것이 더욱 수상했다. 이제부터는 녀석의 자존심을 지켜주며 사태를 수습하는 게 중요했다.

"누가 방귀 뀌었나 보네. 자, 지금부터 운동장에 나가서 줄넘기 연습을 할 거예요. 다들 운동장으로 나가세요."

아이들을 자연스럽게 내보낸 뒤, 문제의 녀석은 심부름 시킬 것이 있다며 교실에 남겼다.

"괜찮아. 누구나 실수할 수 있지. 선생님이 엄마에게 연락해서 갈아입을 옷을 가져오라고 할 테니까, 조금만 기다리고 있자. 아, 친구들은 아무도 몰라. 선생님도 비밀로 할 거니까 걱정하지 말고. 알았지?"

사색이 되어 있던 녀석은 그제야 안심되는 듯 안도의 표정을 지었다. 녀석이 혼자 조마조마했을 것을 생각하니, 마음이 안쓰러웠다.

그. 랬. 던 녀석이 완전히 달라졌다.

"아~ 선생님, 저 똥 마려워요. 휴지 좀 주세요."

"야, 그냥 '화장실 다녀오겠습니다.' 하면 되지. 꼭 그 단어를 입에 올려야겠냐?"

"에이~ 뭐, 어때요 히히히."

녀석은 장난기 가득한 얼굴로 나를 놀려먹기까지 한다. 학교 화장실이 불편해 참다가 실수했던 녀석이라고 누가 생각이나 하겠는가.

괜찮아요, 대충 빌려볼게요

입학 초에 준비물을 잘 챙기지 못해서 항상 나의 잔소리를 이끌어내던 녀석이 있었다. 툭하면 '엄마가 준비물 이따가 가져온댔어요.'라고 말하면서도 미안해하기는커녕, 오히려 당당한 태도까지 보였었다.

그. 랬. 던 녀석이 어느 순간부터 엄마에게 절대 학교에 오지 말라고 했단다.

"아, 엄마 오지 마. 내가 알아서 할게. 다른 반 친구들한테 빌리면 돼."

그렇다. 없는 교과서나 준비물은 옆 반 친구에게 빌리면 된다. 녀석은 이제 누군가 알려주진 않지만 경험으로 체득한 학교생활 노하우를 하나둘 쌓아가고 있는 것이다.

야, 너 파울이야!!

"선생님, 가람이가 밀었어요. 엉엉~."

쉬는 시간이면 단골로 나를 찾아와 이렇게 하소연하던 녀석이 있었다. 남자아이들은 공놀이나 축구할 때, 서로 공을 차지하려고 하다가 슬쩍 친구를 밀기도 하고 지능적으로 몸싸움을 유발하기도 한다. 그런 거친 남자들의 세계에 익숙하지 않던 녀석은 늘 눈물과 함께 억울한 하소연을 쏟아내곤 했었다.

그. 랬. 던 녀석이 어느 순간 내게 달려오는 일이 사라졌다. 궁금해진

나는 축구할 때 녀석의 모습을 살펴보았다. 역시나 가람이가 슬쩍 녀석을 밀치며 자신이 공을 차지한다. 그러자 녀석이 지지 않고 대든다.

"야~! 너 파울이야."

가람이는 못 들은 척 자리를 옮긴다. 녀석은 씩씩거리며 가람이를 쫓아가 계속 파울이라고 소리 높여 외친다. 결국 민망해진 가람이가 백기를 든다.

"아, 알았어. 미안해~!!"

학교에 입학한 여덟 살 아이들의 진짜 속마음
초등 1학년의 사생활
ⓒ 2014 김지나, 한울림

글 | 김지나　일러스트 | 김순효
펴낸이 | 곽미순　편집 | 윤도경　디자인 | 김민서

펴낸곳 | 한울림　편집 | 이은영 윤도경 김하나 배예리　디자인 | 김민서 김윤희
마케팅 | 공태훈　제작·관리 | 김영석
등록 | 1980년 2월 14일(제318-1980-000007호)
주소 | 서울시 영등포구 당산로54길 11 래미안당산1차아파트 상가
대표전화 | 02-2635-1400　팩스 | 02-2635-1415
홈페이지 | www.inbumo.com　블로그 | blog.naver.com/hanulimkids　페이스북 책놀이터 www.facebook.com/hanulim

첫판 1쇄 펴낸날 | 2015년 1월 5일
개정 1쇄 펴낸날 | 2016년 9월 23일
ISBN 978-89-5827-070-6 13590

이 도서의 국립중앙도서관 출판시도서목록(CIP)은 e-CIP홈페이지(http://www.nl.go.kr/ecip)와
국가자료공동목록시스템(http://www.nl.go.kr/kolisnet)에서 이용하실 수 있습니다. (CIP제어번호: CIP2014036393)

이 책은 저작권법에 따라 보호받는 저작물이므로, 저작자와 출판사 양측의 허락 없이는
이 책의 일부 혹은 전체를 인용하거나 옮겨 실을 수 없습니다.
* 잘못된 책은 바꾸어 드립니다.